# 海商法教程

## 第2版

陈秋妹　郭庆永　主编
张　铎　主审

大连海事大学出版社

**图书在版编目(CIP)数据**

海商法教程 / 陈秋妹,郭庆永主编. —2 版. —大连 : 大连海事大学出版社, 2015. 3 (2023. 1 重印)
ISBN 978-7-5632-3145-4

Ⅰ. ①海…　Ⅱ. ①陈…②郭…　Ⅲ. ①海商法—高等学校—教材　Ⅳ. ①D996. 19

中国版本图书馆 CIP 数据核字(2015)第 048128 号

**大连海事大学出版社出版**

地址:大连市黄浦路523号 邮编:116026 电话:0411-84729665(营销部) 84729480(总编室)
http://press. dlmu. edu. cn　E-mail:dmupress@ dlmu. edu. cn

大连永盛印业有限公司印装　大连海事大学出版社发行

2009 年 1 月第 1 版　2015 年 3 月第 2 版　2023 年 1 月第 4 次印刷
幅面尺寸:184 mm × 260 mm　印张:11
字数:263 千　印数:5501 ~ 6500 册

出版人:刘明凯

责任编辑:魏　悦　责任校对:张　冰　何　乔
封面设计:王　艳　版式设计:解瑶瑶

ISBN 978-7-5632-3145-4　定价:26. 00 元

# 内容提要

本书是根据青岛远洋船员职业学院航海技术专业人才培养方案,按照“海商法”课程标准编写的。

全书共分十个项目,内容包括:海商法绪论、船舶、海上货物运输合同、海上旅客运输合同、船舶碰撞、海难救助、共同海损、海事赔偿责任限制与船舶油污损害赔偿、海上保险合同和海事争议的处理。

本书主要供航海技术专业高职高专学生使用,既可作为远洋船长适任证书考试的参考教材,也可作为在职船员及其他相关人员的培训和自学用书。

# 第2版前言

“海商法”课程是航海技术专业的选修课程，是从事海船无限航区船舶驾驶管理级船员应具备的基本知识，也是培养海员良好法律意识的必备知识。为满足当前高等职业院校航海技术专业的教学需要，切实贯彻和落实“以培养学生技术应用能力为核心构建课程教学内容”的职业教育特点，突出专业课“必需、够用、适用”的教学指导思想，青岛远洋船员职业学院依托山东省技能型人才特色名校建设项目，编写了基于学分制改革的《航海技术人才培养方案》，本书正是在此基础上根据“海商法”课程的标准编写而成的。

本书以《中华人民共和国海商法》(以下简称《海商法》)为主线，简明扼要地介绍了船舶、海上货物运输合同、海上旅客运输合同、船舶碰撞、海难救助、共同海损、海事赔偿责任限制、海上保险合同等十个方面的专业知识，体现了国际、国内航运立法与惯例的最新发展动态。项目一“海商法绪论”，介绍海商法的基本概念、表现形式及我国《海商法》的主要内容；项目二“船舶”，介绍船舶的法律性质、船舶所有权和船舶登记及船舶担保物权的基本知识；项目三“海上货物运输合同”，介绍海上货物运输合同的基本概念、海上货物运输合同当事人的权利和义务以及调整海上货物运输合同的国际公约；项目四“海上旅客运输合同”，介绍海上旅客运输合同的基本概念、《雅典公约》及其议定书的主要内容；项目五“船舶碰撞”，介绍船舶碰撞的责任基础及其划分、船舶碰撞损害赔偿、船舶碰撞有关国际公约及船舶碰撞事故的处理；项目六“海难救助”，介绍海难救助的构成要件、海难救助款项的构成及有关海难救助的国际公约；项目七“共同海损”，介绍共同海损的构成要件、共同海损的表现形式及共同海损事故处理；项目八“海事赔偿责任限制与船舶油污损害赔偿”，介绍海事赔偿责任限制制度的类型、船舶油污损害赔偿的特点及相关国际公约；项目九“海上保险合同”，介绍海上保险合同的基本知识、船舶保险条款的主要内容、船东保赔协会和保赔保险的基本知识；项目十“海事争议的处理”，介绍和解与调解、海事诉讼制度与海事仲裁制度的基本知识。

全书采用以项目和任务驱动的形式编排教学内容，每个项目中设置【知识目标】、【能力目标】、【项目介绍】；各项目中分设若干任务，以【任务分析】的形式对学生提出要求;用【相关知识】确定学生应知、应会的基本知识;结合工作实际穿插【拓展阅读】;结合教学内容穿插【议一议】、【案例讨论】、【测一测】。

本书由青岛远洋船员职业学院陈秋妹副教授、郭庆永担任主编。陈秋妹编写了项目一、二、三、四、七和八;郭庆永编写了项目五、六、九和十。全书由陈秋妹统稿、定稿,青岛远洋船员职业学院国际海事公约研究所所长张铎教授担任主审。

由于编者水平有限,书中难免有疏漏和不足之处,敬请广大读者提出宝贵意见。

**编　者**

2015 年 1 月

# 第 1 版前言

全国航海类高职高专院校，在海洋船舶驾驶专业均开设“远洋运输业务与海商法”课程。青岛远洋船员学院的海洋船舶驾驶专业作为全国高职高专专业教育教学改革试点专业、国家级教育精品建设专业、山东省高等学校特色专业，率先将该课程分设为“远洋运输业务”、“海商法”两门课程，并对“海商法”课程的内容体系进行了改革。

为突出海洋船舶驾驶专业的针对性、应用性的原则，本书以我国《海商法》为主线，注意吸收国内外在海商法方面的最新研究成果，反映国际国内海事立法的趋势，以满足船舶驾驶人员在远洋运输生产实践中的实际需要。

本书由青岛远洋船员学院陈秋妹担任主编，郭庆永担任副主编，大连海事大学海商法博士生导师韩立新教授担任主审。具体编写分工：陈秋妹编写第一章、第二章、第三章、第四章、第五章、第九章；郭庆永编写第六章、第七章、第八章、第十章、第十一章。全书由陈秋妹统稿、定稿。

本书的编写与出版得到了大连海事大学出版社的大力支持和帮助，在此表示感谢！

本书的错误与不足之处，敬请读者批评指正。

编　者

2008 年 11 月于青岛

# 目　录

# 项目一　海商法绪论

【知识目标】

●了解海商法的基本概念和性质
●掌握海商法的表现形式
●了解《中华人民共和国海商法》(以下简称《海商法》)的主要内容

【能力目标】

●知道国内立法、国际条约和国际航运惯例的关系
●知道我国《海商法》的特点

【项目介绍】

海商法是随着航海贸易的兴起和发展而产生和日益完善起来的。当前我国的海商法已经形成了一个包括我国缔结或参加的国际条约、我国国内立法和司法解释、国际航运惯例三大组成部分的相对独立的体系,在我国的商事法律制度中占有极其重要的地位。

本项目介绍海商法的概念与性质、海商法的调整对象、海商法的表现形式以及我国《海商法》的主要内容及其特点。

## 任务一　了解海商法的基本概念

【任务分析】

有关海商法(Maritime Law;The Law of Admiralty)的概念,各国法律规定或学者的观点不尽相同,但其共同点都是把海上运输作为海商法所调整的对象。我国海商法学者认为,从海商法的调整对象上看,海商法有广义和狭义之分。因广义和狭义海商法的概念不同,所体现的法律属性也是有区别的。

本任务要求同学们了解海商法的概念、调整对象,掌握狭义的海商法作为一个法典其性质属于民法的特别法。

【相关知识】

## 一、海商法的概念

### (一)广义的海商法

广义的海商法是指调整海上运输关系、船舶关系的法律规范的总称。

### (二)狭义的海商法

狭义的海商法是指调整船舶关系和海上运输关系的某一项具体的法律,在我国就是指《海商法》。

## 二、海商法的调整对象

调整对象是指某一法律部门所调整的特定的社会关系。它是划分法律部门的基本依据和出发点。不同的法律部门有不同的调整对象。

《海商法》第1条规定:“为了调整海上运输关系、船舶关系,维护当事人各方的合法权益,促进海上运输和经济贸易的发展,制定本法。”由此可见,我国《海商法》的调整对象是海上运输关系和船舶关系。

### (一)海上运输关系

海上运输关系是指海上运输中所发生的特定社会关系。这类关系主要包括以下三种。

1. 海上运输合同产生的法律关系

海上运输合同产生的法律关系主要指围绕提单(Bill of Lading)、租船合同(Charter Party)、拖航合同(Contract of Towage)、旅客运输合同(Contract of Carriage of Passengers)、救助合同(Contract of Salvage)和保险合同(Contract of Insurance)等所发生的合同当事人之间的民事权利义务关系。

2. 海上侵权行为引起的法律关系

海上侵权行为引起的法律关系主要指因船舶碰撞、船舶污染海洋环境等行为所引起的加害方与受害方之间的民事法律关系。

3. 海上特殊风险产生的社会关系

海上特殊风险产生的社会关系主要指围绕共同海损(General Average, GA)、海事赔偿责任限制(Limitation of Liability)等产生的民事权利义务关系。

上述特定关系主要是平等民事主体之间横向的财产、经济关系,是海商法所调整的主要内容。

### (二)船舶关系

船舶关系是指与船舶有关的特定社会关系。虽然船舶是物,但在物背后表现的是人与人之间的关系,因此,这类关系中主要包括以下几种。

1. 因船舶的法律地位所产生的关系

因船舶的法律地位所产生的关系主要是指围绕船舶国籍、船舶航行权、沿海运输权等方面发生的船舶所有人与船旗国、沿海国有关当局的关系。

2. 船舶物权关系

船舶物权关系主要是指涉及船舶所有权、船舶抵押权、船舶优先权、船舶留置权等所产生的船舶所有人与债权人、法院或仲裁机构之间的关系。

3. 船舶航行安全所产生的关系

船舶航行安全所产生的关系主要是指因船舶适航条件、船员配备、船舶引航等所发生的船舶所有人与港口当局的关系。

4. 船舶管理关系

船舶管理关系主要是指国家行政主管机关就航运管理、航运政策以及船舶登记等方面与海上运输组织、船舶所有人和经营人等之间的关系。

上述特定关系除船舶物权关系外，主要表现为国家行政主管机关与海上运输组织或船舶所有人之间纵向的行政法律关系，属于行政法的调整范围。

总之，在海商法调整的海上运输关系、船舶关系中，当事人各方的合法权益主要通过依法订立与履行合同，由过失方依法承担违约责任、侵权责任而得到维护。

## 三、海商法的性质

海商法的性质是指它的法律属性。

### （一）广义的海商法是一个独立的法律部门

广义的海商法既调整平等主体之间的横向民事关系，又调整纵向的行政关系。它既有公法、私法的内容，又有民商法、港航行政的内容，在性质上很难将其归入传统法律部门的某一类。它实际上已发展成为一个有着独特法律体系、调整特定的社会关系的法律部门。

### （二）狭义的海商法是民法的特别法

狭义的海商法只调整平等主体之间的横向民事关系。其调整的法律关系的性质决定了它从属于民法，但由于海上运输特殊风险的存在，又使它区别于一般民法。因此，海商法在许多方面均保持着其区别于民法的相对独立性。

我国《海商法》除个别条款属行政法规范外，主要调整的海上运输关系和船舶关系均属民法范畴。有关船舶登记、引航、船员配备、沉船沉物的清除与打捞、港口管理、防止船舶污染等行政法规范，在本法中均未作规定。显然，我国《海商法》是一部狭义的海商法，是民法的特别法。其与民法在法律适用上的原则：当海商法与民法有不同规定时，适用海商法的规定；海商法没有规定的，适用民法的规定。

## 四、海商法的特点

### （一）涉外性

海商法虽然是各国的国内法，但具有较强的涉外性，主要表现在以下三个方面：

（1）海商法的调整对象大多数是具有涉外因素的海上运输关系和船舶关系；

（2）海商法的表现形式除国内法外，还包括有关国际条约和国际航运惯例；

（3）海商法的效力范围可及于本国海域的外国船舶、外国海域的本国船舶。

### （二）技术性

海商法涉及船舶、船员、航海、货物运输和管理等专业和技术，具有较强的技术性和专业性。例如，在船舶方面，涉及船舶的结构、性能、设备和安全条件等；在船员方面，涉及船员的资格、培训、值班和发证等；在航海方面，涉及船舶驾驶、航线制定、雷达观测、航海图书资料的使用、气象报告和轮机操作等；在货运方面，涉及货物的特性、配载、装卸、保管和照料等。这些专业和技术关系到船舶适航、货物管理、船舶碰撞等方面责任的划分。

### （三）特殊性

海上运输有一些陆上运输所不具有的特殊风险，如海啸、海盗等，而且，从事海上运输需要巨额投资,因海事的发生,可能会导致船舶所有人承担巨大的经济损失或赔偿责任。为了鼓励航运业的发展,针对这些特殊风险,在海商法领域形成了一系列的其他法律部门所不存在的特殊的法律制度,如船舶抵押制度、船舶优先权制度、海上救助制度、共同海损制度、海事赔偿责任限制制度、海上保险制度及海事请求保全制度等。

**(四)较强的国际统一性**

海商活动是一种国际贸易活动,它以海洋为通径,以船舶为媒介,沟通各国,如果没有共同遵守、适用的原则,而是各自为政,一旦出现事故或纠纷难以得到恰当的处理,则这种国际贸易根本无法进行。为了消除各国海商法的差异给国际海运带来的不良影响,有关国际组织制定了一系列相应的国际公约,有力地推动了海商法的国际统一。各国海商法也不同程度地吸收了有关国际条约或国际航运惯例的内容,以求得法律规则的相对统一。

**【想一想】**

如何理解狭义的海商法与民法在法律适用上的关系?

## 任务二　掌握海商法的表现形式

**【任务分析】**

海商法调整对象的特殊性决定了其表现形式的多样性,主要有国内立法、国际条约、国际惯例和判例等。判例在英美法系国家是法的表现形式,但在一些成文法系国家不能作为法院审理案件的法律依据。

本任务要求同学们掌握我国海商法的表现形式,知道国际海事条约与国内法的关系,知道判例不是我国海商法的表现形式。

**【相关知识】**

法的表现形式又称法的渊源。每个部门法都有自己的表现形式。海商法的表现形式是指由不同国家机关依法制定的具有不同效力的各种有关海商法的规范性文件。在我国,海商法的表现形式主要有国内立法、国际条约和国际航运惯例。

**一、国内立法**

国内立法是海商法的主要表现形式。

在我国,全国人民代表大会及其常务委员会按照立法程序制定和颁布的规范性文件称为法律。例如《海商法》、《中华人民共和国海上交通安全法》、《中华人民共和国海事诉讼特别程序法》、《中华人民共和国港口法》、《中华人民共和国海洋环境保护法》等法律。其中《海商法》是我国海商法最主要的表现形式。

不同国家行政机关为执行法律而制定的有关海事的法规、条例、规定、办法、决议和指示等规范性文件,也是海商法的表现形式,例如《中华人民共和国船舶登记条例》(以下简称《船舶登记条例》)、《关于不满300总吨船舶及沿海运输、沿海作业船舶海事赔偿限额的规定》、《国内水路货物运输规则》等。

## 二、国际海事条约

国际海事条约是指国家间缔结的有关海商法方面的双边或多边条约、协定、议定书。国际海事条约是海商法的重要表现形式。

国际海事条约的目的是统一各国的海商法，其大部分规定是强制性的，但是，并非每个国际条约都无条件地在任何国家生效。根据国际法和国家主权原则，只有经过一国正式签署、批准或者加入的国际海事条约，才对该国具有法律约束力，并成为该国海商法的形式。各国在其管辖领域内处理国际海事条约与国内法关系的问题上存在着以下三种方式。

### （一）并入式

并入式是指缔约国将其参加的国际海事条约直接转化为国内法予以实施，而无须国内二次立法的形式。这在国际上被称为“直接适用法”或“一元论”，如法国、韩国等。

### （二）转化式

转化式是指在批准或参加条约后，缔约国还须通过二次立法，将国际条约所确立的基本制度规定在本国的法律中，即根据条约内容制定相应国内法来实施条约的方式。这在国际上被称为“间接适用法”或“二元论”，如英国、美国、澳大利亚等。

### （三）国际条约优先于国内法适用

我国采取国际条约优先于国内法适用的办法，以解决两者的矛盾或冲突，即当国际条约与国内法规定不一致时，适用该条约。我国《海商法》第 268 条规定：“中华人民共和国缔结或者参加的国际条约同本法有不同规定的，适用国际条约的规定。但是，中华人民共和国声明保留的条款除外。”

## 三、国际航运惯例

国际航运惯例是指在国际航运实践中，对同一性质的或类似的问题所采取的相同或类似行为，经过长期反复实践逐步形成，并为大多数航运国家所接受的，具有法律约束力的行为规范。

国际航运惯例，例如用于共同海损理算的《约克—安特卫普规则》，本身并不具有约束力，只有当事人在合同明确约定采用该惯例时，才对当事人产生法律效力。

国际航运惯例作为海商法的一种表现形式，对国内立法及条约规范是一项重要的补充。但因航运惯例不像国内立法及国际条约规范具有明确的规定和严谨的解释，往往不同的国家或地区对所认可的“国际航运惯例”存在不同的理解，容易产生纠纷。因而，将国际航运惯例编纂为国际上公认的规范化行为规范，已成为一种新的国际立法趋势。

应当指出，法院判例和海商法学家的理论及意见在一些国家也被确认为海商法的表现形式，而我国认为其不具有法律约束力，因而不承认它们是海商法的表现形式，但并不否认其对立法和审判实践的指导作用。

**【议一议】**

1993 年 12 月 29 日，第八届全国人民代表大会常务委员会第五次会议决定：中华人民共和国加入《1989 年国际救助公约》，同时声明，中华人民共和国根据《1989 年国际救助公约》第三十条第 1 款的规定，保留该条第 1 款(a)项、(b)项、(d)项不适用该公约的权利。

根据以上声明，如何正确理解国际条约优先适用原则？

# 任务三　了解我国《海商法》的主要内容

## 【任务分析】

我国《海商法》于 1992 年 11 月 7 日，在第七届全国人民代表大会常务委员会第二十八次会议上通过，已于 1993 年 7 月 1 日正式实施。这部法律作为调整海上运输关系和船舶关系的基本准则，实施 20 余年以来，在健全和完善中国海商法律制度、维护各方当事人的合法权益、缩短我国与国际航运市场经济之间的距离、促进中国海运事业和对外经济贸易事业的发展等方面，仍在发挥着积极的推动作用和重要的支撑作用。

本任务要求同学们了解我国《海商法》的主要内容及其特点，知道《海商法》的适用范围。

## 【相关知识】

### 一、我国《海商法》的主要内容

我国《海商法》共 15 章 278 条，对船舶、船员、海上货物运输合同、海上旅客运输合同、船舶租用合同、海上拖航合同、船舶碰撞、海难救助、共同海损、海上保险合同、海事赔偿责任限制和涉外关系的法律适用等做了较为详细、具体的规定。我国《海商法》是一部比较完备、全面明确、具体、便于操作、具有时代特点、较为先进的综合性大法典。

### 二、我国《海商法》的特点

#### （一）我国《海商法》是一部大量移植国际立法、国际惯例和标准合同的立法

我国《海商法》第一次创设了在我国立法上将国际立法融入国内立法，将国际惯例引入国内立法的做法。其具体表现在以下几方面。

1. 以国际条约为基础

如在“海上旅客运输合同”一章中，我国《海商法》基本上是参照《1974 年海上旅客及其行李运输雅典公约》制定的；“船舶碰撞”一章是参照《1910 年统一船舶碰撞若干法律规定的国际公约》制定的；“海事赔偿责任限制”一章是参照《1976 年海事索赔责任限制公约》制定的；“船舶”一章的船舶抵押权、船舶优先权两节重点吸收了《1967 年统一海事优先权及抵押权的若干规定的国际公约》的内容。

2. 以国际惯例为基础

我国《海商法》在“共同海损”一章中，是以我国有关共同海损实践为基础，参照《1974 年约克—安特卫普规则》制定的。

3. 以标准合同为基础

例如，在光船租船合同方面，我国《海商法》参考了 1989 年光船租赁标准合同的内容。

#### （二）立法内容上的超前性与滞后性并存

我国《海商法》的超前性表现在吸收当时国际立法、国际惯例和国际海运实践的最新成就，包括吸收了一些我国尚未加入或尚未生效的公约，具有一定的超前性。但是，随着国际

形势的变化、海运市场的多元化以及相关国际公约和国内法律的陆续出台，我国《海商法》存在着一定的空白和滞后，面临着如何修订才能继续与国际接轨的问题。

#### （三）条款的强制性与任意性的统一

由于我国《海商法》中相当一部分条款来自国际公约、民间规则和标准合同，它们的效力是不同的，这就决定了我国《海商法》中有的条款是强制性的，有的是任意性的。我国《海商法》根据需要，采用将强制性条款与任意性条款相结合的方法调整合同关系。

### 三、适用范围

#### （一）适用水域

我国《海商法》第2条规定："本法所称海上运输，是指海上货物运输和海上旅客运输，包括海江之间、江海之间的直达运输。本法第四章海上货物运输合同的规定，不适用于中华人民共和国港口之间的海上货物运输。"

可见，我国《海商法》在水域上适用于海洋和沿海，但是我国《海商法》所调整的海上货物运输限于国际海上货物运输。

#### （二）适用船舶

我国《海商法》第3条规定："本法所称船舶，是指海船和其他海上移动式装置，但是用于军事的、政府公务的船舶和20总吨以下的小型船艇除外。前款所称船舶，包括船舶属具。"

一般来说，海船是指具有海上航行能力的机动或非机动船舶；海上移动式装置则是指可在海上移动的装置，如海上钻井平台等。根据该条规定，不论什么船舶，只要被用于军事或政府公务，就不适用我国《海商法》。"用于军事"是指从事军事性活动，包括军事编制的舰船从事以军事为目的的活动，以及非军事编制的船舶在特定情况下，作为后勤补给船、运兵船等进行军事性活动。"用于政府公务"是指从事政府公务活动，如海关缉私、水上公安、消防、检疫、安全监督或政府组织的科学考察或测量等。这类船舶的航行活动不是为了营利，而是专为政府服务，涉及财产豁免问题，因此不适用我国《海商法》的规定。然而，即使是军舰或政府公务船，但只要其正在从事海上生产或商业活动，就适用我国《海商法》。

虽然我国《海商法》给船舶下了定义，但我国《海商法》的各章规定所适用的船舶是存在差异的，如在"船舶碰撞"和"海难救助"两章中船舶的内涵被扩大。

#### （三）适用事项

我国《海商法》调整海上运输中发生的法律关系和与船舶有关的法律关系，其调整的事项是与船舶航行、经营和管理等法律活动有关的事件。

这些事件主要属于"商事"，但又不限于商事。并非发生在海上的事件就一定由我国《海商法》调整，如船舶在公海上发生的犯罪视为陆上犯罪，应由刑法调整。在船上发生的事件也并不一定适用我国《海商法》，如在海上航行中的船舶上订立的婚约，仍应适用婚姻法的有关规定。而一些不是发生在海上的事件，如船舶登记、船舶检验、船员雇用、航海商务等，虽然没有发生在海上或与海相通的水域，但仍是我国《海商法》调整范围之内的事件。

**【想一想】**

1. 上海至广州的海上货物运输合同是否适用于我国《海商法》的规定？
2. 大连至连云港的海上旅客运输合同是否适用于我国《海商法》的规定？

**【测一测】**

**一、判断题**

1. 我国《海商法》是一部广义的海商法，属于民法的特别法。

2. 我国《海商法》采用强制性条款和非强制性条款相结合的方法调整合同关系。

3. 20 总吨以下的海船适用我国《海商法》的规定。

**二、填空题**

1. 我国海商法的表现形式主要有________、________和________。

2. 我国《海商法》第三条所称船舶，是指________和其他海上移动式装置，但是用于军事的、政府公务的船舶和________除外。船舶包括________。

3. 我国海商法与民法在法律适用上的原则：当海商法与民法有不同规定时，适用________的规定。我国不认为________和________是海商法的表现形式。

**三、单项选择题**

1. 我国《海商法》上的船舶是________。①海船；②海上移动装置；③政府公务船；④军事船舶。

A. ①~④　　B. ①~③　　C. ①②　　D. ①

2. 根据我国《海商法》，下列陈述错误的是________。

A. 20 总吨以下的小型船艇不属于《海商法》的调整范畴

B. 船舶属具不属于船舶

C.《海商法》各章所适用的船舶存在差异

D. 渔网不属于船舶属具

# 项目二　船舶

## 【知识目标】

●掌握船舶的法律性质

●了解船舶所有权与船舶登记

●理解船舶担保物权的相关知识

## 【能力目标】

●知道船舶的不动产性

●知道严格登记、开放登记和方便旗船

●会用我国《海商法》分析船舶抵押权、船舶留置权、海事优先权担保的债权之间的受偿顺序

## 【项目介绍】

船舶作为重要的运输工具,是航运业得以发展的基础和载体。本项目介绍船舶的法律性质、船舶所有权、船舶登记和船舶国籍、船舶抵押权、船舶留置权和船舶优先权等。船舶登记制度是保护船舶权利、要求船舶承担特定义务的重要依据。船舶国籍体现了船舶与国家之间的联系,其重要意义在于通过船舶国籍,国家可以对船舶行使管辖权。船舶所有权为船舶物权的基础与核心,既具有财产所有权的一般属性,又具有特殊性。船舶抵押权和船舶留置权制度的设立是为了分别保护抵押权人和修造船人的合法权益。船舶优先权是对法定的海事请求赋予以船舶为标的的优先受偿的权利。

## 任务一　掌握船舶的法律性质

### 【任务分析】

海商法意义上的船舶并非包括所有船舶,它只是各类水上移动式装置的一部分。各国《海商法》对船舶的定义和范围的规定不尽相同,通常规定船舶除必须具备水上浮动式装置的特征、能够供航行或特定用途的性能外,还对船舶的使用目的、航海能力、船舶吨位下限等做出相应的限制。

由于船舶所具有的一些特别属性及船舶在海商法中所处的重要地位,确定船舶的法律性质对于确定船舶所有权范围及其他有关法律问题意义重大。

本任务要求同学们掌握船舶的人格性、不动产性和其不可分性的例外情况。

【相关知识】

船舶有广义与狭义之分。日常生活中所提到的船舶是广义上的船舶，是指在江、河、湖泊以及海上航行的一切船舶。我国《海商法》第3条所指的船舶是狭义上的船舶。

船舶的法律性质决定着船舶在法律上的地位。船舶的法律性质主要体现在以下三个方面。

## 一、船舶是具有人格性的物

船舶本属物的一种，在我国和大陆法系国家，船舶只能属于法律关系客体的范畴，而不能做法律关系主体。由于海上航行、对外贸易均要求明确船舶的隶属关系，因而法律特赋予船舶以拟人化的身份和地位，要求船舶必须具有专属的名称、国籍及船籍港等。英美法系国家的“对物诉讼制度（Action in Rem）”中，将船舶作为诉讼主体，使船舶具有“人”的特征。《中华人民共和国民事诉讼法》（以下简称《民事诉讼法》）明确规定，诉讼当事人只能是自然人和法人，因此，我国不承认以船舶作为当事人一方的对物诉讼，只能通过诉讼保全措施对船舶强制执行。

## 二、船舶是具有不动产性的动产

按照民法对物的分类原则，船舶应属动产。船舶的功能就是在海上移动，并且不会因为移动而损害其经济价值，这就决定了它属于动产的范围。但是由于船舶价值很大，并且船舶主要不是交易对象，而是运输工具，船舶所有人的变更也并不频繁，船舶的这些不动产性，使船舶在事实上常常按不动产处理。在我国《海商法》中，船舶的不动产性主要表现在船舶登记制度和船舶抵押权的设置等方面。

## 三、船舶是不可分物，但有例外情况

船舶是由船体、船机及属具等独立物结合而成的合成物。如果将各部分分开，船舶就失去了经济意义。相应地，从法律上讲，船舶作为不可分物，它的组成部分大多不能脱离船舶而单独存在。在实际业务中，当船舶被抵押、转让时，船舶属具跟随船舶同时被处理。但是，基于船舶各部分具有独立的性能和价值，因此可将船体、船机或船舶属具分别保险。

【拓展知识】

**什么是动产？什么是不动产？两者的主要区别是什么？**

动产和不动产是根据物的可移动性对物进行的分类。

动产是指能够自行移动或用外力移动而不改变其性质和价值的有体物。大部分物为动产。

不动产是指不可移动或者如果移动就会改变性质、损害其价值的有形财产。它主要是指土地及其定着物，包括其物质实体及其相关权益，如建筑物及土地上生长的植物。最高人民法院《关于贯彻执行〈中华人民共和国民法通则〉若干问题的意见（试行）》第186条规定，土地、附着于土地的建筑物及其他定着物、建筑物的固定附属设备为不动产。如尚未收割的农作物就是不动产，但收割后的农作物就是动产。

动产与不动产的区别主要体现在以下几个方面：

(1)两者承担的权利类型不同

用益物权原则上限于不动产;而质权、留置权的客体以动产为限。

(2)两者发生权利变动时的要件(或公示方法)不同

动产物权变动一般以交付为要件,而不动产以登记为要件。《中华人民共和国物权法》第6条规定:“不动产物权的设立、变更、转让和消灭,应当依照法律规定登记。动产物权的设立和转让,应当依照法律规定交付。”

(3)因两者权属发生争议的诉讼管辖不同

在诉讼管辖上,不动产争议和动产争议适用不同的规则。不动产纠纷由不动产所在地法院管辖;动产纠纷则不依动产的所在地确定管辖权。

# 任务二 了解船舶所有权与船舶登记

## 【任务分析】

船舶所有权作为财产所有权的一种,是船舶所有人对船舶的法定支配权。船舶作为一种特殊的动产,不能通过占有来推定所有权的归属,我国《海商法》规定船舶所有权的取得、转让和消灭必须登记,未经登记不得对抗第三人。由此可见,船舶所有权登记制度是明确船舶所有权归属的方式,船舶登记作为一种公示方式可以加强船舶所有权的公信力,保护船舶所有人的合法权益。

本任务要求同学们掌握船舶所有权的概念,了解船舶所有权的取得、转入方式及消灭的原因,掌握船舶登记的概念、意义及种类。

## 【相关知识】

### 一、船舶所有权

#### (一)船舶所有权的概念

我国《海商法》第7条规定:“船舶所有权,是指船舶所有人依法对其船舶享有占有、使用、收益和处分的权利。”这一概念套用了《中华人民共和国民法通则》(以下简称《民法通则》)中“财产所有权”的概念,可见,船舶所有权是民法中关于所有权理论在船舶上的具体体现。

船舶所有权作为一种民事法律关系,其权利主体是船舶所有人。我国以公有制为主,多种所有制并存的现状决定了所有权的多重性。船舶所有权的权利主体主要有国家、集体所有制企业法人、中外合资企业法人及个人。我国《海商法》第8条规定:“国家所有的船舶由国家授予具有法人资格的全民所有制企业经营管理的,本法有关船舶所有人的规定适用于该法人。”将经营管理国有船舶的经营人直接视为船舶所有人,可以避开国有财产豁免问题,保护利害关系人的合法权益,维护正常的海商秩序。

船舶所有权的客体仅限于船舶,必须是我国《海商法》定义或规定的船舶。对于不符合我国《海商法》定义或规定的船舶,只能成立民法规定的一般财产所有权。

当船舶所有人依法取得船舶所有权后，即得以独立享有和行使对该船舶占有、使用、收益和处分的权利，运用船舶从事海上运输活动。

**（二）船舶所有权的取得**

船舶所有权的取得是指以船舶为客体而发生的所有权。船舶所有权按取得原因的不同，可以分为原始取得和继受取得两种方式。

1. 原始取得

原始取得是指根据法律的规定直接取得所有权。船舶所有权的原始取得主要表现为船舶的建造、购买新船、没收、征用、征购、收归国有和捕获等。

2. 继受取得

继受取得是指财产所有人通过某种法律行为从原所有人那里取得财产的所有权。继受取得所有权的主要形式有购买旧船、继承、赠与、保险委付等。这些法律事实意味着一方所有权的丧失，另一方所有权的取得。

根据我国《海商法》第 9 条的规定，无论通过哪种形式取得船舶所有权，船舶所有人必须向船舶登记机关办理船舶所有权取得的登记手续；否则此种法律关系的成立或变更仅在合同当事人之间有效，而不能约束当事人以外的其他人。

**（三）船舶所有权的转让**

船舶所有权的转让是指船舶所有人依照法定的形式和程序将船舶所有权转移给他人的法律行为。船舶所有权的转让有以下两种方式：

(1)船舶所有人根据自己的意志，通过协议转让船舶所有权。这种转让方式是最为普遍的，如买卖、赠与、保险委付等所发生的转让。根据我国《海商法》第 9 条第 2 款的规定，在这种方式下所进行的船舶所有权的转让，双方应当签订书面合同，否则转让行为不受法律保护。

(2)依据法律的规定而转让船舶所有权，如继承。由于船舶的价值和特征不同于一般财产，因而其所有权不能简单地从财产交付时转移，而必须履行法定的登记手续。我国《海商法》第 9 条第 1 款规定，船舶所有权的转让应当向船舶登记机关登记。

**（四）船舶所有权的消灭**

船舶所有权的消灭是指因一定的法律事实而引起的船舶所有人丧失船舶所有权的情况。船舶所有权主因以下原因而消灭。

1. 因船舶所有权的主体消灭而导致所有权消灭

船舶所有权的主体消灭是指船舶所有人在法律上或事实上已不复存在。如果船舶所有人是自然人，则在其死亡后；如果是法人，则在其解散后，船舶所有权归于消灭。

2. 因船舶所有权的客体不存在而消灭

这种情况主要包括船舶灭失、船舶被拆解及船舶沉没后在法定期限内未申请打捞或船舶失踪后达到法定期限被注销登记。

3. 因司法机关或仲裁机构的法律文书而消灭

例如，法院依法判决一方当事人的船舶应归他方当事人所有，则原船舶所有人对该船舶的所有权消灭。

4. 因国家根据法律采取强制措施而消灭

船舶所有权可因国家征收、没收或征购而消灭。

5. 因船舶所有权的转让而消灭

船舶所有人通过买卖合同、赠与合同，将船舶的所有权转让给他人，则原船舶所有人的所有权因转让而消灭。

6. 因保险委付而消灭

船舶发生推定全损，船舶所有人根据保险合同将船舶委付给保险人，原船舶所有人的船舶所有权因保险人接受委付而消灭。

## 【案例讨论】

1. A公司与B公司签订船舶买卖合同。A公司将其所有的船舶"太阳神"号卖给B公司，B公司付了首期船款，双方约定余款将在双方交接船舶时结清，双方并未向船舶登记机关办理登记手续。后A公司又与C公司签订合同，将船舶卖给C公司，C公司付清船款后与A公司办理了船舶交接手续，并向船舶登记机关登记。B公司得知后，向法院起诉A公司和C公司，要求A公司履行合同，并要求C公司将船舶交还。试分析以下问题：

(1)C公司有义务将船舶交还B公司吗？为什么？

(2)A公司应将船舶交还给B公司吗？为什么？

(3)A公司承担什么责任？

2. 2003年8月26日，甲和乙签订合同，约定甲将其所有的"黎明"号货船卖给乙，为便于安排货运，双方约定"黎明"号货船的船舶登记证书、船舶所有权证书、船舶航行签证簿登记于甲名下，上述证书由乙持有。事后，双方办理了船舶交接手续，乙开始从事货物运输。2010年4月24日，乙要求甲协助办理"黎明"号的船舶所有权变更登记，甲以自己拥有"黎明"号货船登记簿记载的所有权为由，否认船舶所有权已转移，拒绝办理船舶所有权变更登记。试分析以下问题：

乙是否享有船舶所有权？为什么？

## 二、船舶登记与船舶国籍

### (一)船舶登记的概念

船舶登记(Vessel Registration)是指对船舶享有某种权利的人，向船舶登记机关提出申请并提交相应的文件，经船舶登记机关审查，对符合法定条件的船舶予以登记并以国家的名义签发相应证书的法律行为。

船舶登记是确认和保护船舶所有权及船舶国籍，确定船籍港，使船舶依法享受权利、承担义务的重要手续，也是确认船舶航行权、建立港航行政机关对船舶管辖关系的必要程序。

### (二)船舶国籍的概念

船舶国籍(Vessel's Nationality)是指船舶所有人按照某一国家的船舶登记章程在该国指定的港口进行登记，取得该国国籍证书，悬挂该国国旗航行，使船舶隶属于登记国的一种法律身份。

船舶国籍表明船舶与其登记国在法律上的隶属关系。船舶国籍取得的手续在各国立法上差异较大。许多国家在进行船舶所有权登记的同时，也就取得了国籍，即船舶所有权证书就是船舶国籍证书。但是，我国《船舶登记条例》规定，船舶所有权证书和船舶国籍证书分离，船舶所有人完成了船舶所有权登记后，还须另行申请船舶国籍。船舶所有权证书可以留在岸上，以备船舶所有权转让、抵押之用，船舶国籍证书必须随船而行。

**(三)船舶登记与船舶国籍的意义**

1. 从国际法角度看

任何船舶都必须经过登记,取得国籍并悬挂登记国的国旗,才能在海上航行,并受船旗国法的保护。非法悬挂他国国旗的行为一经发现,会被罚款甚至没收船舶。有些国家的法律则规定,船东及船长会被判刑。船舶国籍是船舶享受公海自由航行权的依据,船舶具有国籍可避免海盗嫌疑。此外,船舶国籍是决定某些法律关系的准据法。

2. 从国内法角度看

船舶登记是产生船舶国籍的最终依据,便于登记国掌握船舶数量、吨位、船级等,从而在行政、社会和技术等方面对船舶进行有效的监督管理,以保障海上安全。同时,登记后的船舶便于获得船旗国的外交保护或援助并享受登记国的各种优惠政策。

**(四)船舶登记的种类**

依据不同的标准,船舶登记可以进行不同的分类,主要有以下几种。

1. 以登记条件的宽严划分

(1)严格登记

严格登记(Closed Registries)是指登记国对船舶在该国登记的条件有严格的限制和规定,船舶必须满足全部登记条件才准予登记的法律制度。

目前,世界主要航运国家对船舶取得本国国籍均规定了一些限制性的条件,这些条件主要包括:船舶所有人的国籍或本国资本所占的比例;使用船员的国籍;船舶申请国籍登记所须提交的船舶技术证书等。

(2)开放登记

开放登记(Open Registries)是指登记国对船舶登记各方面的要求非常宽松,且可在登记手续及税收等方面享受种种优惠的登记制度。

开放登记国对船舶登记几乎没有任何限制,只要船舶技术标准达到要求,任何人都可在这些国家登记船舶。开放登记不仅对船舶所有权的归属没有任何限制,而且对船员也无国籍限制。在实行开放登记制度的国家,不论船舶与该国是否有联系,均予以登记,并允许悬挂该国国旗。在这类国家登记取得国籍习惯上称为“方便旗”(Flag of Convenience)。目前,方便旗船已占世界商船队的30%以上。

2. 以登记的目的划分

(1)取得登记

取得登记包括取得船舶国籍、船舶所有权、船舶抵押权等权利而进行的登记。

(2)变更登记

变更登记是指为变更原登记内容而进行的登记。例如船舶共有情况发生变更时。

(3)注销登记

注销登记是指为消灭已取得的船舶所有权、船舶抵押权等权利而进行的登记。

3. 以登记的有效期限划分

(1)通常登记

通常登记是指在通常情况下进行的登记。经此种登记取得证书的有效期较长,如我国《船舶登记条例》规定的船舶国籍证书有效期为5年。

(2)临时登记

临时登记是指在一些特殊情况下进行的登记。它主要适用于船舶所有权或船舶国籍登记。经此种登记取得的证书有效期较短，如我国《船舶登记条例》规定临时船舶国籍证书的有效期一般不超过 1 年。

4. 以登记的船舶权利划分

(1)船舶所有权登记

船舶所有权登记是指船舶所有人为取得、转移、注销或恢复船舶所有权而进行的登记。

(2)船舶抵押权登记

船舶抵押权登记是指抵押权人与抵押人为设定、转移和消灭船舶抵押权而进行的登记。

(3)光船租赁权登记

光船租赁权登记是指为改变光船租赁船舶的国籍以及确认承租人对所租赁船舶的经营权等事项而进行的登记。

**【案例讨论】**

一船进行买卖，卖方已注销所有权登记，买方还未来得及办理所有权登记。此时所有权是否已转移？卖方债权人能否申请扣押船舶？买方说不能扣，但卖方债权人说能扣，认为船舶所有权没登记不能对抗第三人。试分析以下问题：

买方与卖方债权人谁的说法是正确的？为什么？

**【拓展知识】**

**目前哪些国家实行开放登记？**

国际运输业工人联合会(International Transport Workers' Federation，ITF)认定的方便旗国包括：安提瓜和巴布达、巴哈马、百慕大群岛、开曼群岛、塞浦路斯、直布罗陀和格林纳丁斯、洪都拉斯、黎巴嫩、利比里亚、马耳他、马绍尔群岛、荷属安第列斯、巴拿马、圣文森特和格林纳丁斯、斯里兰卡、瓦努阿图等。

# 任务三　掌握船舶担保物权的基本知识

**【任务分析】**

建立以船舶为标的的担保物权制度，对保护海事债权人的利益有着特别重要的意义。从各海运国家的立法及有关的国际公约来看，船舶担保物权主要有船舶抵押权、船舶留置权及船舶优先权等。

本任务要求同学们掌握船舶抵押权、船舶留置权及船舶优先权的基本概念，知道不同的船舶担保物权所担保的债权项目之间的受偿顺利。

**【相关知识】**

担保物权是指以确保债权履行为目的，在债务人或第三人所有或经营管理的特定财产上设立的一种物权。如抵押权、质权、留置权。

船舶担保物权(Security Right on Vessel)是指以船舶为主要标的的担保物权。它是海事债权人根据法律或协议而取得的,以与债的发生有关的船舶为主要标的的物权,是一种为担保主债权的实现而设定的从物权。

## 一、船舶抵押权

### (一)船舶抵押权的概念

国际上没有关于船舶抵押权(Mortgage on Vessel;Maritime Mortgage)的统一概念。我国《海商法》第11条规定了船舶抵押权。按此规定,船舶抵押权是指抵押权人对于抵押人提供的作为债务担保的船舶,在抵押人不履行债务时可以依法拍卖,从卖得的价款中优先受偿的权利。

抵押权人是指接受抵押船舶的一方,是主债中的债权人,即提供贷款的银行、船厂等。抵押人是指提供船舶作为主债务担保的一方,是主债中的债务人,即船舶所有人。

### (二)船舶抵押权的标的及所担保债权的范围

船舶抵押权的标的是指抵押人和抵押权人的权利和义务所共同指向的对象。船舶抵押权以所抵押的标的本身价值来担保主合同的履行,因此,明确船舶抵押权标的范围是非常重要的。各国海商法对船舶抵押权标的范围的规定有所不同,一般来说,其标的主要包括船舶、运费或租金、附属利益及船舶保险赔款等。

按照我国《海商法》的有关规定,船舶抵押权的标的可以是以下几种。

1. 船舶

并不是所有船舶都能成为船舶抵押权的标的,这里所说的船舶是指我国《海商法》第3条所指的船舶。尽管建造中的船舶并非我国《海商法》意义上的船舶,但基于航运业的需要,越来越多国家设立了建造中船舶的登记制度,并相应健全了建造中船舶抵押权制度。以建造中船舶为标的设定抵押权从而获得造船所需资金的贷款,已是当今国际上非常盛行的做法。我国《海商法》第14条规定:"建造中的船舶可以设定船舶抵押权。"

2. 船舶保险赔偿

船舶保险赔偿是指船舶由于发生保险事故灭失而由保险人支付的赔偿。我国《海商法》虽然没有明确规定保险赔偿可以作为船舶抵押权的标的,但第20条规定:"由于船舶灭失得到的保险赔偿,抵押权人有权优先于其他债权人受偿。"从而,保险赔偿作为船舶的替代物,也可以成为船舶抵押权的标的。

船舶抵押权担保的主债为借贷之债。当抵押人到期不能清偿贷款时,抵押权人有权请求法院拍卖船舶,从卖船价款中优先受偿。但我国《海商法》对抵押权人有权从价款中受偿的债权范围未做明确规定。对此,可依《中华人民共和国担保法》第46条的规定,即:"抵押担保的范围包括主债权及利息、违约金、损害赔偿金和实现抵押权的费用。抵押合同另有约定的,按照约定。"

### (三)船舶抵押权的设定、取得及效力

船舶抵押权是为了担保债务人履行债务而设定的。根据我国《海商法》第12条和13条的规定,双方协商确定船舶抵押权时,应当按照以下几方面。

1. 签订书面合同

在设定船舶抵押权时,抵押人和抵押权人应当签订书面合同,证明双方之间存在合法的债的关系;没有签订书面合同的,不能向船舶登记机关办理抵押权登记。

2. 由抵押权人和抵押人共同向船舶登记机关办理抵押权登记

根据我国《海商法》，船舶抵押合同一经订立即可生效。但是，抵押权的成立，当事人除签订书面合同外，还应共同向船舶登记机关办理抵押权登记；未经登记的，不得对抗第三人。

由于我国《海商法》把船舶抵押权登记作为对抗要件，所以，船舶抵押权人取得抵押权的时间，针对不同关系方是有所区别的。就抵押权人和抵押人而言，双方签订的书面抵押权合同一经成立，抵押权人即取得船舶抵押权，而不论该船舶抵押权是否经登记。就抵押权人与合同以外的第三人而言，船舶抵押权人取得抵押权应当在船舶抵押权登记之后，否则，第三人可以不承认在船舶上已经存在的抵押权，抵押权人也就无权在抵押人资不抵债时在多个债权人中主张优先受偿。

另外，我国《海商法》第 17 条对抵押人转让被抵押船舶的所有权作了限制性规定，即"船舶抵押权设立后，未经抵押权人同意，抵押人不得将被抵押船舶转让给他人"。可见，船舶抵押权具有追及力，只要主债权仍然存在，抵押人将被抵押船舶转让时，抵押权人仍可追及被抵押船舶行使抵押权。

**（四）船舶抵押权的受偿顺序**

只要抵押权所担保的主债总额不大于被抵押船舶的价值，法律并不禁止对同一船舶设定多个抵押权，因此就产生了船舶抵押权的受偿顺序问题。

船舶抵押权的受偿顺序是指在抵押人未履行债务而使其船舶被依法拍卖后，多个抵押权人从拍卖价款中受偿的先后次序。船舶抵押权的受偿顺序涉及以下几个方面。

1. 同一船舶上并存数个抵押权之间的受偿顺序

同一船舶上并存数个抵押权之间的受偿顺序，国际上的做法比较统一，即以船舶抵押权登记的先后顺序作为受偿顺序。我国《海商法》第 19 条第 2 款规定："同一船舶设定两个以上抵押权的，抵押权人按照抵押权登记的先后顺序，从船舶拍卖价款中依次受偿。同日登记的抵押权，按照同一顺序受偿。"当拍卖所得价款不足以清偿抵押权人的全部债权时，不得再对被拍卖的船舶主张任何权利。

2. 同一船舶上船舶抵押权担保的债权与普通债权之间的受偿顺序

在同一船舶上存在着船舶抵押权担保的债权和普通的债权时，它们之间的受偿顺序是，有船舶抵押担保的债权优先于无船舶抵押担保的普通债权受偿。

3. 船舶抵押权与船舶优先权之间的受偿顺序

当同一船舶上既有船舶抵押权，又有船舶优先权时，国际上多数国家的做法是，将船舶优先权担保的债权排在船舶抵押权担保的债权及其他债权之前。我国《海商法》第 25 条做出了类似的规定。

**（五）船舶抵押权的转让与消灭**

1. 船舶抵押权的转让

船舶抵押权作为一种担保物权，从属于它所担保的主债权的变化而相应地发生变化。当主合同的债权人根据自己的意愿将权利转移给他人时，船舶抵押权则与其担保的债权一同转移。我国《海商法》第 18 条规定了船舶抵押权转移的情况，即"抵押权人将被抵押船舶所担保的债权全部或者部分转让他人的，抵押权随着转移"。

抵押船舶所担保的主债权转移而导致抵押权的转移的，应通知船舶抵押人，同时还必须遵守有关船舶登记的规定，签订书面合同，办理抵押权的转移登记。

2. 船舶抵押权的消灭

船舶抵押权的消灭是指发生了法律所规定的原因而使债权人附在被抵押船上的权利归于消灭的客观情况。船舶抵押权产生后,因下列法律事实而消灭:

(1)被抵押船舶灭失

作为抵押标的物的被抵押船舶灭失,抵押权随之消灭。消灭的是抵押权人从被抵押船舶拍卖价款中优先受偿的权利,但并不消灭抵押权所担保的主债。抵押权人仍可以通过其他方式向债务人要求清偿债务。

(2)船舶抵押权所担保的债权消灭

抵押权随其所担保债权的发生而发生,随着债权的消灭而消灭,它不能脱离债权而独立存在。如贷款已被清偿等。

(3)被抵押的船舶被法院拍卖

法院拍卖使拍卖前存在的以该船舶为标的的任何权利均告消灭,船舶抵押权也随之消灭。

船舶抵押权消灭后,还应当履行注销登记手续。

## 【案例讨论】

2008 年 6 月 5 日,甲公司将"太阳"号船舶抵押给乙公司并获得借款 600 万元,7 月 10 日甲、乙两公司在船舶登记机构办理了船舶抵押登记手续。同年 7 月 1 日,甲公司又与丙公司就"太阳"号船舶签订了船舶抵押借款合同,甲公司因此获得 400 万元借款,甲、丙公司于 7 月 5 日在船舶登记机构办理了船舶抵押登记手续。2009 年 8 月 1 日,乙公司以甲公司不能按期偿还借款为由向法院提出扣押并拍卖"太阳"号的申请,拍卖后所剩价款为 800 万元。假设"太阳"号船舶仍欠付甲、丙公司的借款本金且再无对其他方的债务。试分析以下问题:

(1)拍卖所得价款是按照先签订船舶抵押合同的先受偿,还是按照先进行船舶抵押权登记的先受偿?

(2)乙、丙公司分别获得多少价款?

## 二、船舶留置权

### (一)船舶留置权的概念

我国《海商法》第 25 条规定:"船舶留置权,是指造船人、修船人在合同另一方未履行合同时,可以留置所占有的船舶,以保证造船费用或者修船费用得以偿还的权利。"

可见,我国《海商法》对留置权(Possessory Lien on Vessel)的规定非常有限,仅指造船人和修船人分别对其所建造和所修理的船舶的留置权,不包括其他留置船舶的情况。如海难救助人对获救船舶所有人不提供救助款项的担保时,根据我国《海商法》第 188 条第 3 款的规定,也具有留置船舶的权利,但这种权利不属于该法第 25 条规定的船舶留置的范围。

### (二)船舶留置权的标的

船舶留置权是基于法律规定产生的法定担保物权,当债权人行使权利时,只需自行留置所占有的船舶即可,不需要申请法院予以扣押船舶来实现。

我国《海商法》第 25 条未强调被留置船舶必须属于债务人所有,实践中,一般认为被留置的船舶须是债权人以合法方式占有的债务人所有或经营的船舶,且是与债权的发生有牵连关系的当事船舶。

**(三)船舶留置权担保的债权项目**

根据我国《海商法》第25条的规定,船舶留置权所担保的债权仅限于造船人的造船费用和修船人的修船费用。

**(四)船舶留置权的受偿顺序**

船舶留置权以占有船舶为前提,因而同一船舶上不可能同时存在两个或两个以上的船舶留置权,但其可能与船舶抵押权或船舶优先权并存。我国《海商法》规定了船舶留置权与船舶抵押权、船舶优先权并存时的受偿顺序,即船舶建造人和船舶修理人等取得的船舶留置权优先于船舶抵押权,而后于船舶优先权受偿。

**(五)船舶留置权的取得与消灭**

船舶留置权的设定由法律明确规定,在符合法律规定的留置权的条件下,船舶留置权即告成立,而不管当事人双方是否在主合同中约定留置权条款。根据船舶留置权的概念,当海事债权人基于合同或法律规定占有债务人的船舶,因该船舶产生的债权已至清偿期而未受清偿时,债权人即取得了船舶留置权。

我国《海商法》第25条第2款规定,船舶留置权在造船人、修船人不再占有所造或者所修的船舶时消灭。据此,船舶留置权可因下列法律事实的出现而消灭:①被留置的船舶灭失;②债权人丧失对船舶的占有;③债务人另行提供担保并被债权人接受;④被担保的债权消灭。

## 三、船舶优先权

**(一)船舶优先权的概念**

目前,国际上对船舶优先权(Maritime Lien)并无公认的定义。我国《海商法》第21~30条规定了船舶优先权的有关问题。按照第21条的规定,船舶优先权,是指海事请求权人依照该法第22条的规定,向船舶所有人、光船承租人、船舶经营人提出海事请求,对产生该海事请求的船舶具有优先受偿的权利。这一规定明确了船舶优先权的一项特性,即由法律规定的海事请求才具有船舶优先权,这种优先受偿权利不能通过双方合同规定,而是必须由法律规定。

船舶优先权同海上救助、共同海损、海事赔偿责任限制等一样,是海商法所特有的法律制度,其主要目的在于提高船舶营运的安全和效能,保护海事请求权人的利益。船舶优先权作为一种权利,是海商法赋予某些法定的海事债权人的一种特权,是一种可以在法定期限内通过司法程序扣押、拍卖与债权产生有关的当事船舶,并对拍卖价款享有优先受偿的权利。

**(二)船舶优先权的标的**

船舶优先权的标的是指船舶优先权的权利主体根据法律规定可以扣押并拍卖的财产。对此,国际公约及各国法律对船舶优先权的标的范围的规定不尽相同。有的法律或公约只规定了当事船舶,有的还规定了运费及"附属利益"。根据我国《海商法》第21条的规定,船舶优先权的标的是产生海事请求的当事船舶,包括船舶属具。

**(三)船舶优先权担保的债权项目**

由于各国政治、经济和法律制度的不同,被列入船舶优先权的项目也有很大差异。就项目数量而言,英国控制得较严,只有船舶碰撞损害、救助报酬、船员工资及风险抵押贷款等少数几项请求被列入船舶优先权;在美国,列入船舶优先权的范围较为广泛,除了类似英国法律中所列的几个项目外，还将船舶修理、补给、拖带、入坞等费用的请求以及为船舶提供其他服务所引起的请求，也都列入了船舶优先权的范畴。我国《海商法》第 22 条规定，下列各项海事请求具有船舶优先权：

(1)船长、船员和在船上工作的其他在编人员根据劳动法律、行政法规或者劳动合同所产生的工资、其他劳动报酬、船员遣返费用和社会保险费用的给付请求；

(2)在船舶营运中发生的人身伤亡的赔偿请求；

(3)船舶吨税、引航费、港务费和其他港口规费的缴付请求；

(4)海难救助的救助款项的给付请求；

(5)船舶在营运中因侵权行为产生的财产赔偿请求。

载运 2 000 吨以上的散装货油的船舶，持有有效的证书，证明已经进行油污损害民事责任保险或者具有相应的财务保证的，对其造成的油污损害的赔偿请求，不属于前款第 5 项规定的范围。

由此可见，我国《海商法》仅规定了船员工资、人身伤亡、港口规费、救助款项和侵权行为造成的财产损失等少量海事请求具有船舶优先权，将具有强制保险或财务担保证明的油污损害、一般货运合同损失以及船舶供应等海事请求排除在外。

**(四)船舶优先权的受偿顺序**

船舶优先权的受偿顺序是指船舶优先权得以清偿的先后次序，即两个或两个以上的优先权竞合时，如何决定其效力的优劣次序问题。它既包括船舶优先权与其他担保物权或请求权并存时的受偿顺序，也包括船舶优先权担保的同类债权之间和不同债权并存时的受偿顺序。对此，各国海商法的规定有所不同。

1. 船舶优先权与船舶抵押权、船舶留置权之间的受偿顺序

我国《海商法》第 25 条规定，船舶优先权优先于船舶留置权受偿，船舶抵押权后于船舶留置权受偿。由此可见，船舶优先权与其他担保物权或请求权并存时的受偿顺序，首先是船舶优先权，其次是船舶留置权，然后是船舶抵押权，最后是其他一般债权。此处的留置权仅指造船人、修船人为保证造船或修船费用得以偿还而留置所占有的船舶的权利。

2. 船舶优先权担保的不同债权之间的受偿顺序

船舶优先权担保的不同债权之间的受偿顺序是指数个不同海事请求并存时，船舶优先权的受偿顺序。对此，有些国家采用列明式，有些国家只规定了原则，例如保护船员利益原则、因侵权产生的债权优先于因合同产生的债权的原则、人身伤亡的债权优于财产损害的债权的原则、为其他债权的受偿创造条件的债权优于其他债权的原则等。我国《海商法》采用列明式，即按照第 22 条排列的五种海事请求的顺序，依次受偿；但是，海难救助的海事请求后于前三项发生的，应当先于前三项受偿。

3. 船舶优先权担保的同类债权之间的受偿顺序

船舶优先权担保的同类债权之间的受偿顺序是指数个相同的海事请求并存时，船舶优先权的受偿顺序。这类债权受偿顺序确定的原则有航次原则、债权发生时间原则和时间倒序原则。航次原则、债权发生时间原则，是指发生同一航次中的同类债权不分发生时间的先后，同时受偿，不足受偿的，按比例受偿；发生在不同航次中的同类债权，按航次发生时间的先后依次受偿。时间倒序原则仅适用于海难救助和共同海损两项债权，即对于后发生的海难救助或共同海损请求，在受偿时应排在其他船舶优先权担保的债权之前。我国《海商法》

第23条规定,同类债权,不分先后,同时受偿;不足受偿的,按比例受偿。而海难救助款项给付请求中有两个海事请求的,后发生的先受偿。

此外,在上述各项债权受偿之前,根据《海商法》第24条的规定,应将为行使船舶优先权而产生的诉讼费、保存及拍卖船舶和分配价款而产生的费用,以及为海事请求人共同利益而支付的其他费用,从船舶拍卖所得价款中先行拨付。

**(五)船舶优先权的取得、转移和消灭**

1. 船舶优先权的取得

船舶优先权作为一种担保物权,是为了保护法律明确规定的海事请求而设置的,并因特定海事请求权的出现而产生,目的是使该海事请求权能够优先得到清偿。船舶优先权与其所保护的海事请求同时产生,即只要法律规定的海事请求一经产生,该海事请求权人即享有船舶优先权,无须与任何人协议,也不需要登记或占有船舶。各海运国家的立法及有关国际公约对此规定比较一致。

2. 船舶优先权的转移

船舶优先权是与法律规定的特定海事请求权同时产生的,具有从属性。船舶优先权能否随海事请求的转移而转移,各国法律规定不一。有些国家禁止其转移;有些国家规定,船舶优先权不能单独转移,只能与其担保的海事请求权同时转移。我国《海商法》第27条规定:"本法第22条规定的海事请求权转移的,其船舶优先权随之转移。"

3. 船舶优先权的消灭

船舶优先权最重要的特点是随船而行。不管船舶的所有权或船旗发生多少次更换,对船舶的船舶优先权始终存在,即船舶优先权不因船舶所有权的转让而消灭。产生具有船舶优先权的海事请求的船舶所有人对海事请求负有赔偿责任;在船舶转让给新船东后,该新船东虽然对该海事请求不负责任,但请求人仍可对船舶行使船舶优先权,通过申请法院扣押和拍卖船舶来实现债权。也就是说,船舶优先权认船不认人。基于此种原因,新船东购买船舶时,一定要通过法院公告等方式清除可能随附在船舶上的由船舶优先权担保的债务。但是,船舶优先权也不是永不消灭的,根据我国《海商法》第26条、第29条的规定,船舶优先权在下列情况下消灭:

(1)具有船舶优先权的海事请求,自优先权产生之日起满一年不行使;

(2)船舶经法院强制拍卖;

(3)船舶灭失;

(4)船舶转让时,船舶优先权自法院应受让人申请予以公告之日起满60日不行使的。

需要注意的是,船舶优先权的消灭并不意味着其担保的债权也随之消灭。按照我国民法基本原理,已经丧失了优先权的债权就变成了普通债权,仍可要求债务人偿还。

## 【案例讨论】

1. B船于2008年9月因欠35万元修船费而被留置,2008年12月修船人申请法院拍卖B船。2008年12月20日法院发布拍卖公告。经权利登记,B船同时负有船舶抵押权所担保的债权80万元,已登记,受偿期限为2010年6月1日止;2008年2月欠船员遣返费5万元;2008年4月欠港口规费5万元;2008年6月欠人身伤亡费5万元;2008年7月欠救助费5万元;2008年7月欠营运中财产损害赔偿费5万元。B船拍卖所得100万元。

假定不涉及海事赔偿责任限制,试分析各债权人的受偿顺序及受偿金额。

2. 2008 年 5 月,甲公司将“胜利”号货船抵押给乙银行取得 500 万元贷款。5 月 20 日,“胜利”号货船投保定期船舶保险 600 万元。6 月 30 日,“胜利”号货船从俄罗斯 A 港运一批钢材到中国 B 港。途中遭遇恶劣天气,主机损坏,一、二舱进水。“天鹅”号货船依 NO CURE,NO PAY 救助合同对“胜利”号货船进行拖带救助,拖带一天后,“胜利”号货船由于进水过多沉没。“天鹅”号货船支出救助费用 50 万元。“胜利”号货船沉没时,尚有 50 万元船员工资、100 万元港口规费和 50 万元船员人身伤害费未付。事后,保险公司支付 600 万元给甲公司。试分析以下问题:

(1)600 万元保险赔偿应如何分配?各债权人的受偿顺序和各自获得的赔偿是多少?

(2)假设“天鹅”号是按照雇佣救助合同对“胜利”号货船进行救助的,那么各债权人的受偿顺序和各自获得的赔偿是多少?

**【测一测】**

**一、判断题**

1. 根据我国《海商法》的规定,船舶保险赔偿不可以作为船舶抵押权的标的。

2. 同一船舶设定两个或两个以上抵押权的,抵押权人根据抵押权登记的先后顺序,从船舶拍卖价款中依次受偿。

3. 同一船舶上不可能同时存在两个或两个以上的船舶留置权。

4. 船舶优先权消灭,其担保的债权一定消灭。

5. 在严格登记国登记的船舶取得的国籍习惯上称为“方便旗”。

6. 我国《海商法》规定,船舶优先权优先于船舶留置权受偿,船舶抵押权后于船舶留置权受偿。

**二、单项选择题**

1. 船舶的法律性质体现在________。①船舶是具有人格性的物;②船舶是具有不动产性质的动产;③船舶是固定资产;④船舶是不可分物,但有例外情况。

A. ①~④　　B. ①~③　　C. ①②④　　D. ①③④

2. ________应当向船舶登记机关登记,未经登记,不得对抗第三人。①船舶所有权的取得、转让和消灭;②船舶抵押权的设定;③船舶优先权的取得;④船舶由两个以上的法人或个人共有的。

A. ①~④　　B. ①~③　　C. ①②　　D. ①②④

3. ________,是指登记国对船舶在该国登记的条件有严格的限制和规定,船舶必须满足全部登记条件,才准予登记的法律制度。

A. 开放登记　　B. 严格登记

C. 第二船籍登记制度　　D. 方便旗登记制度

4. 同一船舶上设定两个以上抵押权的,抵押权人________,从船舶拍卖价款中依次受偿。

A. 按照抵押权登记的先后顺序

B. 按抵押合同签订时间的先后顺序

C. 按抵押合同生效的先后顺序

D. 按照抵押权所担保债权的数额高低

5. 根据我国《海商法》的规定，以同一船舶为标的的债权受偿顺序是________。

A. 船舶留置权、船舶抵押权、船舶优先权

B. 船舶优先权、船舶抵押权、船舶留置权

C. 船舶优先权、船舶留置权、船舶抵押权

D. 船舶抵押权、船舶留置权、船舶优先权

6. 某船船舶所有人拖欠船员的工资，在进入某港时又拖欠港务费，该船舶所有人在向银行贷款时办理了该船的抵押手续并进行了登记。在发生了工资和港务费的债项后，该船遇难，为救该船又发生了一笔救助费。依海商法的有关规定，上述各债权项目的受偿顺序为________。

A. 救助费；船员工资；港务费；船舶抵押权

B. 船员工资；港务费；救助费；船舶抵押权

C. 港务费；船员工资；救助费；船舶抵押权

D. 船舶抵押权；船员工资；救助费；港务费

7. 香港船舶"德恒"号上存在我国甲公司的留置权、美国乙公司的抵押权、我国丙公司的优先权。根据我国《海商法》的规定，上海海事法院在审理"德恒"号赔偿案件时，甲、乙、丙三方的受偿顺序为________。

A. 甲乙丙　　B. 乙甲丙　　C. 丙甲乙　　D. 乙丙甲

8. 以登记的船舶权利划分，船舶登记包括：①船舶所有权登记；②船舶抵押权登记；③定期船租赁登记；④光船租赁权登记。

A. ①~④　　B. ①~③　　C. ①②④　　D. ①③④

9. 根据我国《海商法》，船舶抵押权的标的可以是________。①船舶；②运费或租金；③附属利益；④保险赔偿。

A. ①~④　　B. ①③　　C. ①④　　D. ①③④

10. ________是指造船人、修船人在合同一方未履行合同时，可以留置所占有的船舶，以保证造船费用或者修船费用得以偿还的权利。

A. 船舶抵押权　　B. 船舶留置权

C. 船舶优先权　　D. 船舶所有权

11. 根据我国《海商法》，船舶优先权所担保的债权项目有________。①船员工资与伤亡赔偿；②港口规费与救助款项；③侵权赔偿；④有强制保险的油污损害赔偿。

A. ①~④　　B. ①~③　　C. ①②④　　D. ①③④

12. 根据我国《海商法》的规定，船舶优先权担保的同类债权之间的受偿顺序是________。①同类债权不分先后同时受偿；②不足受偿的，按比例受偿；③按船舶优先权登记的顺序受偿；④海难救助款项给付请求中有两个海事请求的，后发生的先受偿。

A. ①~④　　B. ①~③　　C. ①③④　　D. ①②④

# 项目三　海上货物运输合同

**【知识目标】**

●掌握海上货物运输合同的基本概念

●掌握海上货物运输合同当事人的权利与义务

●了解调整海上货物运输的国际公约

**【能力目标】**

●知道承运人的权利与义务,具备正确履行管货责任所需的专业知识与技能

●知道承运人受雇人的法律地位

●知道《海牙规则》、《维斯比规则》、《汉堡规则》、《鹿特丹规则》之间的主要区别

**【项目介绍】**

海上货物运输关系是各国海商法调整的主要对象,我国《海商法》海上货物运输合同一章仅调整国际海上货物运输,不适用于中华人民共和国港口之间的海上货物运输,其规定与现行国际通行做法基本一致。

在国际海上货物运输过程中,承运人是合同履行的主体,其义务、责任和免责直接影响到合同当事人的利益,承运人的责任制度是整个国际海上货物运输法律制度的基础和核心。只要熟练掌握了承运人的责任制度,包括承运人归责原则、国际公约和世界各国海上货物运输法以及我国《海商法》的相关规定,就基本上了解和掌握了整个国际海上货物运输法律制度。

本项目介绍海上货物运输合同的基本概念、承运人和托运人的权利与义务、调整海上货物运输的国际公约。

## 任务一　了解海上货物运输合同的基本概念

**【任务分析】**

我国《海商法》对海上货物运输合同的定义、承运人和托运人等相关用语的含义做了具体规定。本任务要求同学们能结合案例识别承运人和实际承运人,了解托运人和发货人的区别,掌握海上货物运输合同的种类、特征及合同订立、解除的方式。

【相关知识】

## 一、海上货物运输合同的概念

我国《海商法》第 41 条规定："海上货物运输合同（Contract of Carriage of Goods by Sea），是指承运人收取运费，负责将托运人托运的货物经海路由一港运至另一港的合同。"

该定义明确了承运人（Carrier）和托运人（Shipper）是海上货物运输合同的双方当事人。我国《海商法》第 42 条对其做出了明确规定。

**（一）承运人**

1. 承运人

承运人是指本人或者委托他人以本人名义与托运人订立海上货物运输合同的人。即不管海上货物运输合同是直接与托运人所签的，还是委托他人以本人名义与托运人所签的，均不影响其承运人的地位。相对于我国《海商法》中"实际承运人"的概念，此处的"承运人"常被称为"订约承运人（Contracting Carrier）"。

2. 实际承运人

实际承运人（Actual Carrier）又称履约承运人，是指接受承运人委托，从事货物运输或者部分运输的人。它包括接受转委托从事此项运输的其他人。例如，承运人与托运人签订海上货物运输合同并进行部分运输后，根据合同中的"自由转运条款"在运输途中将货物交给其他承运人转运，此时进行此类转运的就是实际承运人。

**【议一议】**

**承运人和实际承运人分别如何对货方承担责任**

为了保护有关当事人的合法权益，尤其是货主的利益，需要明确承运人和实际承运人之间的责任关系以及他们对货主承担责任的形式。

1. 承运人应对全程运输负责任

我国《海商法》第 60 条规定："承运人将货物运输或者部分运输委托给实际承运人履行的，承运人仍然应当依照本章规定对全部运输负责。对实际承运人承担的运输，承运人应当对实际承运人的行为或者实际承运人的受雇人、代理人在受雇或者受委托的范围内的行为负责。"根据以上的法律规定，与托运人订立海上货物运输合同的承运人，即便整个运输过程都是由实际承运人履行的，也要对全程运输负责，并不解除承运人对全部运输负责的义务。

除了法定免责事项外，承运人只有在下列情况下才免除对不是其履行的运输区段的责任，即如果海上货物运输合同中明确约定合同所包括的特定的部分运输由承运人以外指定的实际承运人履行，并且约定货物在指定的实际承运人掌管期间发生的灭失、损坏或者迟延交付，承运人不负赔偿责任。然而这在实际业务中困难较大，很难事先明确指定的实际承运人，所以承运人自然难逃对全程运输负责的责任。

2. 实际承运人应对实际履行运输负责任

实际承运人从承运人那里接受的可能是全部运输，也可能是部分运输。在全部运输情况下，不但承运人要对运输全过程负责，实际承运人也要对全程负责。在部分运输中，承运人对全程负责，实际承运人对其实际运输部分负责。这里所指实际承运人负责是指实际承运人不仅对承运人负责,还应对货主负责。本来实际承运人与货主没有合同关系,他仅对承运人负责,但现在法律规定,他也应对货主直接负责,他的责任不是基于运输合同的责任,而是基于法律的责任。《海商法》第61条规定:"本章对承运人责任的规定,适用于实际承运人。"如果在实际承运人履行的运输部分发生货物灭失、损坏或者延迟交付,货主就可以直接向实际承运人索赔,而不必先向承运人索赔。当然货主也可以向承运人索赔,对于收货人来说向实际承运货物的实际承运人索赔则方便得多了。

正是基于实际承运人所负的是法律上的承运人责任而不是运输合同中承运人的责任,所以承运人承担法律未规定的义务或者放弃法律赋予的权利、任何特别的协议,只有经过实际承运人的书面明确同意,才对实际承运人发生效力;否则,仅对承运人有效,对实际承运人无效。

3. 承运人与实际承运人应负连带责任

承运人与实际承运人的"承运人与实际承运人都负有赔偿责任的,应当在此项责任范围内负连带责任"。所谓连带责任,则不问他们之间责任大小,均负有赔偿责任,索赔人可向其中任何一方索赔全部损失。即便承运人没有过错,完全由于实际承运人的过错造成货物在运输过程中产生的灭失、损坏或迟延交付,由于承运人负全程责任,仍然要负赔偿责任,索赔人既可以向实际承运人追偿全部损失,也可以向承运人追偿全部损失。承运人或实际承运人在赔付后,可按各自责任的大小向对方追偿,即对外负连带责任,对内按过错大小承担责任。

### (二)托运人

与承运人的分类类似,通常也将我国《海商法》中规定的"托运人"分为"订约托运人"和"实际托运人"两类。

1. 订约托运人

订约托运人是指本人或者委托他人以本人名义或者委托他人为本人与承运人订立海上货物运输合同的人。

2. 实际托运人

实际托运人又称发货人,是指本人或者委托他人以本人名义或者委托他人为本人将货物交给与海上货物运输合同有关的承运人的人。

**【议一议】**

**实际托运人和订约托运人可以是同一个人吗?可以是不同的人吗?**

实际托运人和订约托运人既可以是同一人,也可以是不同的人。如在CIF和CFR买卖中,卖方既是订约托运人,又是实际托运人。而FOB买卖中,买方是与承运人订立海上货物运输合同的人,此时买方是订约托运人;而卖方是在起运港向承运人交付货物的人,卖方此时是实际托运人。

## 二、海上货物运输合同的特征

### (一)海上货物运输合同是双务合同

海上货物运输合同的双方当事人均享有权利,同时互相负有义务。承运人在享有收取运费权利的同时,承担将货物安全、迅速地运至目的港的义务;托运人负有提供合法货物并按约定支付运费的义务,并享有在目的地如数完好地收取货物的权利。

**（二）海上货物运输合同是有偿合同**

海上货物运输合同的双方当事人的任何一方若要取得权利，必须偿付代价。承运人取得运费等报酬是以提供一港运至另一港的运输服务为代价；而托运人在目的港收取货物，则以支付运费为代价。

**（三）海上货物运输合同具有约束第三人的性质**

海上货物运输合同的当事人除承运人和托运人外，还涉及第三人，即收货人。虽然收货人并不一定参加合同的订立，但根据合同的规定却有权提取合同规定的货物，并受合同约束。

**（四）海上货物运输合同是要式合同**

海上货物运输合同尽管也可以采用口头形式，但一般采用书面形式。我国《海商法》第43条明确了订立书面合同的要求及合同可以采用的书面形式，即承运人或者托运人可以要求书面确认海上货物运输合同的成立。但是，航次租船合同应当书面订立。电报、电传、传真和电子邮件等具有书面效力。由此可见，当事人必须满足对方当事人提出的书面确认合同的要求。采用书面确认合同，有利于避免日后举证的困难。

## 三、海上货物运输合同的种类

**（一）从运输的区域上划分**

1. 国际海上货物运输合同

国际海上货物运输合同（Contract of International Carriage of Goods by Sea）是指承运人收取运费，负责将托运人托运的货物经海路由一国港口运至另一国港口的合同。其适用我国《海商法》第四章的规定。

2. 国内海上货物运输合同

国内海上货物运输合同（Contract of Inland Carriage of Goods by Sea）或者沿海货物运输合同，在我国又称水路货物运输合同，是指由承运人收取运费，负责将托运人托运的货物经水路由国内一港运至国内另一港的合同。在我国，水路货物运输合同主要适用《合同法》及2001年1月1日生效的《国内水路货物运输规则》的规定。

**（二）从运输合同的表现形式上划分**

1. 件杂货运输合同

件杂货运输合同（Contract of Carriage of General Cargo）又称班轮运输合同或零担运输合同，是指承运人负责将件杂货由一港运至另一港，而由托运人或收货人支付运费的合同。此种合同多以提单形式表现，即合同中有关承运人、托运人之间的权利和义务，通过提单上记载的正面内容及其背面条款来体现。

2. 航次租船合同

航次租船合同（Voyage Charterparty，Voy. C/P）又称程租合同，是船舶出租人向承租人提供船舶或者船舶的部分舱位，装运约定的货物，从一港运至另一港，由承租人支付约定运费的合同。

3. 海上货物运输总合同

海上货物运输总合同（Contract of Affreightment，COA）又称包运合同、批量合同或货运数量合同，是指由承运人或出租人在约定时间内，将一定数量的货物分批运至约定的港口，而由托运人或承租人支付运费的合同。在这种合同中，通常订明一定时期内运输货物的数量或批量、船舶吨位数、运价、装运期限、起运港和目的港及其他运输条件。为了保证总合同的实施，通常在分批装运时另行签发提单，若双方当事人同意，也可以另行订立航次租船合同。此类合同一般适用运量特别大的干散货或液体散装货物的运输，具有类似连续单航次租船合同的特点。

**（三）从运输的方式上划分**

1. 海上货物联运合同

海上货物联运合同（Contract of Ocean Through Carriage of Goods）是指承运人负责将货物自一港经两段或两段以上的海路运至另一港，而由托运人或者收货人支付运费的合同。此种合同下，货物由不属于同一船舶所有人的两艘或多艘船舶，从起运港经中途港转运而至卸货港，承运人对全程货物运输负责。

2. 国际货物多式联运合同

我国《海商法》所调整的国际货物多式联运合同（International Multimodal Transport Contract）是指多式联运经营人负责将货物以包括海上运输在内的两种或两种以上不同运输方式，从某一地运至另一地，而由托运人或收货人支付运费的合同。国际货物多式联运所涉及的运输方式之一必须是海上运输。

## 四、海上货物运输合同的订立

海上货物运输合同与其他合同一样，由当事人双方按照平等互利、协商一致、等价有偿的原则订立。海上货物运输合同订立的方式和程序与货物特性、货运要求及其船舶营运方式有关，因此，件杂货运输合同与航次租船合同的订立有很大差别。但是，一般都要经过要约和承诺两个阶段，即当船、货双方的意思表示一致时，海上货物运输的合同关系即告成立。

件杂货运输合同一般以订舱方式成立。托运人或其代理人在向班轮公司的代理人申请托运时，通常先填制托运单进行订舱，班轮公司的代理人根据托运单载明的有关货运内容及航线等情况，决定是否接受托运。如果接受托运，则在托运单上指定船名并签字，海上货物运输合同即成立。当事人之间的权利、义务和风险责任，通过签发的提单及其条款形式加以明确。订舱的具体形式可以是填写托运单或传真、电传和网上订舱等。

航次租船合同是船舶出租人与承租人之间，或通过中间人，即租船经纪人（Chartering Broker），就船舶、货物、航线及其装卸港口、受载期、装卸时间等与之相关事宜，通过洽谈，在意思表示一致的基础上签署形成的。实践中，为了简化签订租船合同的手续，一般使用一些租船合同范本作为合同框架与条款的洽谈基础，出租人和承租人可以根据各自的货运要求，对所选用范本中的格式化条款进行修改、删减和订立附加条款（Rider Clause），以达成一致并形成双方接受的合同。如果附加条款与租船合同范本中印刷的格式化条款相抵触，一般解释为附加条款的效力高于印刷条款。

## 五、海上货物运输合同的解除

海上货物运输合同大多数因双方当事人已履行了合同而终止。但在实践中，一部分合同由于种种原因，其效力提前终止，使当事人之间合同所规定的权利、义务归于消灭。我国《海商法》第四章第6节对合同的解除做了具体规定。

**（一）任意解除**

海上货物运输合同的任意解除是指在海上货物运输合同发生效力后，在既非法定解除亦非约定解除的情形下，依一方当事人的解除意思而使海上货物运输合同的效力终止。我国《海商法》第 89 条规定，船舶在装货港开航前，托运人可以要求解除合同。但是，除合同另有约定外，托运人应当向承运人支付约定运费的一半，货物已经装船的，并应当负担装货、卸货和其他与此有关的费用。

### (二)法定解除

海上货物运输合同的法定解除是指船舶在开航前和开航后因不可抗力或者其他不能归责于承运人或托运人的原因致使合同不能履行。

1. 船舶开航前的法定解除

我国《海商法》第 90 条规定，船舶在装货港开航前，因不可抗力或者其他不能归责于承运人和托运人的原因致使合同不能履行的，双方均可以解除合同，并互相不负赔偿责任。除合同另有约定外，运费已经支付的，承运人应当将运费退还给托运人；货物已经装船的，托运人应当承担装卸费用；已经签发提单的，托运人应当将提单退还承运人。

2. 船舶开航后的法定解除

我国《海商法》第 91 条规定，因不可抗力或者其他不能归责于承运人和托运人的原因致使船舶不能在合同约定的目的港卸货的，除合同另有约定外，船长有权将货物在目的港邻近的安全港口或者地点卸载，视为已经履行合同。船长决定将货物卸载的，应当及时通知托运人或者收货人，并考虑托运人或者收货人的利益。

此外，海上货物运输合同还可因当事人一方违反合同而解除。如英美法律中有根本违约或重大违约的规定，一方当事人不履行合同或履行合同有缺陷，致使另一方当事人无法继续履行合同或不能获得合同的主要利益，在这种情况下，另一方当事人可以解除合同，并有权请求损害赔偿。

# 任务二　掌握海上货物运输合同当事人的权利与义务

## 【任务分析】

海上货物运输关系的核心是海上货物运输合同各当事人之间的权利义务关系。本任务要求同学们掌握我国《海商法》有关海上货物运输中承运人权利和义务的规定；了解托运人的基本权利和义务；掌握不完全过错责任原则的含义。

## 【相关知识】

我国《海商法》有关国际海上货物运输合同当事人权利与义务的规定，参照了当前国际通行的《维斯比规则》，从我国航运实际出发，考虑到国际海运法规的发展趋势，吸收了《汉堡规则》中的部分内容，适当保护托运人、收货人的利益，使海上货物运输风险的分担达到了一个新的平衡。可以说，我国《海商法》确立了一种比较现代的与国际接轨的承运人、托运人责任制度。

## 一、承运人的主要义务

### (一)谨慎处理使船舶适航的义务

我国《海商法》第 47 条规定："承运人在船舶开航前和开航当时，应当谨慎处理，使船舶处于适航状态，妥善配备船员、装备船舶和配备供应品，并使货舱、冷藏舱、冷气舱和其他载货处所适于并能安全收受、载运和保管货物。”本条规定与《海牙规则》、《维斯比规则》有关承运人的适航义务完全相同。

1. 船舶适航的含义

船舶适航(Seaworthy)不仅表现为船舶是否能够抵御海上风险，而且与货物是否能安全抵达目的港有密切的联系。适航有广义、狭义之分。

(1)狭义的船舶适航

狭义的船舶适航是指船舶的船体、船机，在设计、结构、性能和状态等方面能够抵御预定航次中通常出现的或能合理预见的风险。它不要求船舶必须能够抵御海上出现的任何风险，而是相对某一具体航次而言。例如，假如某小型船舶无法抵御 A 航次中的，但能抵御 B 航次中的通常出现的风险或能合理预见的风险，则该船对 A 航次是不适航的，但对 B 航次是适航的，即使在 B 航次中突遇意外风暴而沉没。

(2)广义的船舶适航

广义的船舶适航除了狭义的船舶适航外，还包括船舶的航海能力和适货。

1)航海能力

航海能力是指承运人应使船舶具备为完成预定航次所应具备的一切设备和条件。船舶的这种能力可通过承运人妥善地配备船员、装备船舶和配备供应品来实现。

承运人应当妥善地配备船员。配备船员妥善与否，应从船员数量和质量两方面要求。首先，在数量上应做到充分，以满足航行值班或作业的要求，根据不同种类的船舶，配备足额船员。其次，在质量上，船员应具有健康的体魄，具备相应职能和级别要求的知识与技能，能够胜任工作，并持有《1978 年海员培训、发证和值班标准国际公约》(STCW 公约)所要求的相应证书。国际上衡量船员配备是否妥当的主要依据是船舶上的实际配员是否符合该船舶最低安全配员证书的要求。

承运人应当妥善地装备船舶。装备船舶是指为船舶配备航海所必需的各种设备、设施，以便安全地完成预定航次。它要求雷达、罗经等助航仪器，锚、缆绳等系泊设备以及海图、航路指南等航行资料必须齐全，并具有可靠性。目前，《1974 年国际海上人命安全公约》(SOLAS 公约)及其议定书和修正案，是国际上衡量船舶的装备是否妥善的主要依据。

承运人应当妥善地配备供应品。配备供应品是指船舶必须带有充足的燃油、物料、药品、淡水和食品等航行必需的各种给养，供在下一停靠港添加之前使用。在配备燃料上，除应正确计算航程与船舶耗油量外，需要考虑燃料的质量、航次中风浪、洋流等情况，确定一个安全系数。

2)适货

适货(Cargo Worthy)是指货舱、冷藏舱、冷气舱和其他载货处所适于并能安全收受、载运和保管货物。它包括货舱清洁、干燥、无味，污水沟和通风筒畅通，舱盖水密，吊杆、起货机、索具等设备齐全，并处于有效状态。这种适货要求也是针对某一具体航次而言的，货物的性质、状态不同，船舶适货的具体要求通常也不同。如果装运冷藏货物，则要求冷藏设备通过检验，并取得相应的合格证书。

综上所述，船舶适航是一个整体概念，是船舶、船员、货物一体化的适航，有关因素必须综合衡量。它以海上一般风险作为衡量标准，而不要求船舶必须抵御预定航次中出现的任何风险。海上一般风险是一个极富弹性的标准,通常解释为:谨慎的承运人在船舶开航前,考虑到所有通常可能发生的情况而预见的海上风险。不同的船舶、季节、航线、纬度、货物对适航有不同的要求。

2. 船舶适航的标准

衡量船舶适航的标准有绝对与相对之分,《海牙规则》及我国《海商法》采用的是相对适航标准,它以"谨慎处理"或"克尽职责(Due Diligence)"作为衡量标准。它要求承运人应当具有通常的技能并谨慎行事,在考虑已知的或能合理预见到的特定航次中包括货物性质在内的所有情况后所采取的合理措施。如果船舶存在通过采取这种措施仍不能发现的潜在缺陷(Latent Defect),而且这种缺陷使得船舶不适航并造成了货损,通常不视为承运人违反谨慎处理后使船舶适航的义务,承运人对货损也不予负责。因此,依据我国《海商法》,承运人使船舶适航的义务是相对的,不负有使船舶绝对适航的义务。只要承运人谨慎处理后使船舶适航,就不发生违反适航义务的责任。其初步证据就是船舶所有的技术证书都在有效期内。

3. 船舶适航的时间要求

承运人谨慎处理使船舶适航的时间,我国《海商法》明确规定是在"船舶开航前和开航当时"(Before and at the beginning of the voyage),"开航"是指合同航次或提单航次的开始。

"开航前和开航当时"是一个连续期间,而不仅限于装货开始和船舶开航的某一具体时间。"开航前"主要是针对货物装船而言的。船舶在整个装货期间就应能够抵御发生在海上的一般风险,包括货舱适货、船舶在必要时能够驶离泊位到锚地避台风等。关于"开航当时",有人认为应以动车为标志,有人认为应以解开最后一根缆绳为标志。一般认为,"开航前和开航当时"是指从船舶装货时起至船舶起锚或解缆离泊之时的这一期间。承运人在这一期间如果未能谨慎处理使船舶适航而造成货损,应负责任。但是,船舶开航后,只要承运人能证明在开航前和开航当时已经谨慎处理船舶是适航的,即使船舶在航行期间和中途港停靠期间丧失适航性,承运人不采取措施予以恢复或维持,也不视为承运人违反使船舶适航的义务。至于承运人是否对因此造成的货物损害负责,要视船长、船员是否有管货过失而定。

4. 承运人对独立合同人的过失负责

"谨慎处理"或"克尽职责"的主体范围国际上并无统一的解释,一般认为,其主体不仅包括承运人本人及其受雇人,而且包括独立合同人(Independent Contractor)。独立合同人是指与承运人在海上货物运输合同以外另有合同关系的,为承运人完成使船舶适航工作的人员。它通常指船舶修理人员、检验人员、罗经校正师等。承运人不能因为雇佣独立合同人履行使船舶适航的义务,就解脱自己的责任,承运人应对独立合同人的行为负责。

5. 船舶适航的举证责任

谨慎处理使船舶适航是承运人的义务,因此船舶适航的举证责任应由承运人承担。当货主因船舶不适航造成货物灭失、损坏,而向承运人索赔时,承运人欲行免责,应提供充分、确实的证据,证明其在船舶开航之前和开航当时已尽谨慎处理之责。

6. 不适航与货损之间具有因果关系

承运人违反适航义务,不论其与货损之间是否有因果关系,承运人都应承担责任。各国观点不同。我国学者通常认为,由于承运人没有履行谨慎处理使船舶适航的义务而引起的货损,承运人应当负责;如果两者之间没有因果关系,则承运人对此项义务的未予履行无须承担赔偿责任。

**【案例讨论】**

1. 2008 年 2 月 10 日,A 公司将 6 000 吨小麦在伦敦装上 B 远洋公司的"红星"号货船承运,货物分别装于该船的第二、三舱。开船前,船长收到一份远洋建议书,提及在"红星"船预定的航线附近很可能会遇到恶劣气候。2 月 11 日 ~3 月 7 日,该船在预报的海域遇到了大风浪,风力 8 ~11 级,3 月 8 日驶出风浪区,10 日驶抵中国天津港。经有关船检、商检部门对"红星"船的货舱及货物进行检验证实:该船货舱盖严重锈蚀并有裂缝,舱盖板水密橡胶衬垫老化、损坏、脱开,通风筒破损,导致货物水湿、发霉、变质。"红星"船称在开船前和开船时已克尽职责,装货前对船舱盖板进行了水密试验,所布货舱及舱盖板上的橡胶衬垫处于水密柔软状态,只是由于"红星"船在航程中,连续遇到大风暴,海水入舱造成货损,所以拒绝承担因海上灾难而引起的一切损失。试分析以下问题:

(1)B 公司是否已尽到谨慎处理使船舶适航的义务?

(2)B 公司是否承担货损赔偿责任?

2. 甲公司所属"泰山"号货船于 2001 年 10 月 1 日承载乙货主的玉米从大连港开航,目的港为美国纽约。在大连港开航前和开航当时,承运人已经履行了谨慎处理使船舶适航的义务。"泰山"号挂靠中途港广州港,在该港又接载了货主丙的货物,在已装载完毕,但船舶尚未开航前,由于船员修理主机,不慎引起火灾,致使乙和丙货主的货物全损。

假设该案适用中国法律,试分析以下问题:

(1) 甲是否需对乙的损失承担赔偿责任,为什么?

(2) 甲是否需对丙的损失承担赔偿责任,为什么?

**(二)妥善和谨慎地管理货物的义务**

我国《海商法》第 48 条规定:"承运人应当妥善地、谨慎地装载、搬移、积载、运输、保管、照料和卸载所运货物。"此规定与《海牙规则》、《维斯比规则》的规定基本相同。海上货物运输主要由承运人的受雇人和代理人完成,因此,不仅承运人本人,而且承运人的受雇人和代理人都应严格履行这一义务。承运人违反该义务致使货物遭受损坏,应当承担赔偿责任。

1. "妥善"与"谨慎"的含义

(1)"妥善"

"妥善"(Properly)通常是指技术上的要求,它即从装货到卸货的各个作业环节中,承运人应对每一个环节建立一套良好的工作系统。它要求承运人在整个航次适应特定货物安全管理、运输的需要。但是,"妥善"并不是要求承运人对货物的处理能够避免特定货物的所有弱点,而只是要求采用在承运人知道或应当知道的所有情况下合理的措施。例如,针对"纸筒"的运输,承运人应在考虑航线、货种等情况下,建立一整套的通风程序,严格控制舱内温度与湿度的急剧变化,以保证"纸筒"内的纸张保持平整,不发生变形。

(2)"谨慎"

"谨慎"(Carefully)通常是指责任心上的要求,即承运人、船员或者其他受雇人员在管理货物的各个环节中,应发挥通常要求的或者为所运货物特殊要求的知识与技能,采取合理措施防止和减少货损的发生。

2. 管货责任的内容

承运人的管货责任是指从货物装船至卸船的整个期间,包括装载(load)、搬移(handle)、积载(stow)、运输(carry)、保管(keep)、照料(care for)和卸载(discharge)七个作业环节。承运人在每个环节上都必须做到妥善和谨慎。

(1)装载和卸载

承运人在履行这两项义务时,应做到根据货物的性质安排好装卸作业,保证装卸设备能安全使用,杜绝超负荷作业。

(2)搬移和积载

承运人应根据配载图、舱容和货物性质,合理安排船上货物的装载位置,加强对货物的绑扎、垫舱,以保持船舶稳性和适航,提供货物安全运送条件。

实践中,货物的装载和卸载、搬移和积载工作,在多数情况下由承运人或货方委托的装卸公司完成。如果码头装卸工人是承运人雇佣的,承运人应对因装卸工人的过错导致的货物损坏负责;若码头装卸工人是托运人或收货人雇佣的,承运人仅对装卸工人的工作进行合理的监督和指导,对其过错导致的货损不承担赔偿责任。但就货物的积载而言,如因积载不当影响船舶稳性或其他航行性能,从而构成船舶不适航,承运人应承担未谨慎处理使船舶适航的法律后果。

(3)运输

承运人应按预先公布的挂靠港的顺序,将货物尽快、安全地运至目的港交付,不得进行不合理的绕航。

(4)保管和照料

保管和照料是指承运人看管、照顾货物的行为。承运人应针对不同货物的特点,采取相应的措施,加强管理,防止货物失窃和错装、漏装,对特种货物应采取特殊的防护措施,同时对货物进行适当的通风、冷藏,防止货物变质、受损。

**(三)船舶不进行不合理绕航的义务**

绕航(deviation)是指船舶在航行途中,改变或偏离约定的或者习惯上的或者地理上的航线的行为。合理绕航(Reasonable Deviation)一般是指为了船货的共同安全而进行的绕航。而仅仅为承运人本身的利益与方便而发生的绕航是不合理绕航(Unreasonable Deviation)。

我国《海商法》第49条规定:"承运人应当按照约定的或者习惯的或者地理上的航线将货物运往卸货港。船舶在海上为救助或者企图救助人命或财产而发生的绕航或者其他合理绕航,不属于违反前款规定的行为。"这一规定是对承运人应当妥善和谨慎地装运所运货物的补充,要求承运人在运输时不得无故绕航。一旦构成不合理绕航,承运人要对因此导致的货物灭失、损坏承担赔偿责任且丧失享受赔偿责任限制的权利。

我国《海商法》采用"其他合理绕航"这种弹性表述来概括可以免责的绕航,表明我国认定合理绕航的范围较宽,对承运人较为有利。

## 【案例讨论】

1. 一船从天鹅湖驶往君士坦丁堡,中途船舶弯靠一港口,让船上的两名测试节能装置的船公司工程师登岸。船舶离开该港不久,由于驾驶员疏忽,船舶触礁沉没。假设船公司在签发的提单上规定适用中国《海商法》。试分析以下问题：

承运人对货物的灭失是否负责？为什么？

2. A船装煤，中途绕航去一油价低的港口加油，适逢该港罢工，船舶在港内停留了很久，此时煤炭突然起火，虽经紧急扑救，部分煤炭还是受损。收货人向船方索赔，船方以煤炭自燃属货物固有缺陷为由拒赔。试分析以下问题：

(1) A船绕航到油价低的港口加油是否构成不合理绕航？

(2) 煤炭自燃起火，A船可否免责？

**(四) 不得迟延交付货物的义务**

我国《海商法》第50条第1款规定："货物未能在明确约定的时间内，在约定的卸货港交付的，为迟延交付(Delay in Delivery of Goods)。"此规定明确了迟延交付成立的条件。但是，如果运输合同中承运人与托运人没有明确约定货物交付的时间，即使承运人未能在合理时间内在约定的卸货港交付货物，这种情况也不构成我国《海商法》所指的迟延交付。

我国《海商法》第50条第2~4款规定，由于承运人不能免责的过失，致使货物因迟延交付而灭失或者损坏的，或者即使货物没有灭失或者损坏而遭受经济损失的，承运人应当负赔偿责任。遭受的经济损失包括货物市场价格下跌损失、利息损失、工厂因停工待料遭受损失以及其他损失等。如果迟延交付时间届满60日，有权提赔的人可以认为货物已经灭失而要求承运人赔偿。

## 二、承运人的基本权利

**(一) 承运人的免责权利**

按照法律或合同的规定，在一定情况下，承运人对货物的灭失或损坏享有免除赔偿责任的权利。我国《海商法》第51条是关于承运人责任豁免的规定，确立了承运人可免除赔偿责任的12项法定事由。即在承运人的责任期间内，货物发生的灭失或者损坏是由于下列原因之一造成的，承运人不负赔偿责任。

1. 船长、船员、引航员或者承运人的其他受雇人在驾驶船舶或者管理船舶中的过失

这一免责事由即通常所说的驾驶船舶过失和管理船舶过失免责，又称航海过失免责。

(1) 驾驶船舶过失

驾驶船舶过失(Fault in the Navigation of the Ship)是指船舶开航后，船长、船员以及引航员等在船舶航行或停泊操纵上的过失行为。例如，违反国际或地方性避碰规则的操纵，没有保持正规瞭望，未以安全航速航行，对碰撞危险没有加以正确的判断，没有采取必要的避让措施等。停泊操纵上的过错通常是指船舶在锚泊或系泊中的过失行为。如锚泊位置、方式不当，系泊时缆绳数量不够或系泊方法有误等。

(2) 管理船舶过失

管理船舶过失(Fault in the Management of the Ship)是指船舶在航行中，船长、船员等因为没有尽到对船舶应有的注意，而致使维持船舶航行性能和有效状态上的过失行为。例如，轮机人员操纵不当致使机器损坏，船舶失去控制，错开泵的开关或阀门，锅炉使用不当等。

实践中，管船过失与管货过失相互联系，两者很难区分。因管船过失造成的货损，承运人可以免责，而管货过失下的货损则不能免责。因此，管船过失与管货过失的区分对承运人能否免责起着很重要的作用。

按照传统的理论，区分管船过失与管货过失的根本原则是以行为人的目的和动机为标

准。如果船长、船员在为了维持船舶性能时发生了过失,就应该属于管船过失;如果其过失行为是在对货物实施照料的过程中发生的,则属于管货过失。

近几年来,在区分管船过失与管货过失的理论方面又有了新的发展,即不仅要看实施某项行为的动机,而且要看在实施该项行为时是否对货主的利益给予了应有的关照。例如,在英国"Gosse Millerd Ltd. 诉 Can. Government Merchant Marl"一案中,修船人在修船过程中,为了进到舱内修理艉轴,揭去了用于遮盖货物的帆布,并且未采取任何防范措施,致使雨水淋湿了毫无遮盖的货物。法官 Greer 勋爵说:"如果损害纯粹是,或主要是因照料货物的疏忽所引起的,船方就应该负责;但如果损害是由于对船舶或某个部分进行照料时的疏忽造成,船方便无须负责,如果此疏忽不是针对船舶的疏忽,却是未曾使用船舶设备来保护货物的疏忽,则船方就不能逃避责任。"上议院确认了 Greer 法官的意见,认为修船人员虽然精力专注于船舶,但对船舶未产生任何不良影响,唯独影响了货物,因而,这种疏忽应该属于管货方面的疏忽。

## 【案例讨论】

一批马口铁自英国伦敦运往加拿大温哥华途中,因驾驶员在雾航中未使用安全航速发生碰撞受损,船舶随后进港修理。修理过程中船员打开了货船舱盖,之后几次下雨均未关闭舱盖,也未对货物加防雨布遮盖,货物因此生锈。船抵目的港后,货主向船方提出索赔,船方以提单适用中国《海商法》为由拒赔。试分析以下问题:

(1)造成货损的原因是管货不当还是管船不当?

(2)船方对货损是否承担赔偿责任?

2. 火灾,但是由于承运人本人的过失所造成的除外

当火灾因海难、货物自燃以及船长、船员、承运人的其他受雇人或代理人的过失造成时,承运人对火灾所致货损可以免责。但是,由于承运人本人的过失造成火灾,其不能免责。例如,承运人明知电线老化,长期不更换而引发火灾等。承运人本人,一般是指其行为就是公司本身行为的人,包括具体承担公司陆上或船上管理工作的经营管理人员。

## 【案例讨论】

甲船承运一批货物,由青岛港运往美国西雅图。在青岛港装货期间,船上某船员在甲板上抽烟,不小心将烟头掉入船舱,引发火灾,致使已装上船的货物中有500吨被烧毁。剩余的货物全部装妥后,船舶起航开往西雅图。试分析以下问题:

甲船对烧毁的货物是否承担赔偿责任?为什么?

3. 天灾,海上或其他可航水域的危险或者意外事故

天灾(Act of God)是指承运人通过采取合理预期的各种措施后,仍不能抵御或者防止的自然现象。如地震、海啸、雷击等。对于因天灾造成的货物灭失或损坏,承运人可以免责。通常,承运人应做无过失举证。

海上或者其他可航水域的危险或者意外事故,一般是指与海有关的危险,通常指海难或海上意外事故,如海上暴风雪、狂浪、冰山、暗礁或承运人没有主观过错的碰撞、触礁等危险或者事故。

4. 战争或者武装冲突

国际上通常把公开宣战、明确表明战争意图、采取恶意行动企图发动战争看作战争。战争并不以宣战为要件。武装冲突是指两国之间或同一国内不同派别之间采用武力解决双方的矛盾争端。战争或武装冲突,包括其本身以及其后的影响,如遗留的水雷、炸弹等导致的货物灭失或损坏,承运人均可免责。

5. 政府或者主管部门的行为、检疫限制或司法扣押

政府或者主管部门的行为是指一国政府或国家行政主管机关所采取的禁止装货或者卸货、封港、禁运、没收船舶或货物等行为。

司法扣押是指因两国关系恶化,一国政府下令扣押其境内的另一国商船的行为。但它并不包括因承运人的各种商务纠纷导致的为诉讼保全或为执行判决而采取的扣押,也不包括因违法行为的禁止离港,例如发生海损事故未办清手续,有权禁止船舶离港或停止作业。

检疫是指一国根据检疫法规,对发生疫情或来自疫情港口的船舶,有权采取禁止船舶进港或对船、货进行熏蒸等消毒处理。对因此限制造成的货物灭失或损坏,承运人可以免责。

6. 罢工、停工或者劳动受到限制

当因劳资纠纷或工潮等原因引起罢工、停工或者劳动受到限制时,承运人对因此无法及时装卸货物等损失不负赔偿责任。在罢工、停工期间,承运人仍应履行管货义务,如货损系管货过失导致,承运人仍应承担赔偿责任。

7. 在海上救助或者企图救助人命或者财产

因在海上救助或者企图救助人命或财产引发的船舶绕航,属于合理绕航。而因此造成的货物灭失或损坏,承运人可以免责。

8. 托运人、货物所有人或者他们的代理人的行为

托运人应按法律或合同的要求履行其职责,如正确申报货物的品名、数量、性质等。如果托运人或其代理人未按要求提供正确的货运资料并及时办妥各种运输所需的手续等,因此导致的损失由托运人承担。

9. 货物的自然特性或者固有缺陷

因货物本身具有的如易蒸发、腐烂、自燃或损耗等品质,而引起的在运输途中的灭失或损坏,承运人不负赔偿责任。但是,只有在承运人已尽谨慎处理使船舶适航并履行了管货义务时,才能援引本项免责。

10. 货物包装不良或者标志欠缺、不清

货物的包装不良,标志欠缺、不清,是可以从货物的外表观察到的,如果承运人或其代理人却因此签发了清洁提单,则不能援引该项免责对抗善意的第三人。

11. 经谨慎处理仍未发现的船舶潜在缺陷

潜在缺陷(Latent Defect)仅指船舶结构上存在的基本缺点,一般不包括正常磨损和腐蚀。它是指一个谨慎称职的人员,通过通常合理的方法检验仍不能发现的缺陷。

该免责事项是对承运人谨慎处理使船舶适航义务的补充,即当承运人已尽谨慎处理使船舶适航义务时,因船舶潜在缺陷导致的货损,承运人可以免责。

12. 非由于承运人或者承运人的受雇人、代理人的过失造成的其他原因

此项概括性免责事项通常解释为,是与前述第 1 ~ 11 项免责事项属于相同性质或类似的事由。

实践中，承运人欲援引上述12项免责事项免除赔偿责任时应当负举证责任，即承运人必须证明货物灭失、损坏或迟延交付所造成的经济损失是某一项或几项免责原因所致的。但是，火灾是由承运人本人过失造成的举证责任由索赔人承担。

此外，我国《海商法》第52条和第53条对活动物和舱面货的运输做了特殊规定。

因运输活动物的固有的特殊风险造成活动物灭失或者损害的，承运人不负赔偿责任。但是，承运人应当证明业已履行托运人关于运输活动物的特别要求，并证明根据实际情况，灭失或者损害是由于此种固有的特殊风险造成的。

承运人在舱面上装载货物，应当同托运人达成协议，或者符合航运惯例，或者符合有关法律、行政法规的规定。承运人依照规定将货物装载在舱面上，对由于此种装载的特殊风险造成的货物灭失或者损坏，不负赔偿责任。承运人违反规定将货物装载在舱面上，致使货物遭受灭失或者损坏的，应当负赔偿责任。

**（二）承运人赔偿责任限制**

1. 承运人赔偿责任限制的概念

承运人赔偿责任限制（Package Limitation of Liability）又称承运人单位责任限制，是指对承运人不能免责的原因造成的货物灭失或损坏，将其赔偿责任限制在一定的范围，即对每件或每单位货物灭失或损坏规定的最高赔偿额。

2. 货物灭失或损坏的赔偿限额

我国《海商法》第56条规定，承运人对货物的灭失或者损坏的赔偿限额，按照货物件数或者其他货运单位数计算，每件或者每个其他货运单位为666.67 SDR（Special Drawing Right：特别提款权），或者按照货物毛重计算，每千克为2 SDR，以两者中赔偿限额较高的为准。货物用集装箱、货盘或者类似装运器具集装的，提单中载明装在此类装运器具中的货物件数或者其他货运单位数，以提单上的记载为准；未载明的，每一装运器具视为一件或者一个单位。装运器具不属于承运人所有或者非由承运人提供的，装运器具本身应当视为一件或者一个单位。

3. 迟延交付所致经济损失的赔偿限额

我国《海商法》第57条规定，承运人对货物因迟延交付造成经济损失的赔偿限额，为所迟延交付的货物的运费数额。货物的灭失或者损坏和迟延交付同时发生的，承运人的赔偿责任限额适用于货物灭失或损坏赔偿限额的规定。

4. 不适用赔偿责任限制的情况

根据我国《海商法》第56条的规定，承运人的赔偿责任限制因下列情况而不适用：

（1）托运人在货物装运前已经申报其性质和价值，并在提单中载明的；

（2）承运人与托运人已经另行约定高于法定赔偿限额的赔偿时。

5. 承运人赔偿责任限制权利的丧失

与承运人的免责权一样，承运人赔偿责任限制的权利也是保护承运人的一项特权。但是，承运人并不是在任何情况下都享有这项权利。我国《海商法》第59条规定，经证明，货物的灭失、损坏或者迟延交付是由于承运人的故意或者明知可能造成损失而轻率地作为或者不作为造成的，承运人不得援用赔偿责任限制的规定。如果货物的灭失、损坏或者迟延交付是由于船长、船员或承运人的其他受雇人的故意或者明知可能造成损失而轻率地作为或者不作为造成的，承运人的赔偿责任限制权利并不因此而丧失。如果承运人的受雇人存在这些过错就会导致承运人丧失责任限制的权利，则很难设想承运人还可以真正享受到责任限制的权利。

**（三）运费、亏舱费、滞期费的请求权**

1. 运费

根据运输合同，承运人享有请求运费（freight）的权利。运费的支付方式可分为预付和到付两种，其主要区别在于，运费是在海上运输完成之前支付还是在完成之后支付。实践中，预付运费通常在签发提单或装货结束后若干银行日之内支付；到付运费支付的时间可分为卸货前支付和交付时支付。

2. 亏舱费

亏舱费（Dead Freight）又称空舱费，是指托运人未按合同约定的数量提供货物，使承运人预留的舱位未能充分利用而支付的费用。但是，亏舱费中应扣除因船舶亏舱使承运人节省的费用及另装货物所赚取的运费。

3. 滞期费

滞期费（demurrage）通常是指在航次租船情况下，承租人由于其不能免责的原因，未能在合同规定的装卸时间内完成货物的装卸而出现滞期，因而向出租人支付的费用。

**（四）货物留置权**

应当向承运人支付的运费、共同海损分摊、滞期费和承运人为货物垫付的必要费用以及应当向承运人支付的其他费用没有付清，又没有提供适当担保的，承运人可以在合理的限度内，对处于其占有之下的属于债务人（托运人或收货人）的货物进行留置，以保证其请求权的实现。

## 三、承运人的责任期间与责任原则

**（一）承运人的责任期间**

承运人的责任期间是指承运人承担海上货物运输法规定的强制性最低责任的地域和时间范围。在承运人的责任期间，货物发生灭失或者损坏，除可免责的情况外，承运人应当负赔偿责任。根据我国《海商法》第46条的规定，承运人的责任期间分为以下两种情况。

1. 集装箱货物

承运人对集装箱装运的货物的责任期间是指从装货港接收货物时起至卸货港交付货物时止，货物处于承运人掌管之下的全部期间。此项规定与《汉堡规则》类同。

2. 非集装箱货物

承运人对非集装箱装运的货物的责任期间是指从货物装上船时起至卸下船时止，货物处于承运人掌管之下的全部期间。并且承运人就该类货物在装船前和卸船后所承担的责任，可以与托运人达成任何协议。此规定与《海牙规则》相同。

实践中，货物装上船和卸下船都是一个过程，因此有人对这一责任期间做了更为精确的表述，即“钩到钩（Tackle to Tackle）”或“船舷到船舷（Rail to Rail）”的责任期间。

**（二）承运人的责任原则**

自从1924年的《海牙规则》制定以来，国际上普遍实行的海上货物运输承运人的责任制度是不完全过错责任原则。1978年的《汉堡规则》确立了完全过错责任原则。我国《海商法》以《维斯比规则》的规定为基础，吸收了《汉堡规则》的一些先进成果，形成了独特的国际海上运输承运人的责任制度，主要采用了不完全过错责任原则。

不完全过错责任原则，即如果货物的灭失、损坏或迟延交付是由承运人或其代理人及其他受雇人在其责任期间内的过错造成的，承运人应承担赔偿责任；但如果是因船长、船员、引航员等在驾驶船舶或者管理船舶中的过失所致的，则承运人可以免除赔偿责任。也就是说，驾驶和管理船舶过失免责是承运人过错责任原则的例外。因此，不完全的过错责任原则又称为过错责任原则加列明的过失免责。

## 四、托运人的义务和权利

### （一）托运人的主要义务

1. 提供约定货物的义务

除非合同另有约定或事先征得承运人同意，托运人不得擅自更换约定的货物。因未提供约定的货物致使承运人或出租人遭受损失的，托运人应负赔偿责任。

2. 妥善包装和如实申报托运货物的义务

我国《海商法》第66条规定，托运人托运货物，应当妥善包装，并向承运人保证，货物装船时所提供的货物的品名、标志、包数或者件数、重量或者体积的正确性；由于包装不良或者上述资料不正确，对承运人造成损失的，托运人应当负赔偿责任。承运人依规定享有的受偿权利，不影响其根据货物运输合同对托运人以外的人所承担的责任。

3. 及时办理货物运输手续并备齐单证的义务

我国《海商法》第67条规定，托运人应当及时向港口、海关、检疫、检验和其他主管机关办理货物运输所需要的各项手续，并将已办理各项手续的单证送交承运人；因办理各项手续的有关单证送交不及时、不完备或者不正确，使承运人的利益受到损害的，托运人应当负赔偿责任。

4. 妥善托运危险货物的义务

我国《海商法》第68条规定，托运人托运危险货物，应当依照有关海上危险货物运输的规定，妥善包装，做出危险品标志和标签，并将其正式名称和性质以及应当采取的预防危害措施书面通知承运人；托运人未通知或者通知有误的，承运人可以在任何时间、任何地点根据情况需要将货物卸下、销毁或者使之不能为害，而不负赔偿责任。托运人对承运人因运输此类货物所受到的损害，应当负赔偿责任。承运人知道危险货物的性质并已同意装运的，仍然可以在该项货物对于船舶、人员或者其他货物构成实际危险时，将货物卸下、销毁或者使之不能为害，而不负赔偿责任而且不影响共同海损的分摊。

5. 支付运费和其他费用的义务

我国《海商法》第69条规定，托运人应当按照约定向承运人支付运费、亏舱费、滞期费、共同海损分摊费用、承运人为货物垫付的必要费用和其他应由其支付的费用。托运人与承运人可以约定运费由收货人支付；但是，此项约定应当在运输单证中载明。

### （二）托运人的主要权利

（1）要求承运人按照海上货物运输合同的约定，将货物安全运送至卸货港并交给收货人的权利。

（2）要求承运人签发提单或者其他运输单证的权利。

（3）要求承运人中止运输、返还货物、变更卸货港或收货人的权利。

（4）要求承运人或实际承运人对货物运输过程发生损害或者延迟交付赔偿的权利。

**【议一议】**

如果货物因托运人的下列行为在运输途中发生灭失或损害,试分析应由谁承担损害赔偿责任?

(1)托运人故意不报或错误申报货物性质;

(2)托运人不知货物的危险性质而未通知承运人;

(3)托运人如实申报了货物品名但资料提供不充分;

(4)托运人知道货物的危险性而未报但承运人知情或应当知情。

# 任务三　了解调整海上货物运输的国际公约

**【任务分析】**

目前已生效的用于调整海上货物运输合同的国际公约主要有《海牙规则》、《维斯比规则》及《汉堡规则》,三项公约并行有效。

各国根据各自的需要对上述三个公约采取了不同的态度。例如,美国、俄罗斯及许多原英国殖民地国家,不论是否批准或加入《海牙规则》,已将该规则纳入本国法;英、法、德等欧洲航运大国,已批准或加入《维斯比规则》,并且大多数已加入1979年议定书;20多个发展中国家已批准或加入《汉堡规则》;中国、日本、澳大利亚等国家,虽然没有加入任何公约,但是采纳了《海牙规则》或《维斯比规则》的基本原则,并将《汉堡规则》的有关内容订入了本国法。

本任务要求同学们掌握《海牙规则》、《维斯比规则》及《汉堡规则》主要条款的含义及三个公约的主要区别,了解尚未生效的《鹿特丹规则》的主要内容。

**【相关知识】**

## 一、《海牙规则》

### (一)《海牙规则》产生的背景

19世纪末,以英国航运资本为代表的船舶所有人,利用英国立法上的"契约自由原则",各自制定海运提单,并在提单中任意规定许多免责条款,使货主承担货物在海上运输过程中的一切风险,引起了当时贸易界的强烈不满。作为货主国家的美国,因提单中载有的免责条款不符合美国进出口商的利益,便以"违反公众行为准则"为理由,否认上述提单中免除船舶所有人或其受雇人的过失责任的条款的有效性,而只承认"合理的"免责条款,并在1893年通过了《哈特法》(*Harter Act*),即《关于船舶航行、提单以及与财产运输有关的某些义务、职责和权利的法案》(*An Act Relating to Navigation of Vessels, Bills of Lading, and to Certain Obligations, Duties, and Rights in Connection with the Carriage of Property*),以限制在提单中任意规定免责条款的行径。

《哈特法》规定,如果船舶所有人已经尽到应尽的职责,使船舶适航,则船舶所有人对其船长和船员在船舶航行或船舶管理方面的过失所造成的灭失或者损害都不负责任;但是,对货物的装载、照料和交付等方面的过失不能免责。《哈特法》规定的船舶所有人所应承担责任的原则,对以后各国和国际航运立法产生了重大影响。不少国家都采用《哈特法》的原则,用法律形式规定承运人的责任。例如澳大利亚于1904年制定的《海上运输法》,加拿大于1910年制定的《水上货物运输法》。

尽管美国、澳大利亚及加拿大等国家制定了调整提单的国内法,但是,英国仍不愿对其"契约自由原则"加以限制,提单的条款变得更为复杂。第一次世界大战之后,全球性经济危机导致海上货物运量迅速减少,一些英国的承运人被迫对提单上的免责事项做出让步,采取妥协态度。在此情况下,英国也开始寻求解决上述问题的有效方法,主张制定国际公约,以保持其航运大国的地位。为此,国际法协会所属的"海法委员会(Maritime Law Committee)"于1921年5月17～20日在荷兰海牙召开了由各国航运资本家参加的会议,拟定了《海牙规则草案》。几经修改,最后欧美主要航运国家于1924年8月25日在布鲁塞尔进一步召开会议,通过了《海牙规则草案》,签订了《1924年统一提单的若干法律规则的国际公约》(*International Convention for the Unification of Certain Rules of Law Relating to Bills of Lading*, 1924),简称《海牙规则》,对承运人的责任、义务、权利以及豁免做了规定,从而使提单下货方的利益在一定范围内获得了一些安全保障。

《海牙规则》规定了承运人最低限度的责任,制止了承运人在提单上滥列免责条款的不负责任的做法,在一定程度上调整了船、货方之间的货运风险。该规则于1931年6月2日生效,根据国际海事委员会(Comite Maritime International,CMI)官方网站截止于2009年12月公布的数据,已有89个缔约国和地区,包括中国香港、澳门特别行政区。80多年来许多航运公司都在其所制定的提单中规定采用《海牙规则》,据以确定承运人在货物装船、收受、配载、承运、保管、照料及卸载过程中所承担的责任与义务,以及其应享受的权利与豁免。

**(二)《海牙规则》的主要内容**

1924年的《海牙规则》共有16个条款,主要包括以下内容。

1.承运人的义务

(1)谨慎处理使船舶适航

《海牙规则》第3条第1款规定:"承运人必须在开航前和开航当时克尽职责,使船舶适于航行;妥善地配备船员、装备船舶和供应船舶;使货舱、冷藏舱和该船其他载货处所能适宜和安全地收受、运送和保管货物。"

(2)妥善和谨慎地管理货物

《海牙规则》第3条第2款规定:"承运人应当妥善和谨慎地装卸、搬运、配载、运送、保管、照料和卸载所运货物。"

上述《海牙规则》中关于承运人最低限度的义务,我国《海商法》第47、48条做了类似规定。

2.承运人的责任期间

《海牙规则》第1条"货物运输"是指自货物装上船时起,至卸下船时止的一段期间。许多人将其视为承运人的责任期间,并将其分为以下两种情况:

(1)当使用船吊装卸货物时,承运人对货物灭失或损害赔偿责任的期间,为从货物在装货港挂上船舶吊杆或吊车的吊钩时起,至货物在卸货港脱离吊钩时止,即"钩至钩"期间。

(2)当使用岸上吊货索具时,承运人对货物灭失或损害赔偿责任的期间则为"舷至舷"

期间,即以货物越过船舷为界。

至于货物装船以前,即承运人在码头仓库接管货物至装上船这一段期间,以及货物卸船后到向收货人交付货物这一段期间,《海牙规则》第 7 条规定:"本公约中的任何规定,都不妨碍承运人或托运人就承运人或者船舶对海运船舶所载货物于装船以前或卸船以后所受灭失或者损害,或与货物的保管、照料和搬运有关的灭失或者损害所应承担的责任与义务,订立任何协议、规定、条件、保留或免责条款。"即《海牙规则》允许承运人与托运人对货物在装船前和卸货后的责任问题,自由达成协议。

3. 承运人的免责

《海牙规则》第 4 条第 2 款规定了承运人的 17 项免责条款,实行的是不完全过错责任原则。不论承运人或船舶,对由于下列原因引起或造成的灭失或损坏,都不负责:

(1)船长、船员、引航员或承运人的受雇人,在航行或管理船舶中的行为、疏忽或不履行义务。

(2)火灾,但由于承运人的实际过失或私谋所引起的除外。

(3)海上或其他能航水域的灾难、危险和意外事故。

(4)天灾。

(5)战争行为。

(6)公敌行为。

(7)君主、当权者或人民的扣留或者管制,或依法扣押。

(8)检疫限制。

(9)托运人或货主、其代理人或者代表的行为或不行为。

(10)不论由于任何原因所引起的局部或全面罢工、关厂停止或者限制工作。

(11)暴动和骚乱。

(12)救助或企图救助海上人命或者财产。

(13)由于货物的固有缺点、性质或缺陷引起的体积或者重量亏损,或任何其他灭失或者损坏。

(14)包装不善。

(15)唛头不清或不当。

(16)虽克尽职责亦不能发现的潜在缺点。

(17)非由于承运人的实际过失或私谋,或者承运人的代理人,或受雇人的过失或者疏忽所引起的其他任何原因;但是要求引用这条免责利益的人应负责举证,证明有关的灭失或损坏既非由于承运人的实际过失或私谋,亦非承运人的代理人或受雇人的过失或者疏忽所造成的。

4. 承运人的赔偿责任限制

《海牙规则》第 4 条第 5 款规定:"承运人或是船舶,在任何情况下对货物或者与货物有关的灭失或损害,每件或每计费单位超过 100 英镑或与其等值的其他货币的部分,都不负责;但托运人于装货前已就该项货物的性质和价值提出声明,并已在提单中注明的,不在此限。"

经承运人、船长或承运人的代理人与托运人双方协议,可规定不同于该规定的另一最高限额,但该最高限额不得低于上述数额。

如托运人在提单中,故意谎报货物性质或价值,则在任何情况下,承运人或是船舶,对货物或与货物有关的灭失或者损害,都不负责。

5. 运输合同无效条款

《海牙规则》第3条第8款规定:"运输合同中的任何条款、约定或协议,凡是解除承运人或船舶对由于疏忽、过失或未履行本条规定的责任和义务,因而引起货物或关于货物的灭失或损害的责任的,或以本规则规定以外的方式减轻这种责任的,均应作废并无效。"该款还规定,有利于承运人保险利益的条款或类似条款,应视为属于免除承运人责任的条款,亦属无效。我国《海商法》第44条做出了类似的规定。

6. 托运人的义务

(1)保证正确提供货物情况。《海牙规则》第3条第5款规定,托运人应向承运人保证他在货物装船时所提供的标志、号码、数量和重量的正确性,并对由于资料不正确所引起或造成的一切灭失、损害或者费用,向承运人进行赔偿。

(2)不得擅自装运危险品。《海牙规则》第4条第6款规定:"承运人、船长或承运人的代理人对于事先不知性质而装载的具有易燃、爆炸或危险性的货物,可在卸货前的任何时候将其卸在任何地点,或将其销毁,或使之无害,而不予赔偿;该项货物的托运人,应对由于装载该项货物而直接或间接引起的一切损害或费用负责。如果承运人知道该项货物的性质,并已同意装载,则在该项货物对船舶或货载发生危险时,亦得同样将该项货物卸在任何地点,或将其销毁,或使之无害,而不负赔偿责任,但如发生共同海损不在此限。"

7. 索赔通知与诉讼时效

《海牙规则》第3条第6款规定,如果收货人在卸货港发现货物灭失或损坏,应在货物交付之前或当时,将货物灭失或损坏情况用书面形式通知承运人或其代理人;如果损坏不明显,则应在交付货物之日起3天以内提交索赔通知;否则,这种交付应视为承运人已按提单规定交付货物的初步证据。如果货物状况在交付时已经船货双方联合检验或检查,则货主就无须再提交书面通知。

8.《海牙规则》的适用范围

《海牙规则》第10条和第5条对该规则的适用范围做了具体规定:"本公约和各项规定,适用于在任何缔约国所签发的一切提单。""本公约的规定,不适用于租船合同,但如果提单是根据租船合同签发的,则上述提单应符合本公约的规定。"

## 二、《维斯比规则》

### (一)《维斯比规则》产生的背景

《海牙规则》以国际公约的形式,规定了承运人最低限度的责任和义务,并明文规定承运人不得在提单条款中排除其按《海牙规则》应负的基本义务,凡参加和采用或通过提单首要条款规定适用《海牙规则》的国家的承运人都必须遵守这一规定,使货主的利益有了基本的保障,在一定程度上调整了船方与货主之间货运风险的分担,改变了以往承运人可以片面免责的做法,具有一定的积极意义。《海牙规则》的制定也为发展国际航运和国际贸易提供了便利的条件。其中对于承运人责任义务的具体规定,使得国际航运业有章可循、有法可依,使得船、货双方的利益均有保障,同时,也使得提单条款日趋简洁和统一。

但是,《海牙规则》自其订立之初就存在着一定的局限性。由于当时参加布鲁塞尔会议的主要航运国家都是代表船方利益的殖民地宗主国,因此,《海牙规则》中的许多内容仍然明显地偏袒船方利益。正因如此,《海牙规则》自实行以来,一直受到代表货主利益的国家和航运不发达的国家的反对。特别是 20 世纪 60 年代以后,随着国际政治、经济力量对比关系的变化和海运技术的发展,《海牙规则》已不能适应整个国际海运事业发展的需要。其内容存在着很多需要重新研究和解决的问题,例如,未考虑集装箱运输形式的需要;赔偿责任限额过低;诉讼时效太短;过多地维护承运人的利益;对有些条款的解释至今仍未统一等。因此,修改《海牙规则》已势在必行。

国际海事委员会于 1959 年草拟了修改《海牙规则》的议定书草案,交斯德哥尔摩会议讨论,最终于 1968 年 2 月 23 日布鲁塞尔外交会议上获得通过,通过后的议定书命名为《关于修订统一提单若干法律规定的国际公约的议定书》。由于会议期间代表们曾到中古时期著名的《维斯比海法》发源地进行访问,便借用其名声,将该议定书简称为《维斯比规则》。由于该议定书没有对《海牙规则》进行根本性的修改,只是对《海牙规则》中明显不合理或不明确的条款做了修订与补充,经议定书修改后的《海牙规则》称为《海牙—维斯比规则》,本教材统一使用其简称,即《维斯比规则》。

《维斯比规则》于 1977 年 6 月 23 日生效。根据 CMI 官方网站截止于 2009 年 12 月公布的数据,参加该规则的国家和地区共有 30 个,包括英国、法国、德国、荷兰等主要航运国家。

**(二)《维斯比规则》的主要内容**

1. 明确了提单对善意第三人的最终证据效力

《海牙规则》规定,提单上载明的货物主要标志、件数、重量、表面状况等情况,应作为承运人按其上所载内容收到货物的初步证据。但对提单转让至善意第三人时的证据效力,《海牙规则》未作规定。

《维斯比规则》第 1 条第 1 款对此做了补充:“但是,当提单转让至善意第三人时,与此相反的证据将不能接受。”即对善意受让提单的人来说,承运人不得提出与提单所载不同的反证,即提单载明的内容具有最终证据效力。

2. 延长了诉讼时效

《维斯比规则》仍保留了《海牙规则》中规定 1 年的诉讼时效,增加了“但在诉讼事由发生之后,得经当事方同意,将这一期限加以延长”,明确了诉讼时效可经双方当事人协议延长的规定。同时,《维斯比规则》还增加了关于追偿期限的规定,即使在规定的时效届满后,如果在受理该案的法院的法律准许的时间内,仍可以对第三者提出赔偿诉讼。但是,准许的时间不得少于 3 个月,自提出这种赔偿诉讼的人已经解决索赔案件,或向其本人送达起诉状之日起算。

3. 提高了承运人的赔偿责任限额

(1)将每件或每单位的赔偿限额提高到 10 000 金法郎,或按货物灭失或者损坏的毛重计算,每千克为 30 金法郎,以两者中较高者为准。一个金法郎是指一个含有纯度为千分之九百的黄金 65.5 毫克的单位。裁决的赔偿数额兑换成国家货币的日期,应由受理该案法院的法律规定。这一修改不但提高了《海牙规则》的赔偿限额(在《维斯比规则》通过时,10 000 法郎大约等于 431 英镑),而且解决了裸装货和轻泡货的限额问题,有利于保护货主的合法利益。

(2)以集装箱、货盘或类似的运输工具集装,则提单中所载明的装在这种运输工具中的包数或件数,便应作为本款中所述包数或单位数;如果不在提单上注明件数,则以每集装箱或货盘为一件计算。

(3)规定了丧失赔偿责任限制权利的条件,如经证明,损害是由于承运人故意造成的,或是知道很可能会造成这一损害而毫不在意的行为或不为所引起的,则承运人就无权享受责任限制。

4.关于非合同之诉讼

《维斯比规则》第3条规定:《海牙规则》规定的抗辩和责任限制,应适用于就运输合同所涉及的有关货物的灭失或损害对承运人所提起的任何诉讼,不论该诉讼是以合同为根据还是以侵权行为为根据。这就阻止了货主企图排除《海牙规则》有关承运人免责和责任限制规定的适用。

5.承运人的受雇人或代理人的法律地位

《海牙规则》实施后,有些索赔人为了规避《海牙规则》有关承运人免责或责任限制规定的适用,向承运人的受雇人或代理人而不是向承运人本人提起诉讼,1953年英国法院审理的 Alder 诉 Dickson 一案即是典型一例,由此产生了"喜马拉雅条款"。

该案中,英国半岛及东方公司(P&O)的"喜马拉雅(Himalaya)"船在某港口停泊期间,由于舷梯上的绳子没有绑扎紧而导致舷梯突然倾斜,加之船边未系安全网,致使女乘客 Rose Alder 在上船时摔下舷梯造成重伤。根据英国法合同排斥侵权的原理,受伤旅客无法以侵权起诉承运人。受伤旅客为排除客票上免责条款的适用,便以侵权行为直接起诉水手长 Dickson。法院判决水手长作为承运人的受雇人,无权援引上述承运人的有关免责规定。此案一出,航运界一片哗然,承运人纷纷在提单上订有"喜马拉雅条款",使承运人的受雇人或代理人有权援引《海牙规则》中承运人的各项抗辩或责任限制的规定。《维斯比规则》将上述内容以公约条文的方式法律化,这就进一步保护了承运人的利益。

6.扩大了规则的适用范围

《维斯比规则》将《海牙规则》的适用范围扩大至:提单是从一个缔约国签发的或货物是从一个缔约国起运的,或提单中订有接受公约约束的首要条款的,都可以适用该公约。只要提单或为提单所证明的运输合同上有规定适用《维斯比规则》的,该提单或运输合同就要受《维斯比规则》的约束。

**(三)1979年修订《维斯比规则》的议定书**

《维斯比规则》规定的承运人责任限制金额计算单位为金法郎,金法郎以黄金作为定值标准,由于黄金价格随市场供求经常变动,所以金法郎不能保持稳定。

有鉴于此,1979年12月21日在布鲁塞尔召开的由37国代表参加的外交会议上,通过了修改《维斯比规则》的议定书。议定书将承运人责任限制的计算单位由金法郎改为相对稳定的特别提款权(Special Drawing Rights,SDR),按15金法郎等于1特别提款权计算。议定书规定,承运人责任限制金额为每件或每单位666.67特别提款权,或按货物毛重每千克2特别提款权,两者中以较高者为准。该议定书已于1984年4月生效。

## 三、《汉堡规则》

**(一)《汉堡规则》产生的背景**

《维斯比规则》虽然适应形势的需要对《海牙规则》做了一些有益的修改,但未触及《海牙规则》的核心,仍然保留了承运人驾驶和管船过失免责的规定。很多发展中国家和代表货主利益的发达国家强烈要求对《海牙规则》做全面的、实质性的修改。在这种情势下,联合国贸易和发展会议于1969年4月设立国际航运立法工作组研究有关问题，提出了取消现存的不平等法律条款，在承运人和货主之间建立公平分担风险的方针。经过近十年的酝酿讨论，于1976年5月草拟了《联合国海上货物运输公约》草案，并提交1978年3月6～31日在汉堡召开的联合国海上货物运输公约外交会议上审议，会议通过了《1978年联合国海上货物运输公约》(*United Nations Convention on the Carriage of Goods by Sea*, 1978)，简称《汉堡规则》(*Hamburg Rules*)，已于1992年11月生效。根据CMI官方网站截止于2007年8月1日公布的数据，《汉堡规则》共有32个成员，绝大多数为发展中国家。

**(二)《汉堡规则》的主要内容**

《汉堡规则》对《海牙规则》进行了全面彻底的修改，共7章34条，是一个较为完备的国际海上货物运输公约。其主要内容如下。

1. 承运人的责任期间

《汉堡规则》第4条规定："承运人对货物的责任期间，包括货物在装货港、运输途中和卸货港处于承运人掌管之下的期间。"

2. 承运人的责任原则

《汉堡规则》取消了《海牙规则》的17项免责条款，尤其是废除了驾驶和管理船舶过失免责条款，确定了推定过错与举证责任相结合的完全过错责任原则，摒弃了《维斯比规则》的不完全过错责任原则。

《汉堡规则》规定，凡是在承运人掌管货物期间发生货损，除非承运人能证明承运人已为避免事故的发生及其后果采取了一切可能的措施，否则便推定为损失系由承运人的过失所造成，承运人应承担赔偿责任。《汉堡规则》明显地扩大了承运人的责任。

《汉堡规则》删除了火灾免责的规定，但是对火灾的举证责任做了妥协，即如果索赔人能证明火灾引起的货物灭失、损坏或延迟交付，是由于承运人及其受雇人或代理人的过失或者疏忽所造成的，则承运人应负赔偿责任。

虽然《汉堡规则》删除了《海牙规则》列明的所有免责事项，但并不是说承运人对任何事项都必须负责。对非承运人的过失造成的货损，如天灾、战争等不可抗力或托运人的过失等造成的货损，承运人仍然可以免责。

3. 承运人对迟延交付货物的责任

《汉堡规则》首次对承运人迟延交付货物的责任做出了明确而独立的规定。第5条第2款规定："如果货物未能在明确约定的时间内，或虽无此种约定，但未能在考虑到实际情况对一个勤勉的承运人所能合理要求的时间内，在海上运输合同所规定的卸货港交货，即为迟延交付。"另外，如果迟延交付达到60天，收货人可以视为货物已经灭失而向承运人索赔。

4. 承运人的赔偿责任限额

《汉堡规则》规定，承运人对货物灭失或损坏所负的赔偿责任，以灭失或损坏的货物每件或者每其他货运单位相当于835特别提款权，或按货物毛重计算，每千克2.5特别提款权，两者中以较高者为准。这一限额与《海牙规则》比较，是它的4倍多，与《维斯比规则》相比，提高了25%。

《汉堡规则》同时规定，承运人迟延交付货物的赔偿责任，以所迟延交付的货物应付运费的2.5倍为限，但不超过海上货物运输合同中规定的应付运费总额。如果货物的灭失或损坏或迟延交付同时发生，承运人的总赔偿责任，在任何情况下都不得超过货物全部灭失引起的赔偿责任所规定的限额。

另外,《汉堡规则》中有关承运人责任限制权利丧失的条件、对集装箱货物的每件或每单位的理解以及不适用责任限额的例外情况的规定,均与我国《海商法》的规定相同。

5. 舱面货与活动物

《汉堡规则》不再将舱面货与活动物排除在货物之外。关于舱面货,该规则明确规定,承运人只有按照同托运人达成的协议,或符合特定的贸易惯例,或依据法规或者规章的要求,才有权在舱面上装货,如擅自将货物载于舱面,承运人应对货物装在舱面上而造成的损失负赔偿责任,并且不得享受责任限制的权利。关于活动物,如果承运人能够证明已经按照托运人指示行事,货物损失的发生是由于货物本身特有的风险引起的,承运人不负赔偿责任。

6. 保函的法律效力

《汉堡规则》第 17 条规定,托运人为了换取清洁提单,可以向承运人出具承担赔偿责任的保函,该保函在承运人与托运人之间有效,对包括受让提单的收货人在内的第三方一概无效。如有欺诈,该保函对托运人也属无效。

《汉堡规则》首次将保函分为善意保函和恶意保函,并明确了保函的法律效力,也加重了承运人的责任,以抑制保函的过度使用。

7. 承运人与实际承运人之间的关系

《汉堡规则》规定,如果承运人将全部或部分运输委托给实际承运人时,承运人仍须按公约的规定对全部运输负责。如果承运人与实际承运人均有责任,则在此责任范围内,他们应负连带责任。我国《海商法》做出了类似的规定。

8. 索赔通知及诉讼时效

(1)索赔通知。《汉堡规则》规定,收货人对发生货物灭失或损坏明显的,应在货物交付后的下一个工作日前向承运人提交索赔通知;对不明显的灭失或损坏,收货人应在货物交付之日后连续 15 日内送交此种通知。另外,除非收货人在货物交付之日后连续 60 日内书面通知承运人,否则对迟延交付造成的损失,承运人不予赔偿。

(2)诉讼时效。《汉堡规则》规定,有关货物运输的任何诉讼,如果在 2 年内没有提出司法或仲裁程序,即失去时效。被要求赔偿的人,可以在时效期限内的任何时间向索赔人提出书面声明延长时效期限,并可再次声明延长。

除上述主要内容之外,《汉堡规则》还就管辖权和仲裁条款、公约的适用范围、承运人与实际承运人的责任等方面做出了与《海牙规则》不同的规定。

## 四、《联合国全程或部分海上国际货物运输合同公约》

### (一)《联合国全程或部分海上国际货物运输合同公约》的出台

由于《海牙规则》、《维斯比规则》及《汉堡规则》三项公约的不统一及在航海过失免责、舱面货和活动物、保函的效力、承运人的责任期间等方面存在的冲突,已影响到了国际航运的有序进行。因此,世界各国都希望制定一部统一的调整海上货物运输关系的国际公约。

早在 20 世纪 90 年代初,CMI 就着手研究国际海运公约的统一问题,但由于各国立场不同,难以出台。直到 2001 年 11 月,CMI 在第六次专家小组会后,形成《运输法最终框架文件草案》,提交联合国贸易法律委员会(UNCITRAL),作为 UNCITRAL 大会的讨论稿展开讨论。后来,又几易其稿,在 2008 年 7 月 3 日 UNCITRAL 的第 41 届会议上通过了《联合国全程或部分海上国际货物运输合同公约(草案)》。该公约草案被提交到2008年的联合国第63届大会上讨论,并已于2008年12月11日获得通过,同时大会授权2009年9月23日在荷兰鹿特丹举行开放供签署的仪式,并建议将公约所体现的规则称为《鹿特丹规则》。该公约将于第20份批准书、接受书、核准书或加入书交存之日起一年期满后的下一个月第一日生效。

**(二)主要内容**

《联合国全程或部分海上国际货物运输合同公约》共18章96条,与现行国际上占主导地位的《海牙规则》、《维斯比规则》相比,做出三大方面的变化:第一,为适应国际集装箱货物“门到门”运输方式的变革和批量合同的广泛使用而做出的重大变化;第二,为适应电子商务在国际海上贸易运输中的广泛应用前景而做出的重大变化;第三,为适应海上货物运输抗风险能力的提高和国际海上货物运输法律实践中存在的带有普遍性的问题做出的重大变化。另外,该公约将港口经营人纳入海运履约方,并赋予其享有承运人对货物灭失、损坏的赔偿责任限制等权利;取消了“航海过失”免责;规定了承运人对货物迟延交付的责任;提高了承运人的赔偿责任限额;明确了承运人对货物灭失、损坏免责的举证责任等。该公约在通过和实施后,将使国际海上货物运输法律进入一个新的时代,并为各国海商法、国际航运和国际贸易实践带来重大的影响甚至变革。以下简要介绍其内容。

1. 适用范围

该公约适用于收货地和交货地位于不同国家且海上运输装货港和同一海上运输卸货港位于不同国家的运输合同,条件是运输合同约定的收货地、装货港、交货地或卸货港之一位于一缔约国。该公约的适用不考虑船舶、承运人、履约方、托运人、收货人或其他任何有关方的国籍。

2. 承运人的责任期间

该公约第12条规定:“承运人根据本公约对货物的责任期间,自承运人或履约方为运输而接收货物时开始,至货物交付时终止。”该公约并没有对接收和交付货物的地点加以限定,因此该公约所规定的承运人的责任期间,已经不再局限于海上和港内。其对承运人责任期间的扩大既有利于国际多式联运业务的开展,又在一定程度上增加了承运人的责任。

3. 承运人的适航义务

该公约第14条规定:“承运人必须在开航前、开航当时和海上航程中恪尽职守:使船舶处于且保持适航状态;妥善配备船员、装备船舶和补给供应品,且在整个航程中保持此种配备、装备和补给;并且使货舱、船舶所有其他载货处所和由承运人提供的载货集装箱适于且能安全接收、运输和保管货物,且保持此种状态。”由此可见,该公约较《海牙规则》而言,将船舶适航的时间延长至海上航程中,增大了承运人使船舶适航的义务。

4. 承运人的赔偿责任基础

该公约第17条规定了承运人的赔偿责任基础,是以举证责任来贯穿的。该条第1款和第2款规定“承运人对货物灭失、损坏有证明其无过失的责任;如举证不能,则推定承运人有过失”。该条第3款和第4款规定了承运人的15项免责事由,“在该15项免责事由范围内,由索赔方举证;举证不能,则推定承运人无过失”。该条第5款是关于适航义务的特殊规定,“索赔方初步举证,证明货损是由于不适航引起的;然后再由承运人证明其已尽谨慎义务,做到了船舶适航,若举证不成,承运人承担赔偿责任”。该公约废除了驾驶和管理船舶过失免责条款,确定了推定过错与举证责任相结合的完全过错责任原则,摒弃了《海牙规则》、《维斯比规则》的不完全过错责任原则。

5. 承运人的赔偿责任限额

该公约第59条规定，承运人对货物灭失或损坏所负的赔偿责任，以灭失或损坏的货物每件或每其他货运单位相当于875特别提款权，或者按货物毛重计算，每千克3特别提款权，两者中以较高者为准。对迟延造成经济损失的赔偿责任限额，是相当于迟交货物应付运费的2.5倍，但是不得超过所涉货物全损时确定的限额。

该公约中有关承运人责任限制权利丧失的条件、对集装箱货物的每件或每单位的理解以及不适用责任限额的例外情况的规定，均与《汉堡规则》的规定相同。

6. 批量合同的特别规则

该公约第80条规定了"批量合同(Volume Contract)"可以适用该公约，但并不规定强制适用，这具有首创性。该公约第1条第2款规定："批量合同，是指在约定期间内分批装运特定数量货物的运输合同。货物数量可以是最低数量、最高数量或一定范围的数量。"

7. 托运人的义务

该公约第27~34条，专门规定了托运人对承运人的义务。其主要内容包括托运人与承运人在提供信息和指示方面的合作，托运人提供信息、指示和文件的义务，托运人对承运人的赔偿责任基础，拟定合同事项所需的信息，危险货物特别规则等。

目前，国际社会对该公约能否生效，主要航运和贸易国家能否批准加入，存在不同看法。对是否加入该公约我国也形成了两种专家意见：一部分专家对是否需要加入持谨慎态度，认为该公约的前景并不明朗，对船、货双方的利弊还需要进一步分析。因该公约对承运人责任加重，对其管理成本的增加到底会有多大，是否能被我国航运企业所接受，需要论证。因此，这部分专家认为，只有当确认该公约有利于国家整体利益的时候，我们才有必要考虑接受它。另一部分专家则对加入该公约持积极态度，认为该公约体现了"平衡利益、寻求统一、顺应时代、促进发展"的宗旨，即将开启国际货物运输的新时代，我国应尽早加入该公约。

**【测一测】**

**单项选择题**

1. 根据我国《海商法》规定，承运人是指________。

A. 本人或者委托他人以本人名义与托运人订立海上货物运输合同的人

B. 他人或者被委托人以本人名义与托运人订立海上货物运输合同的人

C. 海上船舶运输货物的收货人

D. 有权对货物进行处分的任何人

2. 根据我国《海商法》的规定，FOB买卖中，________是订约托运人，________是实际托运人。

A. 卖方/买方　　B. 买方/卖方　　C. 卖方/卖方　　D. 买方/买方

3. 海上货物运输合同的性质包括________。①是双务合同；②是有偿合同；③具有约束第三人的性质；④是不要式合同。

A. ①~④　　B. ①~③　　C. ①②④　　D. ①③④

4. ________是指由承运人或出租人在约定时间内，将一定数量的货物分批运至约定的港口，而由托运人或承租人支付运费的合同。

A. Voyage C/P　　B. Time C/P　　C. COA　　D. Bareboat C/P

5. 下列有关海上货物运输合同订立的陈述正确的是________。①班轮件杂货运输合同一般通过订舱方式成立;②航次租船合同订立的形式可以是填写托运单或网上订舱;③实践中,航次租船合同往往由租船经纪人通过洽谈,在意思表示一致的基础上形成;④如果航次租船合同中的附加条款与标准租船合同范本的格式化条款有冲突,一般以附加条款为准。

A. ①~④　　B. ①~③　　C. ①②④　　D. ①③④

6. 根据我国《海商法》规定,货物承运人在海上货物运输中,保证船舶适航的时间是________。

A. 在开航之前或开航当时

B. 在开航之前和开航当时

C. 在开航之前及整个海上货物运输中

D. 在开航当时及整个海上货物运输中

7. 根据航运实践,一船载货航行中,一电工下货舱检查电器设备后,忘记关紧货舱水密门,致使海水浸入造成货损,那么这名电工的行为属于________。

A. 管船行为,承运人对货损不负责

B. 管货行为,承运人对货损应负责

C. 管船和管货的行为均有,承运人对货损应负责

D. 管船行为,承运人对货损应负责

8. 根据海上货物运输的实践,一船正在某港口装货时,由于台风将至,港口安全主管机关要求船舶移至避台锚地,但船舶由于修理不能移动,虽在泊位采取了各种措施,但还是造成了货损,则________。

A. 承运人没有违背使船舶适航的义务

B. 承运人违背了使船舶适航的义务

C. 承运人违背了管货的义务

D. 承运人的行为不受任何约束

9. 根据我国《海商法》规定,承运人保证船舶适航中的"适航"是________。

A. 广义的适航

B. 狭义的适航

C. 既不是广义的适航也不是狭义的适航

D. 以上都不对

10. 一艘广义的适航船舶,要求其________。①结构和强度能抵抗预定航次中能合理预见的风险;②具有一定的航海能力;③货舱适货;④作业场所适工。

A. ①~③　　B. ①~④　　C. ①③④　　D. ②~④

11. 根据我国《海商法》,承运人对其雇佣的________在驾驶船舶或管理船舶中的过失造成的货物灭失或损坏不负赔偿责任。①船长;②船员;③引航员;④其他受雇人。

A. ②~④　　B. ①③④　　C. ①~④　　D. ①~③

12. 根据我国《海商法》,承运人的权利包括对________的请求权。①运费;②亏舱费;③滞期费;④速遣费。

A. ②~④　B. ①~③　C. ①~④　D. ①②④

13. 某船运小麦来我国,途中遇大风浪,小麦因船员忘记关闭通风筒而被海水浸湿变质,根据《海牙规则》,承运人________。

A. 宣布共同海损　B. 应负赔偿责任

C. 可享受免责条款而免责　D. 丧失责任限制权利

14. 根据我国《海商法》的规定,承运人对下列________造成的货损不可以免责:①由于工人罢工,舱盖未盖,下雨致货损;②因船舶触礁,为挽救船货等财产,抛入海中的货物;③习惯上装在甲板上的货,因恶劣天气而灭失;④活动物因固有的特殊风险所致灭失。

A. ①②　B. ①~③　C. ①③④　D. ③④

15. 根据我国《海商法》的规定,货物的运费可以由收货人支付,但________。

A. 必须在合同中注明　B. 必须在装货单上注明

C. 必须在提单上注明　D. 不必在任何单证上注明

16. 根据我国《海商法》的规定,当货物发生延迟交付时,承运人赔偿的责任限制为________。

A. 所发生延迟交付货物应付的运费

B. 发生延迟交付货物航次应收取的全部运费

C. 为到同一港货物应收的全部运费

D. 为同种货物应收的运费

17. 根据我国《海商法》的规定,当承运人有权享受责任限制时,按每单位666.67计算单位或每毛重千克2个计算单位。此处的"计算单位"是指________。

A. 人民币　B. 金法朗　C. 特别提款权　D. 欧元

18. 根据我国《海商法》的规定,货物一旦由于船舶不适航引起灭失或损害,承运人欲对该灭失或损害免责,则关于承运人谨慎处理的举证责任由________负责。

A. 赔偿方　B. 承运人　C. 托运人　D. 收货人

19. 根据我国《海商法》的规定,由于船长、船员、引航员或承运人的其他受雇人员在________中的过失,引起或造成的货物灭失或损害,承运人均不负责:①驾驶船舶;②管理货物;③管理船舶;④火灾。

A. ②~④　B. ①~③　C. ①④　D. ①③④

20. 根据航运实践,一船在港口期间由合格的修理人员对船舶进行修理,开航后发现由于修船人员的过失有两个防浪阀没拧紧,致使海水浸入货舱导致货损,则托运人对货损________索赔。

A. 只能向承运人

B. 既能向承运人,也能向修船人

C. 只能向保险公司

D. 既能向承运人,也能向保险公司

21. 根据航运实践,一船在开航后发现有偷渡人员,便回航将该偷渡者送回原地,则________。

A. 该船发生了不合理绕航　B. 绕航是合理的

C. 完全符合航运惯例　　D. 违背了航行区域条款

22. 船舶不适航与货损免责的关系正确的是________。

A. 船舶不适航不影响承运人享受货损免责的规定

B. 即使船舶不适航,如与损害之间无因果联系,则承运人不用举证,仍可免责

C. 如船不适航,承运人不能免责,但仍可享受责任限制的规定

D. 如果船舶不适航,因而造成货损,承运人不能免责

23. 某船由于冷藏舱内的橡皮连接器有裂口而造成舱内部分冻肉受损,如该船在装港时已经对冷藏设备做了正规的压力试验,对此承运人________。

A. 没有尽到谨慎处理之责　　B. 没尽到管理船舶之责

C. 没尽到管理货物之责　　D. 已尽到谨慎处理之责

24. 关于延迟交付货物的规定,以下________做出了明确规定。①我国《海商法》;②1924年《海牙规则》;③1968年《维斯比规则》;④1978年《汉堡规则》。

A. ①②　　B. ①~③　　C. ①④　　D. ③④

25.《海牙规则》对承运人的责任原则是________;《汉堡规则》对承运人的责任原则是________。

A. 都是不完全过错责任原则

B. 不完全过错责任原则/完全过错责任原则

C. 都是完全过错责任原则

D. 完全过错责任原则/不完全过错责任原则

26. 提单上规定:"若对于某种货物在运输过程中的灭失或损害的风险,货主可以进行投保,则承运人对因此造成的货物灭失或损害不负责任。"该条款________。

A. 该种条款通常被称为"自由条款"

B. 符合《海牙规则》的有效条款

C. 是有利于承运人保险利益的条款,根据我国《海商法》,其属于无效条款

D. 是符合《维斯比规则》的有效条款

27. 根据《维斯比规则》的规定,当海运货物的损害或灭失是由于承运人的受雇人过失造成的,而货主依侵权行为起诉该受雇人,则该受雇人________。

A. 不可享受规则赋予承运人的任何抗辩权

B. 仅可享受规则赋予承运人的责任限制的权利

C. 不适用该规则

D. 可享受规则赋予承运人的所有抗辩权

28. 根据《汉堡规则》的规定,当货物由于火灾所致损害时,则对承运人及其受雇人有过失的举证责任________。

A. 由法律推定　　B. 由承运人举证无过失

C. 由索赔人负责举证　　D. 由有过失各方负责举证

29. 根据《海牙规则》的规定,托运人在货物装船前已申报了贵重货物的价值和性质,但在货物装船后签发的提单中并未注明货物的价值,当货物发生灭失且承运人应承担责任时,承运人在根据规则享受责任限制时,赔偿额为________。

A. 按货物每件或每装运单位赔偿100英镑

B. 赔偿货物的实际价值

C. 按比例赔偿货物的灭失

D. 按货物每件或每装运单位赔偿 10 000 金法郎

30. 根据《海牙规则》的规定，如贵重货物灭失且承运人应承担赔偿责任，当________，承运人不能根据规则规定的限制额进行赔偿。

A. 因船长在驾驶船舶中不履行其职责所致时

B. 因轮机长在管理船舶中的疏忽所致时

C. 托运人在货物装运前申明货物的价值和性质且在提单上注明

D. 托运人仅在货物装运前申报时

31. 根据《海牙规则》的规定，非由于托运人、托运人的代理人或其受雇人员的行为、过失或疏忽所引起的承运人的损失或船舶的灭失或损害________。

A. 托运人应承担赔偿责任，但可享受责任限制

B. 托运人概不负责

C. 承运人与托运人根据过失程度比例负责

D. 托运人应承担赔偿责任且不能享受责任限制

32.《海牙规则》规定承运人对货物的责任期间为________。

A. 从装货港到卸货港

B. 从收货到卸货

C. 从装上船时起到卸下船时止

D. 从装港码头到卸港码头

33. 根据《维斯比规则》的规定，对规定的赔偿责任限制数额________任意变更。

A. 经双方同意可

B. 即使双方同意也不可

C. 经双方同意可在不低于规则规定数额的前提下

D. 经双方同意可在低于规则规定的数额的前提下

34. 根据《海牙规则》的规定，当海运货物的损害或灭失是由于承运人的受雇人故意造成的，而货主依侵权行为起诉该受雇人，则________。

A. 该受雇人享受规则赋予承运人的所有抗辩权

B. 该受雇人不享受规则赋予承运人的责任限制的权利

C. 规则的规定根本不适用

D. 该受雇人可享受赔偿责任限制的权利

35. 根据《海牙规则》的规定，当海运货物的损害或灭失是由于承运人的受雇人过失造成的，而货主依侵权行为起诉该受雇人，则________。

A. 该受雇人享受规则赋予承运人的所有抗辩权

B. 该受雇人不享受规则赋予承运人的责任限制的权利

C. 规则的规定根本不适用

D. 该受雇人可享受赔偿责任限制的权利

36. 不以“由于承运人的故意或明知会造成损失而轻率地作为或不作为造成的……”作为承运人享受责任限制条件的是________。

A. 我国《海商法》　　B.《汉堡规则》
C.《维斯比规则》　　D.《海牙规则》

37. 根据《海牙规则》,承运人对于________所造成货损或灭失不能免责。
A. 为了救助人命而发生的绕航
B. 因债务纠纷船舶被扣押
C. 船舶存在的潜在缺陷
D. 非由于其本人过失或私谋引起的火灾

38. 以下关于《维斯比规则》表述有误的是,该规则________。
A. 旨在修改《海牙规则》的不足之处
B. 保留了《海牙规则》的大部分规定
C. 将承运人的赔偿责任限额的计算单位改为具有一定含金量的金法郎
D. 降低了承运人赔偿责任限额

39. 我国《海商法》关于集装箱货物承运人责任期间的规定与________的规定相同。
A.《海牙规则》　　B.《维斯比规则》
C.《汉堡规则》　　D.《北京规则》

40. 根据我国《海商法》,承运人自向收货人交付货物的连续________日内,未收到收货人就货物因迟延交付造成经济损失而提交的书面通知的,不负赔偿责任。
A. 30　　B. 45　　C. 60　　D. 90

# 项目四　海上旅客运输合同

**【知识目标】**

- 了解海上旅客运输合同的概念、特征与分类
- 了解《雅典公约》与我国《海商法》的相关规定

**【能力目标】**

- 知道如何处置旅客无票乘船、越级乘船或超程乘船
- 知道承运人的主要权利和义务
- 知道我国对国际海上旅客运输和沿海旅客运输在适用法律上的区别

**【项目介绍】**

我国《海商法》第五章“海上旅客运输合同”的规定，是根据《1974 年海上旅客及其行李运输雅典公约》(以下简称《1974 年雅典公约》)制定的。该章不同于“海上货物运输合同”一章，它既适用于国际海上旅客运输，也适用于我国沿海旅客运输，但是，对我国港口之间的海上旅客运输中承运人的赔偿责任限制做出了例外规定。

本项目介绍我国《海商法》有关海上旅客运输合同的相关知识、《1974 年雅典公约》及其议定书的主要内容。

## 任务一　了解海上旅客运输合同的基本概念

**【任务分析】**

海上旅客运输通过客船或客货船得以实现，是海上运输的一个重要组成部分。近年来，作为一种新的旅游方式，世界各国邮轮旅游经济发展迅猛，传统的海上旅客运输业出现了向海上旅游业转变的趋势。作为海上旅客运输合同中的承运人和旅客均应承担相应的义务，并享受法律和合同负有的权利。

本任务要求同学们了解海上旅客运输合同的概念、特点及种类，掌握承运人和旅客的主要权利和义务；能通过比较海上旅客运输和海上货物运输中承运人义务和责任体系的不同，认识到海上旅客运输的特殊性。

【相关知识】

## 一、海上旅客运输合同的概念

海上旅客运输合同是指承运人以适合运送旅客的船舶经海路将旅客及其行李从一港运送至另一港，由旅客支付票款的合同。

海上旅客运输合同分为国内沿海旅客运输合同和国际海上旅客运输合同。前者指起运港和目的港均在一国国内的海上旅客运输合同；后者指起运港和目的港处在不同国家，或起运港和目的港处在同一个国家，但是中途港位于另一国家的海上旅客运输合同。我国《海商法》第五章"海上旅客运输合同"适用于上述两种旅客运输，但是，对我国港口之间的海上旅客运输中承运人的赔偿责任限制做出了例外规定。

海上旅客运输合同的当事人是承运人和旅客。我国《海商法》第 108 条规定：承运人，是指本人或者委托他人以本人名义与旅客订立海上旅客运输合同的人；实际承运人，是指接受承运人委托，从事旅客运送或者部分运送的人，包括接受转委托从事此项运送的其他人；旅客，是指根据海上旅客运输合同运送的人；经承运人同意，根据海上货物运输合同，随船护送货物的人，视为旅客。

行李也是旅客运输合同的运送对象。我国《海商法》第 108 条规定：行李，是指根据海上旅客运输合同由承运人载运的任何物品和车辆，但是活动物除外；自带行李，是指旅客自行携带、保管或者放置在客舱中的行李。

## 二、海上旅客运输合同的特征

### (一)客票仅仅作为海上旅客运输合同的证明

海上旅客运输合同是一种非要式合同，它的订立不一定要以书面形式完成。客票仅仅起着证明承运人与旅客之间已订立海上旅客运输合同的作用。

### (二)海上旅客运输合同为双务合同、有偿合同和诺成合同

承运人与旅客作为海上旅客运输合同的双方当事人均享有权利并承担相应的义务。同时，作为一种商业经营行为，承运人签订海上旅客运输合同的目的在于收取运费，而旅客则是为了以交付运费为代价，换取承运人将其安全运送至目的港。此外，海上旅客运输合同自承运人向旅客交付客票时成立。

### (三)实行承运人完全过错责任原则和一定范围内的法律推定过错

各国法律和国际公约对承运人在海上旅客运输合同中赔偿责任的归责原则，普遍采取的是过错责任原则，并在一定范围内实行法律推定过错原则。我国《海商法》也不例外，并且与修订后的《1974 年雅典公约》的规定相一致。

根据我国《海商法》第 114 条第 1 款的规定，在法定的旅客及其行李的运送期间，"因承运人或者承运人的受雇人、代理人在受雇或者受委托的范围内的过失引起事故，造成旅客人身伤亡或者行李灭失、损坏的，承运人应当负赔偿责任"。即承运人基本上承担的是过错责任。在过错责任原则的适用过程中，"请求人对承运人或者承运人的受雇人、代理人的过失，应当负举证责任"(我国《海商法》第 114 条第 2 款)。但我国《海商法》仍规定了一定情况下的法律推定过错原则，实行"举证责任倒置"原则，即请求人不负举证责任，而由承运人或者其受雇人、代理人举证证明自己无过失，以达到免除责任的目的。我国《海商法》第 114

条第2款和第3款对此做出了明确的规定。

(1)旅客的人身伤亡或者自带行李的灭失、损坏,是由于船舶的沉没、碰撞、搁浅、爆炸、火灾所引起或者是由于船舶的缺陷所引起的,应当视承运人或者承运人的受雇人、代理人有过错,除非承运人或者承运人的受雇人、代理人提出反证证明其无过失。

(2)旅客自带行李以外的其他行李灭失或者损坏,不论由于何种事故所引起,应当视承运人或者承运人的受雇人、代理人有过错,除非承运人或者承运人的受雇人、代理人提出反证证明其无过失。

### (四)法律对海上旅客运输有更多的约束

各国海商法对海上旅客运输合同的某些规定属于强行性规范,不允许当事人以合同形式加以变更,改变其法定义务。《1974年雅典公约》及我国《海商法》均规定,海上旅客运输合同中含有下列内容之一的条款无效:

(1)限制旅客提出赔偿请求的权利;

(2)免除承运人对旅客应当承担的法定责任;

(3)降低规定的承运人责任限额;

(4)对规定的举证责任做出相反的约定。

## 三、承运人在海上旅客运输中的主要权利和义务

### (一)基本义务

1. 提供适航船舶并保持适航状态

承运人应在船舶开航之前和开航当时,提供适航船舶,并在整个运送期间保持船舶的适航状态,包括适当地配备船员、装备船舶和配备供应品。与货运承运人的谨慎处理使船舶适航的义务相比,法律对客运承运人的要求更高。

2. 提供相应舱位

承运人应向旅客提供与客票等级相符的舱室或铺位或座位。

3. 供应膳食

如果票款中已经包括了膳食费,则承运人在船舶航行过程中应向旅客提供相应的伙食。如果航程较长,但票款中又未包含膳食费用,承运人也应提供饮食方面的服务。

4. 运送旅客行李

承运人应免费为旅客运送一定数量的行李,并应妥善而谨慎地管理好旅客的非自带行李。

除上述义务之外,按照我国《海商法》第122条的规定,承运人还可以在合同中增加自己的义务或减少自己的权利。如果承运人承担了法律所未规定的义务或放弃法律所赋予的权利,须经实际承运人书面同意,才能对实际承运人发生效力。当然,实际承运人是否同意,并不影响此种协议对承运人的效力。

### (二)主要权利

1. 运费请求权

作为运送旅客及其行李的对价,承运人有权请求客票上所规定的票款。若遇旅客有无票乘船、越级乘船或超程乘船等情况,承运人有权要求旅客补足票款或按规定加收票款。如旅客拒不交付,船长有权在适当地点令其离船并向其追偿。

2. 行李留置权

在旅客未支付或未付足票款、行李费、承运人为旅客垫付的款项或其他应付的费用,承运人有权留置旅客所交运的行李。

3. 船舶开航权

如果旅客不能在规定的时间内于起运港或中途挂靠港登船或返船,船长有权决定按时起航,并且不退还票款。

4. 承运人享有赔偿责任限制的权利

承运人对旅客的人身伤亡或行李的灭失或损坏所负的赔偿责任,可依法援引承运人责任限制的有关规定。根据我国《海商法》第117条的规定,承运人在每次海上旅客运输中的赔偿责任限额如下:(1)旅客人身伤亡的,每名旅客不超过46 666 SDR;(2)旅客自带行李灭失或者损坏的,每名旅客不超过833 SDR;(3)旅客车辆包括该车辆所载行李灭失或者损坏的,每一车辆不超过3 333 SDR;(4)上述第(2)和(3)项以外的旅客其他行李灭失或者损坏的,每名旅客不超过1 200 SDR。

承运人和旅客可以约定,承运人对旅客车辆和旅客车辆以外的其他行李损失的免赔额。但是,对每一车辆损失的免赔额不得超过117 SDR,对每名旅客的车辆以外的其他行李损失的免赔额不得超过13 SDR。在计算每一车辆或者每名旅客的车辆以外的其他行李的损失赔偿数额时,应当扣除约定的承运人免赔额。

经证明,旅客的人身伤亡或者行李灭失、损坏,是由于承运人的故意或者明知可能造成损害而轻率地作为或者不作为造成的,承运人不得援用赔偿责任限额的规定。

另外,我国《海商法》第116条对一些特殊物品的损坏做出了特别规定:

(1)承运人对旅客的货币、金银、珠宝、有价证券或者其他贵重物品所发生的灭失、损坏不负赔偿责任。

(2)旅客与承运人约定将前款规定的物品交由承运人保管的,承运人应当依照我国《海商法》第117条的规定负赔偿责任;双方以书面约定的赔偿限额高于该规定的,承运人应当按照约定的数额负赔偿责任。

## 四、旅客的主要权利和义务

### (一)旅客的主要权利

旅客的主要权利:在支付票款后,有权要求承运人将其安全运送到目的港;免费携带一定数量的行李;对遭受的伤害或其行李的灭失或损坏向承运人索赔等。

### (二)旅客的主要义务

旅客的义务与责任:支付票款;在船期间,服从船长的指挥与管理;不得擅自携带危险品或在行李中夹带违禁品或者易燃、易爆、有毒、有腐蚀性、有放射性或有可能危及船上人身安全和财产安全的其他危险品。

## 【案例讨论】

王某是居住在日本的拥有中国国籍的公民。2004年11月16日,王某在国内乘坐烟台至大连的B船时,该船发生火灾,王某在转移过程中腰部受伤,要求B船所属公司赔偿其医疗费、交通费、误工损失、机票费、公证认证损失及营养费等共计18.6万元人民币。根据题意,试分析以下问题:

(1)B 船所属公司应按何标准承担赔偿责任?

(2)如果王某具有日本国籍,B 船所属公司如何承担赔偿责任?

# 任务二　了解《雅典公约》及其议定书

## 【任务分析】

目前,我国海上旅客运输中承运人的责任限额并不统一,主要体现在国际海上旅客运输和沿海旅客运输责任限额所适用的法律不同,两者的限额存在很大的差异。随着《2002 年雅典公约》的正式生效,势必对我国海上旅客运输的相关立法带来较大冲击。

本任务要求同学们了解我国加入的《1974 年雅典公约》及其《1976 年议定书》的主要内容,了解《2002 年雅典公约》的主要修改内容。

## 【相关知识】

《1974 年雅典公约》的全称是《1974 年海上旅客及其行李运输雅典公约》(*Athen's Convention Relating to the Carriage Passenger and Their Luggages by Sea*,1974),是原政府间海事协商组织(IMO 的前身)于 1974 年 12 月在雅典召开的海上旅客及其行李运输国际法律会议上通过的。该公约已于 1987 年 4 月 28 日生效,后经《1976 年议定书》、《1990 年议定书》两次修改。我国于 1994 年 3 月 5 日批准参加了《1974 年雅典公约》及其《1976 年议定书》。

2002 年 10 月 21 日 ~11 月 1 日 IMO 举行第 13 次外交大会,会议的任务是讨论、通过并签署对《1974 年雅典公约》进行重大修改的新的议定书,该议定书的名称为《1974 年海上旅客及其行李运输雅典公约的 2002 年议定书》,经该议定书修正的公约文本被定名为《2002 年海上旅客及其行李运输雅典公约》(以下简称《2002 年雅典公约》),该议定书已于 2014 年 4 月 23 日正式生效。

### 一、《1974 年雅典公约》及其《1976 年议定书》的主要内容

#### (一)该公约的适用范围

该公约适用于国际海上旅客运输,即合同约定的起运港或目的港位于不同国家,或者,中途港位于不同的国家。其条件是:船舶悬挂某一缔约国国旗或者在该国登记,或运输合同在某一缔约国订立,或按照运输合同,起运地或者到达地位于该公约某一缔约国内。

#### (二)承运人的责任及其责任限额

1. 承运人的责任期间

对旅客及其自带行李而言,承运人的责任期间是指旅客及/或其自带行李在船舶上的期间,或从登船开始至离船为止的整个期间。如果客票票价含接送费用的,运送期间并包括承运人经水路将旅客从岸上接到船上和从船上送到岸上的时间,但是不包括旅客在港站内、码头上或者在港口其他设施内的时间。

对旅客自带行李以外的其他行李,运送期间自旅客将行李交付承运人或者承运人的受雇人、代理人时起至承运人或者承运人的受雇人、代理人交还旅客时止。

2. 承运人的责任

在运输期间因承运人或其受雇人、代理人的过错行为或者不行为引起的事故,造成旅客人身伤亡和行李灭失损坏的,承运人应承担赔偿责任。该公约对承运人的赔偿责任,实行了一定范围内的法律推定过错责任原则。

该公约采用了推定过错责任制,即如果旅客的伤亡或自带行李的灭失或者损坏是由于船舶失事、碰撞、搁浅、爆炸或火灾或由于船舶缺陷引起的,则应推定承运人或其雇佣人或代理人有过失或疏忽。我国《海商法》117 条正是借鉴了其做法。

3. 承运人的赔偿责任限额

(1)承运人对每次运输中,每名旅客的伤亡所承担的赔偿责任不超过 70 万金法郎;

(2)承运人对每次运输中旅客自带行李的灭失、损坏的赔偿责任,每位旅客不超过 12 500金法郎;

(3)承运人对每次运输中的车辆的灭失、损坏的赔偿责任,每辆车辆不超过 5 万金法郎;

(4)承运人对每次运输中其他行李的灭失、损坏的赔偿责任,每位旅客不超过 18 000 金法郎;

(5)承运人可与旅客商定免赔款,但该商定的免赔款对每辆车不超过 1 750 金法郎,对其他行李,每位旅客不超过 200 金法郎。

各缔约国可以在其国内法中规定更高的责任限额。《1976 年议定书》的基本内容是将《1974 年雅典公约》使用的货币单位“金法郎”改为“特别提款权”。根据 1SDR 相当于 15 金法郎的兑换率,以上限额依次改为:46 667 SDR;833 SDR;3 333 SDR;1 200 SDR;117 SDR 和 13 SDR。

**(三)承运人的免责**

经承运人证明旅客人身伤亡或其行李的灭失、损坏是因旅客的过失或疏忽造成的,接受诉讼的法院可依据法院地法免除承运人的全部或部分责任。此外,承运人对于货币、可流通证券、黄金、银器、珠宝、装饰品、艺术品或其他贵重物品的灭失、损坏不负责任。但是,双方同意将该贵重物品交由承运人保管的除外。

**(四)通知与诉讼时效**

1. 行李灭失或损坏的通知

旅客对其自带行李发生的明显损坏,应在离船前或离船时向承运人或其代理人提交书面通知;对所有其他行李,应在行李交还前或交还时,提交此种通知。

在行李损坏不明显或行李灭失的情况下,此种通知应在旅客离船之日或交还之日或应当交还之日起 15 天之内提交。如果旅客未按上述要求提交通知,除非提出反证,否则应推定他已收到完整无损的行李。如果在旅客提取行李时,双方已对行李状况进行联合检验或检查,则无须提交书面通知。

2. 诉讼时效

旅客的死亡或人身伤害或行李灭失或损坏赔偿的诉讼时效期间为 2 年。就旅客对人身伤害而言,自旅客离船之日起算;对运输中发生的旅客死亡,自该旅客应离船之日起算;对运输中发生的导致旅客在离船后死亡的人身伤害,自死亡之日起算,但此期间不得超过自离船之日起 3 年;就旅客行李灭失或损坏而言,上述时效期间自行李离船或本应离船之日起算,以迟者为准。

有关时效期间的中止和中断适用受理案件的法院地法律。在诉因产生后,经承运人声明或经当事各方协议,时效期间可以延长。该声明或协议应以书面做出。

**(五)管辖权**

对于旅客人身伤亡或者行李灭失或损坏赔偿的诉讼,公约规定,原告有权选择下列位于缔约国的法院之一提起诉讼:

(1)被告永久居住地或主营业所所在国法院;

(2)运输合同规定的起运地或到达地所在国法院;

(3)原告住所地或永久居住地所在国法院,但被告须在该国有营业所并受其管辖。

此外,在造成损失的事故发生后,当事各方可商定该损害赔偿案件诉讼的法院,或将案件提交仲裁。

## 二、《1990 年议定书》的主要内容

20 世纪八九十年代,海上旅客运输的灾难性事故不断发生,造成了大量的旅客人身伤亡。1987 年英国汤森·托普森公司所属的"自由企业先驱"号,在比利时的泽布吕赫港附近倾覆,造成 193 人死亡。事故发生后,英国修改了国内旅客运输法律,将人身伤亡的赔偿限额从 70 万金法郎(46 667 SDR)提高到 152.5 万金法郎(10 万 SDR)。与此同时,英国以及一些北美国家强烈呼吁 IMO 修改《1974 年雅典公约》,要求较大幅度地提高旅客人身伤亡的赔偿限额。

IMO 于 1990 年 3 月 29 日通过了《1974 年海上旅客及其行李运输雅典公约的 1990 年议定书》,该议定书至今尚未生效。《1990 年议定书》规定的承运人对旅客人身伤亡的赔偿责任限额为每次运输 17.5 万 SDR,对旅客自带行李、其他行李和车辆的赔偿限额,分别为 1 800SDR、2 700 SDR 和 10 000 SDR。

## 三、《2002 年雅典公约》

《2002 年雅典公约》改变了《1974 年雅典公约》所采取的过错责任制度,借鉴了航空公约中使用的双重责任制度;引入承运人赔偿责任强制保险制度;针对航运事故和非航运事故采取了不同归责原则;提高赔偿限额等。

**(一)承运人的责任基础及对旅客人身伤亡的赔偿责任限额**

《2002 年雅典公约》将海上事故分为航运事故和非航运事故,实行双层责任制。航运事故是指船舶沉没、碰撞、搁浅、爆炸或火灾等事件。非航运事故是指除了航运事故之外的一般事故,如在楼梯上摔下、碰伤等。

1. 严格责任

因航运事故造成的旅客人身伤亡引起的损失,承运人就该旅客在每一次事故中的赔偿责任在 25 万 SDR 的限额内,实行严格责任,即除非承运人证明该事故是由于战争、暴动或不可抗拒的自然现象引起的,或完全由第三方故意作为或者不作为造成的,承运人应承担赔偿责任。

2. 过错责任

(1)承运人对因航运事故造成的旅客人身伤亡引起的损失超过 25 万 SDR 以上的责任,实行过错责任,即承运人对旅客人身伤亡承担了 25 万 SDR 的赔偿后,对旅客未获赔偿的部

分，承运人在有过错时才承担责任，并且对每名旅客的最高赔偿不超过 40 万 SDR。如果承运人证明其本人或其在受雇或者受委托范围内行事的受雇人或代理人，对于事故的发生没有过错，则不承担赔偿责任。

(2)因非航运事故所导致的旅客人身伤亡或行李灭失或者损坏，承运人承担过错责任，索赔方负责举证证明承运人有过错。

**(二)承运人赔偿责任强制保险制度**

该公约要求在某一缔约国登记的并且载客 12 人以上的船舶，承运人必须以每名旅客每一事故为 25 万 SDR 为最低限额，投保责任保险或取得其他财务保证。

在强制保险和提供了其他财务保证下，该公约规定旅客就人身伤害或行李损失，对属于保险或者其他财务保证责任的任何赔偿请求，旅客均可以直接向保险人、财务保证人提起。在直接诉讼的情况下，承运人的责任限额也适用于保险人或其他财务保证人。保险人或财务保证人不承担承运人故意违法行为引起的损失。

**(三)承运人对行李灭失或者损坏的赔偿责任限额**

该公约规定，承运人对旅客自带行李灭失或损坏的赔偿责任限额为每名旅客每次运输 2 250 SDR；对车辆包括车辆上所载的所有行李的灭失或损坏的赔偿责任限额为每一车辆每次运输 12 700 SDR；对其他行李灭失或损坏的赔偿责任限额为每名旅客每次运输 3 375 SDR。

承运人和旅客可以约定承运人对行李灭失或者损坏的免赔额，但每一车辆的免赔额不超过 330 SDR，其他行李灭失或者损坏的免赔额不超过 149 SDR。

**【议一议】**

**我国是否应加入《2002 年雅典公约》?**

目前，对我国是否加入《2002 年雅典公约》，国内有关专家表示，新公约大幅度地提高了承运人赔偿责任限额，调整了索赔方与承运人的举证责任，建立了承运人赔偿责任强制保险制度，这些制度加重了承运人的责任。随着生活水平的提高，人们对人身安全的日益重视，国内航运界在态度上接受国际公约的赔偿限额问题上也不像原来那么保守，在意识上已与国际“接轨”，另一方面，国内现行法律确实已不适应当前形势的需要。中国加入该公约只是时间问题。与此同时，如果中国加入新的《雅典公约》，还会为下一步修改国内《海商法》起到示范作用。

因此，当前形势下，我国应既要注重与国际规则接轨，全面彻底地修改与完善国内立法，以稳定的法律保障机制代替临时的行政处置措施，又要积极运用宏观调控手段调整运输市场，促使高资质、高信用的国际海上旅客运输承运人的出现，迎接新公约生效带来的挑战。

**【测一测】**

**单项选择题**

1. 根据我国《海商法》规定，以下属于客运承运人义务的是：①保证船舶适航；②提供适当的舱位；③免费承运一定数量的自带行李；④损害赔偿。

A. ①～③　　B. ①～④　　C. ②④　　D. ①②

2. 以下________对承运人或责任人的责任，实行一定范围的法律推定责任制度。

A. 在船舶碰撞中　　B. 在多式联运运输中

C. 在旅客运输中　　D. 在海上拖带中

3. 根据我国《海商法》的规定，对于超程乘船的旅客，船长有权________。
   A. 拒绝其登船
   B. 对于拒不交付超程费的有权令其在适当的地点离船
   C. 将其扣留
   D. 强制收缴
4. 根据我国《海商法》的规定，当由于承运人及旅客的共同过失造成旅客的行李物品损坏时，承运人________。
   A. 对损坏不负任何赔偿责任　　B. 对损坏承担全部的赔偿责任
   C. 减轻其赔偿责任　　D. 承担一半的赔偿责任
5. 根据我国《海商法》的规定，如经旅客承运人证明，旅客行李物品的损坏是由于________所造成的，承运人不负赔偿责任。
   A. 旅客本人的故意　　B. 旅客本人的过失
   C. 旅客不知道的原因　　D. 原因不明的情况
6. 根据我国《海商法》的规定，在旅客运输中，承运人可以和旅客约定对于车辆的免赔额，该免赔额是________。
   A. 相对的免赔额　　B. 绝对的免赔额
   C. 在任何情况下都赔的免赔额　　D. 无效的免赔额
7. 根据我国《海商法》的规定，在旅客运输合同中加入________条款是无效的。
   A. 对于举证责任做出与法律相反规定的
   B. 加重承运人责任的
   C. 承运人放弃权利的
   D. 提高承运人赔偿限额的
8. 根据我国《海商法》的规定，行李包括________。
   A. 旅客自带的行李
   B. 由承运人载运的任何物品，包括车辆
   C. 由承运人载运的任何活动物
   D. 旅客托运的、签发提单的货物
9. 根据我国《海商法》的规定，当在旅客运输合同中加入了“限制旅客提出赔偿请求权利”的条款时，________。
   A. 整个旅客运输合同无效　　B. 加入的条款无效
   C. 经过公证后有效　　D. 经过旅客同意后有效
10. 我国《海商法》中的旅客运输与《1974 雅典公约》，在承运人责任原则、承运人责任期间方面________。
    A. 两者是相同的
    B. 我国《海商法》中规定得更严格
    C.《1974 年雅典公约》规定得更严格
    D. 无法进行比较
11. 根据我国《海商法》的规定，对于旅客人身伤亡的赔偿，责任主体的责任限制数额按________。

A. 船舶总吨确定　　B. 船舶净吨确定
C. 船舶的载客定员确定　　D. 船舶的公约吨确定

12. 根据我国《海商法》的规定，对海上旅客承运人实行一定范围内的推定过失责任制，该种制度________。
A. 加重了旅客证明承运人过失的举证责任
B. 加重了承运人免除赔偿责任的举证责任
C. 提高了承运人赔偿的责任限额
D. 使承运人对于旅客的损失负无限责任

13. 根据《1974 年雅典公约》的规定，若承运人证明，旅客的行李损害是由于旅客本身的原因所致的，则________。
A. 承运人不负赔偿责任
B. 承运人是否承担赔偿责任由法院依法确定
C. 承运人负赔偿责任
D. 承运人和旅客各负一半的责任

14. 根据《1974 年雅典公约》的定义，“运输”不包括________。
A. 旅客及其行李在船上期间
B. 旅客及其自带行李从岸上经水路运输至船上或从船上经水路运输至岸上的期间
C. 旅客及其行李上下船期间
D. 旅客在海运码头或港站上或者在其他港口设施之中或之上的期间

15. 根据《1974 年雅典公约》的规定，如果旅客的死亡或人身伤害或自带行李的灭失或者损坏，是因船舶沉没、碰撞、搁浅、爆炸或火灾，或船舶缺陷所致的，或者与此有关，则________承运人或其在受雇范围内行事的雇佣人或者代理人有过失或疏忽。
A. 确定　　B. 认定　　C. 推定　　D. 肯定

16. 根据《1974 年雅典公约》的规定，承运人对货币、可流通证券、黄金等贵重物品的灭失或损坏不负责任，除非________。
A. 旅客已事先向承运人声明
B. 旅客和承运人均同意为安全的目的由承运人保管，并已交给承运人保管
C. 承运人同意保管该贵重物品
D. 签发提单，并装于货舱内

17. 根据《1974 年雅典公约》的规定，对于旅客交给承运人保管的贵重物品，双方可商定贵重物品灭失或损坏时的赔偿额，该赔偿额________。
A. 只能高于公约规定的责任限额
B. 只能低于公约规定的责任限额
C. 只能相当于公约规定的责任限额
D. 双方可任意商定

18. 根据《1974 年雅典公约》的规定，诉讼时效的计算方式：①对人身伤害，自旅客离船之日起算；②对发生在运输中的旅客死亡，自旅客本应离船之日起算；③对发生在运输中的旅客人身伤害并导致旅客在离船后死亡的，自死亡之日起算，但此期限不得超过自离船之日起 3 年；④对行李灭失或损坏，自离船之日或本应离船之日起算，以

迟者为准。

A. ①~④　　B. ①②④　　C. ①~③　　D. ②④

19. 根据《1974年雅典公约》的规定，根据该公约产生的诉讼，原告应向在该公约缔约国内的下列________提起：①被告永久居住地或主要营业地的法院；②运输合同规定的起运地或目的地的法院；③原告户籍地或永久居住地的法院，但被告必须在该国有营业所并受其管辖；④运输合同订立地国家的法院，但被告必须在该国有营业所并受其管辖。

A. ①~④　　B. ①~③　　C. ①②　　D. ②④

# 项目五 船舶碰撞

**【知识目标】**

- 掌握船舶碰撞的概念及构成要件
- 掌握船舶碰撞的责任基础及其分类
- 掌握船舶碰撞损害赔偿的基本原则
- 了解船舶碰撞事故处理程序

**【能力目标】**

- 能正确理解船舶碰撞事故的责任归属与过失比例的原则
- 会使用船舶碰撞损害赔偿的计算方法
- 知道美国在处理船舶碰撞损害赔偿上与《1910 年碰撞公约》缔约国之间的不同

**【项目介绍】**

船舶碰撞是一种比较常见而又典型的海上交通事故。受可航水域、天气情况、海洋环境及人为因素等的综合影响,船舶碰撞事故时有发生。我国《海商法》第八章“船舶碰撞”的规定,是根据《1910 年碰撞公约》制定的,但是对于船舶碰撞损害赔偿的原则、范围和计算方法等具体问题,该章未做规定。

本项目介绍有关船舶碰撞的国际公约和我国立法、船舶碰撞的责任基础及其分类、船舶碰撞损害赔偿的基本原则及船舶碰撞事故的处理。

## 任务一 掌握船舶碰撞的基本概念及有关国际公约

**【任务分析】**

船舶碰撞是直接威胁海上安全的海损事故之一。为了用统一的法律原则处理因船舶碰撞而发生的问题,各海运国家及有关的国际组织制定了相关法律和国际公约,以解决船舶碰撞责任认定及碰撞管辖权等。

本任务要求同学们掌握海商法意义上船舶碰撞的基本概念、构成要件以及《1910 年碰撞公约》等公约的主要贡献。

【相关知识】

## 一、船舶碰撞的概念

### （一）广义的船舶碰撞

广义的船舶碰撞是指两艘或两艘以上船舶的某一部位发生实际接触，致使一方或几方发生损害的物理状态。

### （二）狭义的船舶碰撞

狭义的船舶碰撞，即海商法意义上的船舶碰撞，是指对碰撞的船舶予以限定的碰撞。它通常是指海船与海船之间、海船与内河船舶之间发生碰撞，导致有关船舶及船上财产、人员伤亡的事故。

狭义的船舶碰撞概念因不同国家的法律和国际公约的规定而不同，多数国家的法律将军事船舶和政府公务船舶排除在船舶碰撞法之外。

1. 有关国际公约的规定

《1910年统一船舶碰撞若干法律规定的国际公约》（*International Convention for the Unification of Certain Rules of Law with Respect to Collision between Vessels*）（简称《1910年碰撞公约》）第1条规定："海船与海船或海船与内河航行船舶之间发生碰撞时，对船舶或船上财物或人员遭受的损害应有的赔偿，不论碰撞发生在任何水域，都应按下列规定办理。"该规定暗含了《1910年碰撞公约》的适用范围以及对船舶碰撞的界定。

2. 我国《海商法》中的船舶碰撞概念

我国《海商法》第165条规定："船舶碰撞，是指船舶在海上或者与海相通的可航水域发生接触造成损害的事故。前款所称船舶，包括与本法第三条所指船舶碰撞的任何其他非用于军事的或者政府公务的船艇。"

## 二、船舶碰撞的构成要件

根据我国《海商法》第165条和170条的规定，构成我国《海商法》意义上的船舶碰撞，须满足以下四个要件。

### （一）碰撞必须发生在船舶之间

1. 排除了船舶与非船舶之间的碰撞

根据我国《海商法》的规定，船舶碰撞仅限于发生在船舶之间的碰撞。船舶与非船舶之间的碰撞，例如，船舶碰撞码头、栈桥、防波堤等水上、水下固定的建筑物或设施，不属于海商法意义上的船舶碰撞，而是船舶触碰。

2. 发生碰撞船舶中的一方必须是我国《海商法》第3条定义的船舶

船舶碰撞发生在船舶之间，这一条件中船舶的含义有特定的范围，即碰撞的船舶一方必须是我国《海商法》第3条定义的海船和海上移动装置，但用于军事和政府公务的船舶和20总吨以下的小型船艇除外。其他方是除用于军事的或政府公务的船舶以外的任何船艇，包括海船、内河船、20总吨以下的内河船艇。因此，用于军事的或政府公务的船舶、20总吨以下的小型船艇、内河船相互之间，或其中同一种船舶之间发生的碰撞，均不属于我国《海商法》意义上的船舶碰撞。

## 【议一议】

**船舶碰撞渔网是否属于船舶碰撞?**

从船舶安全角度出发,一艘没有渔网的渔船并不影响其适航性,渔网并不是船舶安全航行和操纵过程中必需的设施,因此,渔网不属于船舶属具的范畴,船舶与渔网间的碰撞不是船舶碰撞。但这并不等于船舶碰撞渔网不承担碰撞责任,而是依据一般的民法原则或其他相关法律处理而已。

**(二)船舶之间必须要有接触**

船舶之间必须发生接触,即两艘或两艘以上船舶的某一部位同时占据同一位置空间的物理状态。船舶碰撞必须是直接接触碰撞,如果船舶间没有接触,即使发生了损害也不构成船舶碰撞,但国际公约及各国海商法普遍做出特别规定,准予适用船舶碰撞的有关规定。

我国《海商法》第170条规定:"船舶因操纵不当或者不遵守航行规章,虽然实际上没有同其他船舶发生碰撞,但是使其他船舶以及船上的人员、货物或者其他财产遭受损失的,适用本章的规定。"因此,浪损和不发生实际接触的间接碰撞不属于我国《海商法》意义上的船舶碰撞。但是,在处理这类情况时,可以类推适用我国《海商法》有关船舶碰撞的法律规定。《1910年碰撞公约》也做出了类似规定。

**(三)碰撞必须发生在海上或者与海相通的可航水域**

与海相通的可航水域是指可供20总吨以上海船自由航行的通海水域。碰撞必须发生在海上或者与海相通的可航水域,这一构成要件将发生在与海不相通的内河、湖泊或虽与海相通,但不能供20总吨以上海船航行的水域中的碰撞,排除在船舶碰撞之外。

**(四)碰撞必须造成损害**

船舶碰撞必须造成损害,即碰撞造成了船舶及船上人员、货物或其他财产损失的事实。之所以确定船舶碰撞法律制度,是为了解决船舶碰撞损害赔偿问题,没有损害的事实,就不存在侵权,承担损害赔偿责任也就无从发生。

## 【案例讨论】

A、B两船在狭水道航行,A船违反航行规则,企图加速超越,迫使B船不得不采取避让措施,结果引发触礁事故。

试分析:A、B两船是否属于我国《海商法》意义上的船舶碰撞?

## 三、有关船舶碰撞的国际公约

**(一)《1910年碰撞公约》**

该公约于1910年9月23日在比利时布鲁塞尔举行的第三次海洋法外交会议上通过,自1931年3月1日起生效,截至2009年12月,缔约国已达88个。我国于1994年3月5日加入该公约,同年5月对我国生效。该公约是有关船舶碰撞的最重要的国际公约,其主要有以下三大贡献:

(1)实行实际过失原则和事实推定过失原则,废除了法律推定过失原则。这一变化对过失举证有很大的影响。在船舶碰撞法中,若实施法律推定过失原则,原告只需证明有碰撞损害的事实,无须证明被告有过失,而由被告反证自己无过失,即采用"举证责任倒置"。虽然这一原则有利于保护受害方的利益,但使被告的举证责任过重,实践中容易产生不公平、不合理的结果。因此,该公约废除了有关碰撞责任的一切法律推定。

(2)首次确立按过失的比例确定碰撞责任,废除了平分责任原则,实现了船舶碰撞民事赔偿责任划分标准的统一。

(3)规定对人身伤亡所造成的损害,各过失船舶对受害方承担连带责任。

上述第(2)、(3)两项贡献详见本项目任务二。此外,该公约并没有对碰撞的原因和责任划分做出具体规定,也没有解决碰撞损害赔偿的原则以及碰撞损害赔偿的计算问题。

《1910 年碰撞公约》公约先后于 1960 年、1972 年、1981 年和 1987 年进行了四次修订,但其基本精神、基本原则未改变。

**(二)《1952 年船舶碰撞民事管辖权公约》**

1952 年 5 月 10 日,在布鲁塞尔召开的第九届海洋法外交大会上通过了《1952 年船舶碰撞中民事管辖权方面若干规定的国际公约》(*International Convention on Certain Rules Concerning Civil Jurisdiction in Matters of Collision*, 1952)(简称《1952 年船舶碰撞民事管辖权公约》),该公约于 1955 年 9 月 14 日生效,截至 2009 年 12 月,共有 73 个国家和地区加入该公约,我国未加入该公约。其主要内容如下。

1. 明确了对碰撞事故有管辖权的法院

对于船舶碰撞案件具有民事管辖权的法院,公约第 1 条规定,关于海船与海船或海船与内河船舶发生的碰撞,原告只能向下列法院提起诉讼:

(1)被告经常居住地或营业所所在地的法院;

(2)被告船或可依法扣押的属于被告的任何其他船舶被扣押的地点的法院;

(3)本可进行扣押并已提供保证金或其他保全的地点的法院;

(4)碰撞发生于港口界限或内河水域时,碰撞发生地的法院。

2. 明确了原告有对法院的选择权

该公约允许原告根据情况自行决定在上述所列举的任一法院起诉。但是,请求人不得在未撤销原有诉讼之前,就同一事实对同一被告在另一管辖区域内提起诉讼。

3. 该公约承认协议管辖和仲裁的效力

在任何情况下都不得妨碍当事双方向其已一致选定的法院就碰撞事件提起诉讼,或将该案提付仲裁的权利。

4. 对反诉、共同诉讼和其他诉讼管辖权做了规定

该公约规定,就同一碰撞事件提起的反诉,得向根据第 1 条规定对本诉具有管辖权的法院提出。该公约不改变各国关于军用船舶、国有船舶或为国家使用的船舶的法律规定。该公约不影响对因运输合同或其他合同引起的请求。

**(三)《1952 年船舶碰撞刑事管辖权公约》**

《1952 年船舶碰撞刑事管辖权公约》,全称为《1952 统一船舶碰撞或其他航行事故中刑事管辖权方面若干规则的国际公约》(*International Convention for the Unification of Certain Rules Relating to Penal Jurisdiction in Matters of Collision or Other Incidents of Navigation*, 1952),它是《1952 年船舶碰撞民事管辖权公约》的配套公约,与其同日签订。该公约于 1955 年 11 月 20 日生效,我国未加入该公约。截至 2009 年 12 月,有 81 个国家和地区参加该公约。其主要内容包括:

(1)发生船舶碰撞或任何其他航行事故时,涉及船长或船上任何其他工作人员的刑事

或者纪律案件,仅能向当事船舶所悬挂旗帜国家的司法或行政机关提出。除船舶所悬旗帜国家以外,任何当局都不得下令扣押船舶,即使作为调查手段也不例外。

(2)在缔约国领海内发生碰撞或其他航行事故时,该国可保留其对事故所涉刑事案件的管辖权。

(3)本国船员在他国船上工作,当发生碰撞或其他航行事故时,本国有关当局有权就该船员的违法行为提出控告。

(4)该公约不适用于在港区范围内或在内河水域发生的碰撞或其他航行事故。

《1952 年船舶碰撞刑事管辖权公约》与《1952 年船舶碰撞民事管辖权公约》一样,都没有得到广大海运国家的认同,因而在海运界影响甚微。

## 任务二　掌握船舶碰撞的责任基础及其分类

### 【任务分析】

船舶碰撞是海事侵权纠纷中最普遍、专业性最强的一类案件。依据不同的标准,船舶碰撞可分为不同类型。例如:依据碰撞事故的起因,可分为过失碰撞、无过失碰撞和故意碰撞;依各方有无过失,可分为单方过失责任碰撞、双方过失责任碰撞和双方无过失责任碰撞等。

本任务要求同学们掌握船舶碰撞的责任基础、从过错角度认定的船舶碰撞类型及其各自的法律责任。

### 【相关知识】

#### 一、船舶碰撞的责任基础及其确定原则

##### (一)船舶碰撞的责任基础

船舶碰撞的责任基础是指船舶碰撞的责任方承担碰撞损害赔偿责任的前提。根据《1910 年碰撞公约》和各国海商法的规定,责任方承担碰撞损害赔偿责任的前提是过错,包括过失和故意。只有责任方在碰撞事故中有过错,并因此造成了碰撞对方人员伤亡或财产损失,才需承担赔偿责任。实践中,因故意引起的船舶碰撞很少见,因此,在海商法中,船舶碰撞的责任基础是过失责任制。

从长期海事审判实践来看,判断船舶碰撞的过失采用的是客观标准。它是指在驾驶和管理船舶的过程中,具有通常技术和谨慎从事的航海人员应该预见碰撞损害的发生而没有预见,或者应该防止碰撞损害的发生或扩大而没有防止。在这种情况下的行为或不为,即构成过失行为。因此,是否做到通常的技术和谨慎是衡量船舶碰撞过失的客观标准。

##### (二)确定船舶碰撞过失的原则

确定船舶碰撞的过失,应遵循一般原则和特殊原则。一般原则适用于通常情况,大多是成文法,适用较为普遍,但是不能完全满足司法实践的需要,在船舶碰撞的特殊场合还需要有特殊原则加以补充。特殊原则是海运国家在长期司法实践中形成的习惯,其适用范围有一定的局限性。

1. 确定船舶碰撞过失的一般原则

确定船舶碰撞过失的一般原则，就是确定碰撞双方在驾驶船舶或管理船舶方面是否存在过失。在一起船舶碰撞案件中，要确定是否存在驾驶船舶的过失，其判定的一般原则是把碰撞船舶的全过程分为以下几个不同的航行阶段：会遇—构成碰撞危险—形成紧迫局面—出现紧迫危险—碰撞，在每一阶段中均以合格船员的良好船艺和国际或地方的航行避碰规则为尺度分析、判定是否构成驾驶过失。驾驶船舶的过失主要包括遵守海上避碰规则的疏忽、遵守各国政府和有关主管机关制定的特殊规定的疏忽等。确定船员是否存在管船过失，其标准是作为一名合格的船长或船员，在管理船舶中是否已尽合理谨慎和发挥良好技能。

2. 确定船舶碰撞过失的特殊原则

(1)宾夕法尼亚规则

该规则的实质是法律推定过失，即一旦船舶违反航行规则，就推定此行为是造成碰撞的原因。违章的船舶要解脱责任，必须证明这种违章不是碰撞的原因。后来，该规则要求进一步证明违章不可能造成碰撞。据此规则，违章船舶即使可以证明自己无过失，但只要违章行为可能导致船舶碰撞发生，则仍不能免责。该规则在美国迄今仍占据主导地位。我国不承认该规则。

(2)最后机会原则

最后机会原则是指两船碰撞，如果双方都有疏忽，都要对碰撞负责，除非后来有疏忽的船舶知道或者应该知道前者有疏忽，并有充裕的时间避免碰撞而没有避免，则后来有疏忽的一方应单独负责。简言之，有避免碰撞的最后机会的一方，如果没有利用该最后机会避免碰撞，则应当对碰撞承担全部责任，不论对方是否存在避碰过失。我国不承认这一原则。

(3)双方疏忽等效原则

双方疏忽等效原则是指碰撞双方均有疏忽，且此种疏忽一直持续到碰撞时刻，每一方的疏忽都能导致碰撞的发生，此时应各自承担50%的责任，因为在这种情况下很难区分哪方的过失是主要的。我国承认这一原则。

(4)事实推定过失原则

事实推定过失是指从已经证实的事实中，人为地推断出假定事实的存在。在船舶碰撞损害赔偿中，如果受损方证明其遭受船舶碰撞损害的事实以及其他基本事实，法院根据特定情况推定加害方犯有过失，除非加害方证明他无过失，或者他的过失与损害之间无因果关系，否则，便应负赔偿责任。事实推定过失原则一般适用于在航船与锚泊船之间的碰撞。我国承认这一原则。

## 二、船舶碰撞的分类

由于船舶碰撞法律制度的主要目的在于解决船舶碰撞的损害赔偿，而船舶碰撞民事责任贯彻过错责任原则，过错的有无及过错的比例决定着责任的有无及大小，因此，碰撞发生后，首先应确定的是过失责任。可见，从过错角度对船舶碰撞进行分类，具有实际意义。船舶碰撞的分类主要包括以下几类。

### (一)过失碰撞

过失碰撞是指当事方应该或能够预见船舶碰撞的可能性，因疏忽大意未能预见到，或者虽已预见到但因过于自信，而轻信能够避免所引发的船舶碰撞。过失原因多种多样，如船员违反避碰规则、疏于瞭望、超速航行、使用号灯/号型不当等。根据承担过失的责任方不同，过失碰撞又可分为单方过失碰撞和双方互有过失碰撞。

1. 单方过失碰撞

单方过失碰撞是指完全是由一方过失所造成的船舶碰撞。此类碰撞多发生于船舶在港内航行时,如船舶在靠泊过程中因操作不当与停靠在码头的船舶发生碰撞。

当船舶碰撞是由于一船的单方过失所致时,损害赔偿责任完全由该过失方负责。对此,有关国际公约和各国海商法的规定是一致的。我国《海商法》第168条规定:"船舶发生碰撞,是由于一船的过失造成的,由有过失的船舶负赔偿责任。"《1910年碰撞公约》做出了类似的规定。

2. 双方互有过失碰撞

双方互有过失碰撞是指由双方或多方过失所致的船舶碰撞。此时,互有过失船舶按各自的过失比例承担损害赔偿责任,这即是《1910年碰撞公约》确立的"过失比例原则"。

我国《海商法》在对互有过失碰撞责任的划分上,遵循了过失比例碰撞原则,并在第169条明确规定:"船舶发生碰撞,碰撞的船舶互有过失的,各船按照过失程度的比例负赔偿责任;过失程度相当或者过失程度的比例无法判定的,平均负赔偿责任。互有过失的船舶,对碰撞造成的船舶以及船上货物和其他财产的损失,依照前款规定的比例负赔偿责任。碰撞造成第三人财产损失的,各船的赔偿责任均不超过其应当承担的比例。互有过失的船舶,对造成的第三人的人身伤亡,负连带赔偿责任。一船连带支付的赔偿超过本条第一款规定的比例的,有权向其他有过失的船舶追偿。"

**(二)无过失碰撞**

无过失碰撞是指当事各方均无过失情况下发生的船舶碰撞。此类碰撞不存在人为因素(Human Factors),完全是因为客观原因造成的,通常分为以下两种。

1. 意外事故造成的碰撞

意外事故(Inevitable Accident)是指船方已经做到了合理的谨慎并运用了通常的技术,仍不能避免的事故。如某船在英国泰晤士河上航行时,突遇浓雾,船长在尽了合理的谨慎后,确信抛锚地点附近没有其他船舶,但在抛锚时仍与另一艘锚泊船相撞。经调查,锚泊船的雾号确实不能为抛锚船所听到。法院判决,该碰撞属于意外事故所致。又如,某船在天气晴朗的白天在泰晤士河上航行时,撞沉了一艘锚泊船。经调查发现,是因为舵机内部某部件有两个裂缝,导致舵机失灵而发生碰撞的。而这两个裂缝是船方在开航前尽合理的谨慎未能发现的潜在缺陷(Latent Defect)。法院判决,此碰撞也是意外所致。

实践中,属于意外事故造成的船舶碰撞很少。主张依据意外事故免责的一方应负举证责任,并证明符合以下条件:①非有意行为;②碰撞不可避免且无法预见;③本船已经尽到了合理的谨慎并运用了通常的技术。而且,对于举证方来说,仅证明在碰撞当时或者紧迫危险形成之后的短暂时刻符合上述三个条件还不够,必须证明从碰撞危险形成之前开始直至碰撞发生或即将发生为止的整个期间均符合上述三个条件,才能援引意外事故免责。

2. 不可抗力造成的碰撞

不可抗力(Force Majeure)是指恶劣天气、自然灾害等不能预防、不能避免和不能克服的事由。比如地震引发的海啸,致使锚泊的船舶发生碰撞,就属于不可抗力造成的船舶碰撞。又如,某船在航行中突遇超级暴风而难以操控,致使与附近的船舶发生碰撞,也属于不可抗力造成的船舶碰撞。

欲援引不可抗力免责的当事方应负举证责任,并证明以下事实:①本船无过失;②造成碰撞的原因不可预见且无法避免;③本船已经尽到了合理的谨慎并运用了通常的技术。

无过失碰撞责任的承担,国际公约和各国海商法的规定基本一致,由碰撞各方自行承担各自的损失。如《1910 年碰撞公约》第 2 条规定:"如果碰撞的发生是出于意外或是出于不可抗力或碰撞原因不明,其损害应由遭受者自行承担。"我国《海商法》167 条规定:"船舶发生碰撞,是由于不可抗力或者其他不能归责于任何一方的原因或者无法查明的原因造成的,碰撞各方互相不负赔偿责任。"

**(三)原因不明的碰撞**

原因不明(Cause Unknown),即造成碰撞的原因无法查明。原因不明的碰撞,有专家称之为不明过失(Inscrutable Fault)碰撞。

既然造成碰撞的原因无法查明,那么究竟是一方过失,还是互有过失,或是各方均无过失,也就无从确定,可以说是处于悬而未决的状态,当然也就不能将其归入无过失碰撞。因此本书将此类碰撞单独列为一类,即"原因不明的碰撞",而不将其归于无过失碰撞。值得注意的是,原因不明也不同于过失程度难以确定的情况。因为后者是在确定了当事方互有过失的前提下,难以确定各方的过失究竟占多大比例。

实践中,属于此类情况的碰撞极为罕见。假如两船在视线良好、海面风平浪静的白天发生碰撞,结果两船全部沉没,船员也全部遇难,也找不到任何其他碰撞证据。这种只知道碰撞结果,根本无法查明原因的碰撞便可认定为原因不明的碰撞。原因不明的碰撞责任的承担,同意外事故和不可抗力造成的碰撞相同,即碰撞各方自行承担各自的损失。如前所述《1910 年碰撞公约》第 2 条和我国《海商法》167 条的规定。

**(四)故意碰撞**

故意碰撞(Deliberate Collision)是指由故意行为引起的碰撞,即当事人希望或放任船舶碰撞发生的结果。实践中,此类碰撞极为罕见。故意碰撞一般发生在诈骗犯罪、敌对状况等极个别的情况下,不属于海商法的调整范围。

如果船长、船员、引航员或其他相关人员故意碰撞他船或者其他海上财产,除承担全部赔偿责任外,还可能构成刑事犯罪。

**【拓展知识】**

**由于引航员的过失发生碰撞,应由谁承担责任?**

由于引航员过失发生的船舶碰撞,不论该引航是否属于强制引航,被引船的船舶所有人都应对碰撞事故造成的损失负责,而引航当局和引航员本人不负民事赔偿责任。这是世界上绝大多数国家普遍采取的做法。我国《海商法》第 39 条规定,船长管理和驾驶船舶的责任,不因引航员引领船舶而解除。少数国家的法律规定引航当局对引航员的过失引起的碰撞损害给予适当的、有限度的赔偿,而比利时和巴拿马这两个国家的法律规定,因引航员过失造成的船舶碰撞损害,由引航当局承担全部责任。

# 任务三　掌握船舶碰撞损害赔偿

## 【任务分析】

对于船舶碰撞事故的处理,最终要解决的问题是对碰撞损害的赔偿。CMI 早在 1957 年就着手准备制定有关船舶碰撞损害赔偿的国际公约,并于 1985 年出台了《确定海上碰撞损害赔偿的国际公约草案》(以下简称《1985 年碰撞损害公约》)。虽然该草案至今尚未通过,但它却为各国制定国内立法提供了一定依据。我国最高院参照该草案并结合我国有关法律及司法实践,于 1995 年 8 月出台了《关于审理船舶碰撞和触碰案件财产损害赔偿的规定》(以下简称《赔偿规定》)。该规定分别从赔偿的范围、赔偿原则、船舶价值损失、船上财产损失、船期损失、租金或运费损失、设施损害、利息损失的计算等方面做了明确规定,使得解决船舶碰撞损害赔偿问题有了法律依据。

本任务要求同学们掌握船舶碰撞损害赔偿的基本原则、赔偿范围和计算标准,了解双方互有过失碰撞条款。

## 【相关知识】

### 一、船舶碰撞损害赔偿成立的条件

船舶碰撞作为一种海上侵权行为,同其他民事侵权一样,需要构成以下四个要件,损害赔偿才能成立。

#### (一)存在违反避碰规章的行为

发生碰撞的当事船舶存在违反国际海上避碰规则或地方避碰规章的强制性和禁止性规定的行为。如果当事船舶没有违反避碰规章,则碰撞属于意外事故或不可抗力造成的碰撞,当事船舶不承担民事侵权赔偿责任。

#### (二)存在碰撞损害事实

存在碰撞损害事实是船舶碰撞损害赔偿的基础,没有损害的发生,也不存在对损害的赔偿。即使两船发生了直接接触,如果没有造成财产损害,则船舶碰撞损害赔偿也不成立。

#### (三)违反避碰规章的行为和损害事实之间具有因果关系

违反避碰规章的行为和损害事实之间具有因果关系,是指违反避碰规章的行为导致了碰撞的发生以及碰撞损害的出现。如果一船虽有违反避碰规章的行为,但船舶碰撞损害事实并不是因为该违规行为所造成的,则基于该违规行为的损害赔偿仍不能成立。

#### (四)主观上有过错

这是构成船舶碰撞损害赔偿的主观要件。过错包括过失和故意。如果当事船舶在碰撞中既无过失也无故意,则属于无过失碰撞,无须对碰撞的损害做出赔偿。

总之,根据“谁主张,谁举证”原则,船舶发生碰撞后,一方若要求他方承担赔偿责任,需要提供充分证据,只有同时具备上述四个要件时,才发生船舶碰撞的损害赔偿问题。

## 二、船舶碰撞损害赔偿的基本原则

### (一)恢复原状原则

恢复原状(Restitution in Integrum)是指损害赔偿应使索赔方尽可能地接近事故发生之前的状况。它是船舶碰撞损害赔偿的基本原则之一。长期以来,各国在处理船舶碰撞案件时均以此作为衡量受害方追偿权范围的标准。英美法中称之为“完全赔偿权(The Right to a Full and Complete Indemnity)”。

这一原则在《1985 年碰撞损害公约》中第 3 条有明确规定:“碰撞损害赔偿应使索赔方尽量接近索赔事故发生之前的状况”。虽然我国《海商法》中未明文规定恢复原状原则,但是,我国《民法通则》第 117 条第 2 款和第 134 条均将“恢复原状”作为责任人承担民事责任的基本方式之一。此外,我国最高院《赔偿规定》第 2 条也明确规定:“赔偿应当尽量达到恢复原状,不能恢复原状的折价赔偿。”由此表明恢复原状原则在我国已经被确立为处理船舶碰撞损害赔偿的一项基本原则。

在处理船舶碰撞案件,运用该原则时应注意两个问题:①此处的恢复原状不仅表现在民法中物质形态上的恢复原状,更多地表现在责任方的货币补偿上;②恢复原状原则仅适用于船舶碰撞造成的财产损害,而不适用于人身伤亡。

### (二)直接损失赔偿原则

直接损失赔偿(Damages proximately caused by the collision)是指责任方仅对因船舶碰撞造成的直接损失进行赔偿。究竟哪些损失属于直接损失,我国最高院在《赔偿规定》第 1 条第 1 款有明确规定:“请求人可以请求赔偿对船舶碰撞或触碰所造成的财产损失,船舶碰撞或触碰后相继发生的有关费用和损失,为避免或减少损害而产生的合理费用和损失,以及预期可得利益的损失。”据此,可以认为直接损失包括以下四部分:

(1)碰撞直接造成的船货损失、其他财产损失和人身伤亡等。根据我国《海商法》,间接碰撞和浪损类推适用船舶碰撞法,因此,由其造成的船货损失、其他财产损失或人身伤亡也属于碰撞造成的直接损失。

(2)碰撞后相继发生的有关费用和损失。例如,因碰撞造成损害需要拖航或打捞而产生的费用、损失等,均可作为直接损失向责任方追偿。但是,受害方不能追偿因营运损失而失去的投资、投标、贷款等机会的损失。

(3)为避免或减少损害而产生的合理费用和损失,如碰撞后的救助费用等。

(4)预期可得利益的损失。例如,因船舶碰撞导致航次租船合同解除,本应赚取而未赚取的运费损失;货物因船舶碰撞而灭失致使货主不能履行已签订的买卖合同而遭受的损失;因船舶碰撞使渔船错过捕捞季节而损失的生产收益等。

### (三)受损方尽力减少损失原则

在船舶碰撞中,加害方有责任赔偿受害方的损失;而受害方也应尽一切可能减少加害方对其造成的损害,这是受害方对应的义务。海事司法实践一直把“受害方减少损害的相应责任(Correlative duty of injured party to minimize damages)”作为船舶碰撞损害赔偿的基本原则之一。

我国最高院《赔偿规定》也明确了该原则,其第 1 条第 2 款规定:“因请求人的过错造成的损失或者使损失扩大的部分,不予赔偿。”而在其第 1 款里规定“为避免或减少损害而产生的合理费用和损失”可以请求赔偿。因此,当船舶发生碰撞后,受害船舶应尽力采取合理措施，将损失控制在最小范围内。如何衡量受害方是否尽力减少了损失，其标准应该是：作为一个谨慎的船舶管理人，当船舶发生碰撞后，是否会采取同样的措施。

## 三、船舶碰撞损害的赔偿范围和计算标准

### （一）船舶碰撞损害的赔偿范围

船舶碰撞损害赔偿是以碰撞造成的损失为对象的，因而，因船舶碰撞导致的财产损失和人身伤亡就是要赔偿的范围。具体包括以下几方面：

（1）船舶损失。它包括船价贬损、船期损失、打捞费和修理费等。

（2）船上货物及其他船上财产的损失。它包括货物及其他船上财产的灭失或损坏、货物迟延交付所致的损失、合理的修复或处理费、船员和旅客的个人物品损失等。

（3）人身伤亡。它包括船员、旅客或第三方的人身伤亡。因人身伤亡的特殊性，其赔偿形式只能是经济补偿。补偿范围通常包括丧葬费、医疗费、生活补助费和抚恤费等。

### （二）船舶碰撞损害的计算标准

当事方有过失是船舶碰撞损害赔偿成立的要件之一，因此，在进行赔偿计算之前，首先要确定各方过失的大小。若碰撞为单方过失所致，则由过失方在上述确定的赔偿范围内按实际损失赔偿；若碰撞各方互有过失，则由各过失方按自己的过失比例承担赔偿责任。如甲、乙两船发生碰撞，经确定，甲船负30%的过失责任，乙船负70%的过失责任。甲船船舶损失500万元，乙船船舶损失800万元。那么，对此次碰撞造成的损害，甲船将对乙船承担30%的赔偿责任，即甲船赔给乙船240万元；乙船将对甲船承担70%赔偿责任，即乙船赔给甲船350万元；双方冲抵后，即乙船赔给甲船110万元。在船舶碰撞损害赔偿计算中，需要注意以下两个问题。

1. 过失船舶对货物损害进行的赔偿，一般不包括对本船所载货物的赔偿

按照通常的国际海上货物运输合同中免责条款的规定，对于因船长、船员或引航员在驾驶和管理船舶中的过失造成的本船所载货物的损失，本船可以免责。我国《海商法》第51条明确规定了这一免责事项。

2. 关于人身伤亡的损害赔偿

《1910碰撞公约》第4条和我国《海商法》第169条均明确规定，各过失船舶对船舶碰撞造成的第三方的人身伤亡负连带责任。因此，对发生的人身伤亡损害的赔偿，受害者有权向碰撞当事船舶的任何一方提起诉讼，并有权要求其赔付100%的损害。一船连带支付的赔偿超过其应当承担的比例的，对于超过部分，有权向其他有过失的船舶追偿。法律如此规定，旨在确保人身伤亡者的正当权益。

## 四、双方互有过失碰撞条款

### （一）美国不同于《1910碰撞公约》的规定

美国是个判例法国家，并且没有参加《1910碰撞公约》，其在船舶碰撞方面的一些规定与《1910碰撞公约》及大多数航运国家碰撞法律的规定有很大差异，主要体现在以下两方面。

1. 实行平分过失原则

平分过失原则是指只要发生碰撞的两船互有过失，不论过失大小，哪怕一方的过失为99%，另一方的过失为1%，双方也要各自承担50%的碰撞责任。

这一原则在很多情况下显失公平。在美国,尽管联邦最高法院1975年的判例“United Stated诉Reliable Transfer Co. Inc.”案,改变了120多年的做法,将过失比例原则运用于船舶碰撞损害赔偿方面,但是至今仍没有从法律上把该原则确认下来。

## 【议一议】

**平分过失原则与双方疏忽等效原则的异同是什么?**

不同点:平分过失原则强调碰撞双方均有过失,而不论过失程度如何;双方疏忽等效原则强调双方的过失程度相当或无法判定。

共同点:碰撞双方平分过失,各自承担损害责任的50%。

**2. 互有过失双方对财产损害的连带责任**

根据美国判例,互有过失碰撞的双方不仅要对第三方的人身伤亡负连带责任,而且要对碰撞造成的财产损害负连带责任。

**(二)双方互有过失碰撞条款**

双方互有过失碰撞条款(Both to Blame Collision Clause, BTB Clause)是为了应对美国船舶碰撞法的某些特殊规定而制定,并在提单和租船合同中普遍采用的条款。

当两船互有过失发生碰撞导致某货主的货物受损时,假如适用美国法律,两船的责任比例均为50%,则该货主通常无法向承运其货物的一方船舶(承运船)索赔其损失的50%,因为该承运船会以驾驶船舶过失为由主张免责,货主只能向碰撞的另一方船舶(非承运船)索赔其50%的损失。由于美国在船舶碰撞方面的上述有关“财产损害负连带责任”的特殊规定,货主可以向非承运船主张100%的损害索赔,因为非承运船无权免责且承担连带责任。非承运船舶在向货主承担100%的赔偿责任之后,可以就超过其赔偿责任的50%的赔偿责任向承运船追偿。如此一来,承运船无法真正享受到对货主的免责权利。为了解决这一问题,自20世纪50年代起,凡是去美国的载货船舶,都在其提单或租船合同中订入了一个特别条款,使载货船舶的承运人有权向本船货主追回本应免责却如上间接赔付了的50%的货物损害。由于仅在碰撞双方互有过失时才会出现通过主张连带责任而使承运人的免责权利落空的情况,故该特别条款被称为“双方互有过失碰撞条款”。

需要注意的是,该条款在我国是不必要的,也是无效的,因为我国是《1910年碰撞公约》的参加国,我国《海商法》也明确规定,互有过失碰撞双方对财产损害不负连带责任。

## 【案例讨论】

甲、乙两船发生互有过失碰撞,甲船承担70%的碰撞责任,乙船承担30%的碰撞责任,乙船货主损失40万元。根据题意,试分析以下问题:

(1)根据我国《海商法》的规定,乙船货主可从甲、乙承运人处分别获得多少货损赔偿?

(2)若该案在美国审理,乙船货主可从甲、乙承运人处分别获得多少货损赔偿?

(3)若乙船货主持有的提单上载有双方互有过失碰撞条款,乙船货主最终可以得到多少货损赔偿?

# 任务四 了解船舶碰撞事故处理

## 【任务分析】

发生在一国领海内的船舶碰撞,一般应适用该国的法律并由该国法院管辖。但是,大量的船舶碰撞发生于公海,且当事船属于不同国家,如何确定适用于船舶碰撞的准据法及司法管辖权,则成为需要进行国际协调的问题。

本任务要求同学们了解我国法院对船舶碰撞案件的管辖规定、船舶碰撞损害赔偿的法律适用以及碰撞发生后船舶应采取的措施。

## 【相关知识】

### 一、船舶碰撞的管辖权及法律适用

发生在一国领海内的船舶碰撞,一般应适用该国的法律并由该国法院管辖。但是,大量的船舶碰撞发生于公海,且当事船属于不同国家,如何确定适用于船舶碰撞的准据法及司法管辖权,则成为需要进行国际协调的问题。

#### (一)我国法院对船舶碰撞案件的民事管辖权

我国最高人民法院于1986年1月31日通过了《关于涉外海事诉讼管辖范围的具体规定》。根据规定,以下情况我国法院对船舶碰撞案件具有民事管辖权:

(1)在我国港口、内水、领海以及我国管辖的其他海域发生的船舶碰撞案件;

(2)船舶碰撞的受害船或加害船的船籍港为我国港口;

(3)船舶碰撞的受害船最初到达港为我国港口;

(4)船舶碰撞的加害船或属于加害船舶所有人的其他船舶或财产在我国被扣押,或为避免扣押而提供了担保;

(5)船舶碰撞造成中国公民或财产损害,无论碰撞发生于何水域;

(6)船舶碰撞案件的双方协议在我国法院诉讼。

#### (二)船舶碰撞损害赔偿的法律适用

船舶碰撞事故的发生具有随意性,其损害赔偿的法律适用问题在当事人之间不可能有事 先的约定。法院在解决这类海事争议时,首先必须解决其法律适用问题。关于船舶碰撞损害赔偿的准据法主要有以下几种。

1. 侵权行为地法

在一国领海及内水内发生的碰撞,不论是单方面过失还是双方互有过失所致,都是一种侵权行为。只要侵权行为产生了损害,就应以侵权行为地的法律作为准据法,来处理损害赔偿问题。这一原则已为各国海商法所普遍接受。

2. 船旗国法

当船舶在公海上发生碰撞时,由于公海不受任何国家管辖,因而无侵权行为地法可言。然而,任何船舶都受其船旗国法的保护和制约,因此,当在公海发生同一国籍的船舶相互碰撞时,用船旗国法来处理船舶碰撞损害赔偿,则是一件理所当然的事,并为各国海商法普遍接受。

3. 法院地法

当不同国籍的船舶在公海上发生碰撞时，便会产生适用哪个国家法律的难题。在这种情 况下，法院地法原则被人们普遍接受。主张这一原则的人认为，公海上发生的碰撞事故，在既不能适用船旗国法，又没有侵权行为地法的场合，法院地法就成为唯一实际可行的法律。

我国《海商法》273 条规定："船舶碰撞的损害赔偿，适用侵权行为地法律；船舶在公海上发生碰撞的损害赔偿，适用受理案件的法院所在地法律；同一国籍的船舶，不论碰撞发生于何地，碰撞船舶之间损害赔偿适用船旗国法律。"

## 【案例讨论】

1. 一俄罗斯货船"玛沙"号停泊于我国渤海海域，等候进入天津港卸货。突然，海面上刮起八级大风。此时，另一俄罗斯货船迎面驶来，与"玛沙"号相撞。两艘货船及其所载货物都受到不同程度的损失，双方就由此而引起的损害赔偿问题发生争议，协商未果。"玛沙"号所属的轮船公司将此案提交由天津海事法院审理，要求判决对方赔偿由于操作不当而给"玛沙"号造成的经济损失。根据题意，试分析以下问题：

(1) 天津海事法院对船舶碰撞案件是否具有管辖权？

(2) 本案应适用什么法律解决？

2. 一巴拿马籍货船与一美国籍货船在中国的渤海相撞，该案在中国大连海事法院审理。试分析：有关该案的损害赔偿应适用什么法律解决？

**(三) 船舶碰撞管辖权与法律适用的内在关系**

船舶碰撞民事管辖权的选择与船舶碰撞损害赔偿的法律适用，两者属于不同的法律范畴：前者属程序法范畴，后者属于实体法范畴。但它们之间又有着紧密联系：管辖权的选择往往决定了法律的适用。

大量的案例告诉我们，当允许对碰撞案件行使管辖权的选择时，必须十分注意管辖权的选择给法律适用带来的影响。在一般情况下，管辖权的确定直接关系到船舶碰撞案件的审理结果。确定了由哪国法院审理碰撞案件，也就大体上确定了碰撞各方的权利与义务。因此，选择船舶碰撞案件的管辖权，是当事人各方势在必争的。

## 二、船舶在发生碰撞后应采取的措施

船舶在海上发生碰撞事故后，为了减轻损失和便于日后查明原因、判明责任、维护自己的合法权益，除应向公司报告事故情况并按公司指导采取行动外，还应注意依据相关法律和法规做好下列各项工作。

**(一) 自救**

船舶发生碰撞后，应马上根据船员职务规则和船舶应急部署中的有关规定，积极组织应急抢险，以保证人命和财产的安全，并尽量减轻因碰撞而造成的损失，防止损失的进一步扩大。必要的话，可以请求援助。

**(二) 施救义务**

船舶发生碰撞后，在不严重危及本船和船上人员的安全情况下，对于相碰撞的对方船舶和船上人员必须尽力施救。有些国家或地区的海商法规定，如果船长违反该义务，则应负刑事责任。

（三）通知义务

船长在发生碰撞后应当尽可能地将其船名、船籍港、始发港和目的港通知对方。如对方船舶逃离现场，船长应尽可能记下该船船名、特征、逃离方向，并通知附近港口代理，弄清肇事船的具体情况和动向。

（四）详细地收集、记录和保存有关碰撞情况的资料

为了便于碰撞事故的调查处理和保障自己的合法权益，在碰撞事故发生后，船长、船员应当立即尽可能详细地收集、记录和保存有关碰撞情况的资料。这些资料通常包括：碰撞前四个小时的航向（时间、位置、转向等）；碰撞时的天气情况；潮汐和海流状况；碰撞发生时或临近发生前驾驶台上的工作人员；所使用的定位系统；首次观测到他船的时间、视航向、距离和方位、观测方法等；在首次观测到他船时本船的航向、航速、采取的行动等；记录直到碰撞时两船所采取的各次行动及其时间、所发出和听到的声号及时间；碰撞发生前两船之间所进行的任何通信联络的详细情况；发生碰撞的时间、位置、本船艏向、他船艏向、两船之间的接触角、他船的速度；记录碰撞后双方船舶的行动及通信联络的详情；发生碰撞时附近其他船舶的船名及与附近其他船舶的联络情况等。

（五）办理船舶碰撞通知书

船长应尽可能及时地向对方船长提交船舶碰撞事故通知书，简要说明两船碰撞情况，明确由对方承担的事故责任，并要求对方船长在通知书上签字认可。对于对方船长提交的通知书，船长不应承认本船对事故的责任，而只在通知书上签署收到的日期和时间，并保留申诉权。

（六）与他船约定检验地点

若船舶发生在港内或条件许可时，两船船长应约定两船同去某一港口，聘请验船时对两船受损情况进行检验，出具检验报告，明确船舶受损情况，并确定需要修理的项目及预计的修理费金额。

（七）提交海事申明和海事报告

船舶在碰撞发生后抵达的第一港，船长应向港口当局或我国驻外使领馆提交海事报告，取得签证后，抄送对方。如果船舶碰撞发生后，估计货物有可能遭受损害，但损害情况又不明确，则船长在船舶抵达第一港后，同时向港口当局或我国驻外使领馆提交海事申明，取得签证后，抄送货主及其他有关方。

（八）充分准备好碰撞案件调查处理所需的材料

这些材料通常包括：海上事故报告；航海日志、轮机日志和车钟记录簿摘要；标有原航线和船位的原始海图；船舶相对运动图；船舶损坏检验报告及船损证明材料；发生碰撞后的现场书面记录或影视资料；船舶碰撞事故通知书；其他有关材料。

**【测一测】**

**单项选择题**

1. 根据我国《海商法》的规定，双方过失程度相当的船舶碰撞，双方承担责任的原则为__________。

A. 由先有过失一方承担全部责任

B. 由双方平均承担碰撞造成的损失
C. 各自承担各自的碰撞损失
D. 由后有过失一方承担全部碰撞责任

2. 根据我国《海商法》的规定，互有过失双方碰撞承担的碰撞责任，是指________。
A. 民事法律责任　　B. 行政法律责任
C. 刑事法律责任　　D. 民事与刑事法律责任

3. 以下关于“双方互有过失碰撞条款”的说法正确的是________。
A. 使非载货船的承运人有权向另一船的货主追回其已间接赔偿，但应免责的货损
B. 使载货船的货主有权向本船承运人追回其已间接赔偿，但应免责的货损
C. 使载货船的承运人有权向本船货主追回其已间接赔偿，但应免责的货损
D. 使非载货船的货主有权向载货船承运人追回其已间接赔偿，但应免责的货损

4. 根据我国《海商法》的规定，由不可抗力造成的船舶碰撞，承担责任的原则是________。
A. 双方各承担50%的碰撞责任
B. 双方各自承担各自的碰撞损失
C. 按各自的过失比例承担责任
D. 采用法律推定过错责任原则

5. 根据我国《海商法》的规定，由于一船船速过高造成他船船上货物损失，则________。
A. 船速过高的船承担50%的他船货物损失
B. 船速过高的船承担100%的他船货物损失
C. 船速过高的船不承担任何他船货物损失
D. 我国《海商法》无规定

6. 在确定互碰两船过失的所谓特殊原则中，我国承认的原则有________：①最后机会原则；②双方疏忽等效原则；③宾夕法尼亚原则；④事实推定过失原则。
A. ①④　　B. ②④　　C. ②~④　　D. ①~③

7. 我国法院对下列________案件具有管辖权？①碰撞发生在我国港口；②碰撞的受害船最初到达我国港口；③碰撞加害方为避免其船舶在我国法院被扣押，在我国法院提供了担保时；④碰撞船之一的船籍港为我国港口。
A. ①~②　　B. ②③　　C. ③④　　D. ①~④

8. 根据我国《海商法》的规定，当两船碰撞后要求相互通知本船船名等内容。若事故后一船没有通知这些内容，在判定各船承担的碰撞责任时________。
A. 不通知一方一定要承担较大的责任
B. 不通知一方不一定承担较大的责任
C. 我国《海商法》对此有明确的规定
D. 各国法律对此有明确的规定

9. 为了便于碰撞后的举证责任，我国《海商法》规定，碰撞船舶的船长应当尽可能向对方船通知________：①本船的船舶所有人；②本船的出发港口和目的港口；③本船的船籍港；④本船船名。
A. ①~④　　B. ②~④　　C. ①②④　　D. ①~③

10. 一在航船碰撞另一锚泊船，在实行事实推定在航船过失时，锚泊船不需证明________：①在航船有过失的事实；②在航船过失与本船损害间的因果关系；③本船无过失的事实。

A. ①~③　　B. ①②　　C. ②③　　D. ①③

11. 根据《1952 年船舶碰撞民事管辖权公约》，下列________法院，不具有管辖权。

A. 原告所在地

B. 被告所在地

C. 依法扣留属于被告的任何其他船舶的

D. 碰撞发生地

12. 下列________属于间接碰撞。

A. 航行船与锚泊船的锚链相碰　　B. 船舶与码头相碰

C. 三船间的碰撞　　D. 船舶为避免与他船碰撞而搁浅

13. 在 B/L 中或租船合同中加入“互有过失碰撞条款”的目的在于________。

A. 保护承运人或船舶所有人　　B. 保护货主的利益

C. 保护船方与货主的利益　　D. 确定管辖权

14. 在 B/L 中加入“互有过失碰撞条款”的目的主要针对美国在处理碰撞事故的________的做法。

A. 不管各船过失程度大小，实行平分过失原则

B. 互碰两船对人身伤亡承担连带责任

C. 互碰两船对第三者财产损失承担连带责任

D. 互碰两船对第三者财产损失按过失比例承担责任

15.《1910 年碰撞公约》规定，过失双方对碰撞造成的下列损害中，应负连带责任的是________。

A. 船舶损害　　B. 货物损害　　C. 人身伤亡　　D. 污染损害

16. A. B 两船相碰互有过失，A 船有一人受伤，根据《1910 年碰撞公约》规定________。

A. 受伤人员能向 A 船船东要求赔偿

B. 受伤人员能向 B 船船东要求赔偿

C. 受伤人员可向 A、B 两船中任一船东要求全部赔偿

D. 受伤人员应按过失比例分别向两船东要求赔偿

17. 根据我国海商法规定的精神，以下属于海商法调整的船舶碰撞的是________。

A. 海船与码头、栈桥发生碰撞

B. 海船与灯标、灯船发生碰撞

C. 海船与防波堤发生碰撞

D. 海船与他船的锚链发生碰撞

18. 确定船舶碰撞损害赔偿的基本原则包括________：①恢复原状原则；②直接损失赔偿原则；③受损方尽力减少损失原则；④间接损失赔偿原则。

A. ①~④　　B. ②~④　　C. ①②④　　D. ①~③

# 项目六　海难救助

【知识目标】

- 掌握海难救助的构成要件
- 了解海难救助报酬、特别补偿支付的原则
- 掌握《1989 年国际救助公约》主要条款
- 了解海难救助合同的分类及特点

【能力目标】

- 能区分哪些海难救助无须支付报酬
- 知道我国《海商法》第 180 条与第 182 条的关系
- 知道纯救助、合同救助、雇佣救助的区别

【项目介绍】

调整海难救助法律关系的海难救助制度是海商法中一项古老的特殊的法律制度,它以公平原则、公共利益原则和鼓励救助作业原则为其立法的基础,以救助报酬关系为其核心内容。我国《海商法》第九章“海难救助”,一方面吸收了传统的海难救助法律的理论和原则,另一方面引用了《1989 年国际救助公约》的主要内容,反映了当今国际海难救助法律的最新发展。

本项目介绍海难救助的基本知识、救助款项的构成、有关海难救助的国际公约和海难救助合同的主要内容。

## 任务一　掌握海难救助的基本知识

【任务分析】

海难救助(Salvage at Sea)又称海上救助,是海商法所特有的一项法律制度,这是由海上特殊风险决定的。其目的是为了鼓励人们对遇难船舶、货物及其他海上财产实施救助,以尽可能地减少海难造成的损失。船舶一旦在海上或与海相通的可航水域遭遇危险,海难救助就显得尤为关键。

本任务要求同学们掌握海商法意义上海难救助的基本概念、构成要件及海难救助的种类。

【相关知识】

## 一、海难救助的概念

海难救助有广义和狭义之分。广义的海难救助是指对海上遭遇危险的人命和财产的救助。狭义的海难救助，即海商法意义上的海难救助，通常仅限于对遭遇海上危险的财产的救助。这是因为，海商法仅调整有权请求救助报酬的海上救助行为；对于不适宜于请求救助报酬的海上救助行为，如对人命的救助，海商法不作调整。

在不同的救助公约和国内立法中，海难救助的概念也有所不同，主要表现在救助标的范围和适用水域的不同。《1910 年统一海难援助和救助某些法律规定的公约》（以下简称《1910 年救助公约》）第 1 条规定，海难救助是指“对处于危险中的海船、船上财物和客货运费的援助和救助，以及海船和内河船舶相互之间的救助，不论发生在何种水域”。我国《海商法》第 171 条规定，海难救助是“在海上或者与海相通的可航水域，对遇险的船舶和其他财产进行的救助”。

## 二、海难救助的构成要件

有效的海难救助行为的成立，或称救助报酬请求权的成立，须符合以下四个条件。

### （一）被救助物必须是法律承认的

被救助物必须在法律所承认的救助标的范围内，否则，救助人无权请求救助报酬。救助公约及各国法律均规定，救助的标的是物，不包括对人的救助。救助人命是船舶的法定义务，在单独并成功救助了人命的情况下，救助人无权获得救助酬金，除非救助人命的同时又成功救助了财产。

我国《海商法》所承认的被救助物是船舶和其他财产。其中“船舶”，是指该法第 3 条所称的船舶和与其发生救助关系的任何其他非用于军事的或者政府公务的船艇。即救助船和被救助船之一必须是我国《海商法》第 3 条所称的船舶，而另一船可以是非用于军事或政府公务的内河船及 20 总吨以下的小型船艇。船舶属具及船上燃料、物料等，均为救助标的。“财产”，是指非永久地和非有意地依附于岸线的任何财产，包括有风险的运费。即除码头、栈桥、与岸线相连的输油装置、水下电缆等有意地和永久地依附于岸线的财产外，落入海中的货物、脱位的灯船、漂浮在海面并处于危险状态的水上飞机及其他航空器、集装箱等均属于海难救助的标的。此外，我国《海商法》第 173 条规定，海上已经就位的从事海底矿物资源的勘探、开发或者生产的固定式、浮动式平台和移动式近海钻井装置，不属于海难救助的标的。其他财产还包括“有风险的运费”（Freight at Risk），即到付运费（Freight to Collect）。

### （二）被救助物必须处于危险之中

海上危险的存在是救助行为得以产生的前提，船舶或其他财产只有面临可造成损失的真实存在的危险，才有救助的必要。因此，应从以下四个方面理解“危险”。

1. 危险必须发生在海上或与海相通的可航水域

我国《海商法》第 171 条规定，海难救助“适用于在海上或者与海相通的可航水域，对遇险的船舶和其他财产进行的救助”。即危险必须发生在海上或者与海相通的可航水域。《1989 年国际救助公约》做了类似规定。如果在船厂进行修理或建造的船舶发生火灾，则不属于海难救助所指的危险，对此类船舶进行的救助，也就不构成海商法意义上的海难救助。

2. 危险必须是真实存在或不可避免的，但不一定是紧迫的

危险真实存在，即危险是客观真实存在的，而非主观臆断或虚拟的。危险不可避免，是指危险不一定马上发生，但如果不采取措施，此危险最终必定发生。例如，某船在大洋中航行，主机发生故障使船舶失去动力，本船船员无法排除该故障，虽然当时风平浪静，但仍然可以认为船舶处于危险之中，因为一旦天气发生变化，船舶便有倾覆或沉没的危险。

3. 不考虑危险发生的原因

不论危险是由于自然灾害、意外事故造成的，还是由于潜在缺陷造成的，甚至是被救助方的过失或故意造成的，均不影响海难救助的成立。

4. 不要求是船、货双方共同面对的危险

海难救助的危险与共同海损所要求的危险不同，它不要求必须是船、货双方共同面对的。因此，只要船舶或货物有一方面临危险，便可构成海难救助的危险。

**（三）救助行为是自愿的行为**

海难救助遵循自愿救助原则。自愿救助（Voluntary Salvage）是指救助方提供救助服务的自愿和被救助方接受救助的自愿。对救助方来说，自愿是指其在法律上和职责上对遇险的海上财产无强制性的救助义务；对被救助方来说，自愿体现在其有请求救助的权利，也有拒绝救助的权利。

与自愿救助相对的是义务救助。义务救助通常包括法律约束的救助及合同约束的救助两类。

1. 法律约束的救助

（1）公务人员的救助

公务人员，如海军、港区消防人员等，对遇险的船舶、人员及财产实施救助，是他们的法定职责，不以获得救助报酬为对价，无权请求救助报酬。

（2）对人命的救助

国际救助公约和各国海商法均规定，对于海上发现的遭遇生命危险的每一个人，即使是敌人，只要对其船舶、船员和旅客不致造成严重威胁，每一船长都必须施救。有的国家或地区的海商法还规定，如果船长违反这一救助义务，将承担刑事责任。另外，在同一海难中，如果在救助人命的同时，亦有船、货等财产获救，人命救助者有权从财产救助者的救助款项中分享合理份额。

（3）船舶碰撞后的两船互救

《1910 年碰撞公约》和大多数国家的海商法均规定，船舶发生碰撞后，当事船舶的船长在不严重危及本船和船上人员安全的前提下，必须对另一船舶、船员和旅客进行施救。

2. 合同约束的救助

（1）遇难船船员救本船

依据船员雇佣合同，在船舶遇险时，船员有义务对本船及船上财产实施救助，因此，不发生救助报酬请求权。我国《海商法》第 186 条第 1 款也有明确规定，“正常履行托航合同或者其他服务合同的义务进行救助的”，无权获得救助款项。

（2）引航员、拖船在履行其职责范围内对本船的救助

安全地引领、拖带船舶是引航员、拖船的义务，因此，在其正常履行的职责范围内对本船实施的救助，除正常的引航费和拖带费外，无权请求救助报酬。但如果引航员、拖船超过其

职责范围提供救助服务,并且引航员、拖船无过失,则其有权请求救助报酬。

(3)遇难船上的旅客救本船

旅客在乘船期间和船方之间存在旅客运输合同。根据此类合同,旅客对船舶的航行安全同样负有义务,这也符合"同舟共济"的精神。因此,一般认为,旅客对本船实施的救助无权请求救助报酬。

**(四)救助行为必须要有效果**

"无效果,无报酬"(No Cure, No Pay)是目前国际公约和各国海商法所普遍接受的基本原则。"无效果,无报酬",即如果救助方对遇险船舶和其他财产的救助行为不成功(无效果),则无权请求救助报酬;如果救助行为成功或部分成功(有效果),则有权请求救助报酬。对于救助的"效果",应从以下两个方面来理解。

1.直接效果和间接效果

计算救助报酬时应综合考虑直接效果和间接效果。例如船舶搁浅,救助方第一次脱浅未成功,第二次脱浅成功了,则第一次脱浅视为间接效果,第二次脱浅为直接效果。但是,如果第一次脱浅未成功便不再施救,则属于没有效果,无权请求救助报酬。

2.有形效果和无形效果

将船上火灾扑灭,把搁浅船拖下浅滩,向遇险船舶提供燃料、物料等属于有形效果。虽无力救助,但守候在遇险船旁,或尾随护航,或进行通信联系等,这属于无形效果。通常认为,无形效果也有效果,给被救助方精神上的援助,也有权请求救助报酬。

随着原油运输和化学品运输的发展以及海难救助法律制度的不断完善,虽然"救助要有效果"仍是请求救助报酬的必备条件之一,但已不再是海难救助成立的必备条件。也就是说,如果救助没有效果,仅仅是没有救助报酬请求权,但救助的法律关系已经发生,救助的事实仍客观存在。特别是《1989年国际救助公约》关于"特别补偿条款"(Special Compensation)的规定,更是确认了这一发展趋势。

## 三、海难救助的形式

**(一)纯救助**

1.纯救助的概念

纯救助(Pure Salvage)是指救助方在与被救助方无救助合同的情况下,未经被救助方的请求,自行对遇险船舶、货物或其他海上财产实施救助的行为。若救助获得成功,则救助方有权获得救助报酬。这是海难救助的最初形式。

2.纯救助的特点

(1)救助方与被救助方之间无任何救助协议;

(2)救助报酬依据"无效果,无报酬"的原则确定。

3.对"禁止救助权"的理解

在纯救助中,由于救助方是不请自到,为了防止救助方为谋求救助报酬而强行施救,法律赋予了被救助方"禁止救助权",即当被救助方不同意救助方的救助时,有权拒绝。作为对等的义务,法律同时要求被救助方必须明确、合理地做出拒绝。

我国《海商法》第186条第2款也明确规定,救助方"不顾遇险船舶的船长、船舶所有人或其他财产所有人明确的和合理的拒绝,仍然进行救助的,无权请求救助报酬"。但是,如果拒绝不明确、不合理,救助方仍有权请求救助报酬。

由于纯救助中无任何救助协议，实践中常常为救助报酬等引发争议，因此，该救助形式目前已很少采用。

**（二）合同救助**

合同救助（Contract Salvage）是指救助方根据与被救助方签订的以“无效果，无报酬”为原则的救助合同进行的救助。这是目前海难救助普遍采用的形式。

合同救助与合同约束的救助不同。合同救助是在海难发生之后，在进行救助前或在救助过程中，双方根据自愿原则签订救助合同而进行的救助；合同约束的救助是在海难发生之前，救助方与被救助方之间就已经存在某种合同，如拖航合同，救助方根据该合同对被救助方有救助的义务，并据此进行的救助。

**（三）雇佣救助**

雇佣救助（Employed Salvage Service）又称实际费用救助，是指无论救助有无效果，被救助方都要按照救助方所使用的人力和设备情况，按时计付报酬的一种特殊的合同救助形式。

雇佣救助的特点在于，被救助方拥有救助指挥权，并且无论救助是否成功，被救助方都要向救助方支付救助费用。为了鼓励救助方尽力施救，通常还约定，如果救助成功或在约定期限内完成，则按比例增加若干救助报酬。

雇佣救助更多地体现了海上雇用劳务的性质，因此，现代海商法已把它划归为海上服务项目，不再将其列为海难救助的范畴。

### 【案例讨论】

1. 一艘船舶因潮汐的原因而搁浅，本来到了涨潮的时候可以自行起浮，但是另一艘船的船长误认为该船遭遇了搁浅事故而对其实施了救助。

试分析：该救助船能否主张海难救助的救助报酬？

2. 船舶在航行于印度洋时丢失了螺旋桨而又无备件，在此情况下，请求另一艘商船将其拖带到了雅典的一个安全锚地，这一拖带行为被作为海难救助而支付了报酬。但是，由于在雅典没有相应的设备可以安装螺旋桨，而且也没有合适的场所储藏船上的货物，因此，船长又请了第二艘商船将其再拖到另外一个港口。待到达该港口后，被拖方拒绝向第二艘商船支付救助报酬而只同意按照一般的拖带行为支付费用。

试分析：被救助方拒绝支付救助报酬的行为是否合理？为什么？

## 任务二　了解海难救助款项的构成

### 【任务分析】

救助款项是指依照法律规定或合同约定，被救助方应当向救助方支付的任何救助报酬、酬金或者补偿。救助报酬（reward）是指被救助人根据救助成功的程度而支付的费用；酬金（remuneration）是指救助人在成功救助财产的同时救助了人命，对人命救助可以获得的款项；补偿（compensation）是指针对救助方在具有污染环境危险的情况下进行救助而依法应获得的款项。为获得救助报酬或特别补偿，海难救助必须符合其构成要件，而相关数额应当考虑诸多因素。

本任务要求同学们了解救助款项的构成,掌握确定救助报酬应遵循的原则以及特别补偿与救助报酬的关系。

## 【相关知识】

### 一、救助报酬

#### (一)救助报酬请求权的当事人

1. 债权人

救助报酬请求权的债权人是实施海难救助的人。当参加同一救助作业的海难救助方为多人时,各救助人之间救助报酬的分配,由各方协商确定;协商不成的,可以提请受理争议的法院判决或者经各方协议提请仲裁机构裁决。船舶所有人、船长、船员等之间的救助报酬再分配,通常根据船旗国的法律或合同办理。

对于属于同一船舶所有人的姊妹船之间的救助,有关国际公约和各国海商法都承认,实施救助的一方同样有权请求救助报酬。这是因为以下几点:

(1)两船都是独立的船舶,可能涉及不同的船舶保险人,如果船上有货物,则还可能涉及不同的货物保险人。救助报酬最终可能由各保险人承担,并非一定由获救财产的所有人承担。

(2)参加救助的船长、船员有权分得报酬的一部分,这种权利不因被救助船属于同一船舶所有人而被剥夺。

2. 债务人

救助报酬请求权的债务人为被救助船舶和其他财产的所有人。救助报酬应当由获救财产的所有人按照各自获救财产价值占全部获救价值的比例承担。人命获救者无须承担救助报酬。

#### (二)确定救助报酬应遵循的原则

1. 鼓励救助的原则

作为海难救助制度的基本原则,鼓励救助同样应是确定救助报酬的原则。海难救助本身是一种风险较大的海上活动,同时也是救助者进行的一项施善行为,体现了人道主义精神。为了弘扬这种人道主义精神,减少不必要的损失,维护海上航运的安全秩序,在确定救助报酬的时候应体现对救助作业的鼓励,以肯定救助人的救助行为。

2. 救助报酬的金额不应超过获救财产的价值

如果救助报酬超过了获救财产的价值,救助便失去了意义。实践中,救助报酬的确定既不能过低也不能过高:救助报酬过低会打消救助人的积极性,不利于海难救助的实施;救助报酬过高有可能导致遇险人为了选择救助人而拒绝及时救助,从而贻误了最佳救助时机。

通常,救助报酬是用获救财产价值的一个很小的百分比来确定的。根据劳合社自 1971 年到现在的统计,平均救助报酬仅相当于获救船舶价值的 5.4%。

关于获救财产价值(Salved Value)的确定,我国《海商法》第 181 条规定“船舶和其他财产的获救价值,是指船舶和其他财产获救后的估计价值或者实际出卖的收入,扣除有关税款和海关、检疫、检验费用以及进行卸载、保管、估价、出卖而产生的费用后的价值”。该条第 2 款同时规定,船员的获救的私人物品和旅客的获救的自带行李的价值不属于上述获救财产的价值。

3. 救助人有过失,救助报酬予以扣减、免除,甚至赔偿

我国《海商法》第 187 条明确规定“由于救助方的过失致使救助作业成为必需或者更加困难的,或救助方有欺诈或者其他不诚实行为的,应当取消或者减少向救助方支付的救助款项”。

这是一条惩罚性规定,旨在敦促救助人遵循谨慎救助的义务,否则,不但可能得不到救助报酬,还可能要赔偿被救助人因此造成的损失。应注意的是救助方的过失或不诚实行为与实际救助人员个人的过失或不诚实行为应有所区别。如果实际救助人员在救助方的雇佣服务范围内发生的过失或依救助方的指示为其不法利益所做的不诚实行为,就属于救助方的过失或不诚实行为,应多剥夺救助款项;反之,应少剥夺或只剥夺该人自己本来应得到的部分救助款项。比如:某一船员私自偷窃获救财务而剥夺其本人应得的部分,但不能因此剥夺救助方的整个救助款项,否则势必将损害其他无辜的救助人员的利益。救助人承担赔偿责任时,可依据《1976 年海事赔偿责任限制公约》享受责任限制。

**(三)确定救助报酬时应考虑的因素**

救助报酬的确定是海难救助制度中最为复杂的事项之一。尽管当事人双方在海难救助合同中通常都有关于救助报酬的约定,但是由于救助合同大多是在紧急情况下签订的,难免出现不公平或对客观形势估计不足的情况,因此,最后通常都会由相关的法院或仲裁机构重新确定救助报酬。

根据我国《海商法》第 180 条的规定,确定救助报酬,应当体现对救助作业的鼓励,并综合考虑下列各项因素:①船舶和其他财产的获救的价值;②救助方在防止或者减少环境污染损害方面的技能和努力;③救助方的救助成效;④危险的性质和程度;⑤救助方在救助船舶、其他财产和人命方面的技能和努力;⑥救助方所用的时间、支出的费用和遭受的损失;⑦救助方或者救助设备所冒的责任风险和其他风险;⑧救助方提供服务的及时性;⑨用于救助作业的船舶和其他设备的可用性和使用情况;⑩救助设备的备用状况、效能和设备的价值。

## 二、特别补偿

特别补偿制度是海难救助制度的一个新发展,是对传统的救助报酬原则的补充。《1989 年国际救助公约》第 14 条及我国《海商法》第 182 条规定,对构成环境污染损害危险的船舶或者船上货物进行的救助,救助方依法获得的救助报酬,少于可以得到的特别补偿的,救助方有权从船舶所有人处获得相当于救助费用的特别补偿。在任何情况下,全部特别补偿,只有在超过救助方依法能够获得的救助报酬时,方可支付,支付金额为特别补偿超过救助报酬的差额部分。

**(一)救助费用**

救助费用是指救助方在救助作业中直接支付的合理费用以及实际使用救助设备、投入救助人员的合理费用。确定救助费用时应当考虑:救助方提供服务的及时性;用于救助作业的船舶和其他设备的可用性和使用情况;救助设备的备用状况、效能和设备的价值。

**(二)救助报酬与特别补偿的关系**

1. 当救助船舶或财产不成功,防止或减少污染也无效果时

此时,救助人无救助报酬,但是,可以获得相当于救助费用的特别补偿。

2. 当救助船舶或财产成功，防止或减少污染无效果时

此时，救助人有权获得救助报酬，并视情况可能获得一定数额的特别补偿。根据我国《海商法》第182条的规定，如果救助报酬数额大于或等于救助费用，则救助人只能得到救助报酬；如果救助报酬数额小于救助费用，则救助人可得到全部救助报酬以及救助报酬数额与救助费用的差额部分。

3. 当救助船舶或财产不成功，防止或减少污染有效果时

此时，救助人无救助报酬，在一般情况下救助方可以获得相当于100% ~130%救助费用的特别补偿。但是，在特殊情况下，受理争议的法院或仲裁机构认为适当时，可以将特别补偿数额增加到救助费用的130% ~200%。

4. 当救助船舶或财产成功，防止或减少污染有效果时

如果救助报酬大于或者相当于100% ~200%的救助费用，则救助方可获得全部救助报酬，而不另得特别补偿。如果救助报酬小于100% ~200%的救助费用，救助方获得的特别补偿是救助报酬与100% ~200%的救助费用的差额部分。

## 【案例讨论】

甲所有的油船在海上发生了事故，救助公司乙应甲的要求进行救助，但对救助报酬未约定。经过救助，乙公司支出救助费用50万元。根据题意，试分析以下问题：

(1) 如果没有获救财产，但保护了环境，乙能否获得救助款项？向谁主张？为什么？

(2) 如果仅仅救助船员成功，乙公司能否向甲请求酬金？为什么？

(3) 如果获救财产价值为200万元，保护海洋环境有效果。根据双方的协议，按照获救财产价值的20%支付救助报酬。那么，根据我国《海商法》，乙获得的救助报酬和特别补偿分别是多少？

(4) 如果获救财产的价值是700万元，保护海洋环境有效果，根据双方协议，按照获救财产价值的20%支付救助报酬，救助费用的200%支付特别补偿。那么，根据我国《海商法》，乙获得的救助报酬和特别补偿分别是多少？

# 任务三　掌握有关海难救助的国际公约

## 【任务分析】

海上救助的原则虽已被世界各国海商法所确认，但某些具体规定不尽相同。为此，CMI于1910年通过了《1910年救助公约》。该公约体现了海上救助的传统原则，获得了广泛的承认。随着海上财产呈现出的多样化，海上石油运输迅速增加和有毒有害物质运输的相继出现，救助风险更加突出和严重，《1910年救助公约》已经不能适应实际的需要。1989年国际海事组织(International Maritime Organization, IMO)通过了《1989年国际救助公约》。

本任务要求同学们掌握《1910年救助公约》确定的基本原则，《1989年国际救助公约》相比《1910年救助公约》的主要变化。

## 【相关知识】

### 一、《1910 年救助公约》

该公约全称是《1910 年统一海难援助和救助某些法律规定的公约》(*Convention for the Unification of Certain Rules of Law Relating to Assistance and Salvage at Sea*, 1910)。该公约于1910 年 9 月 23 日在布鲁塞尔召开的第三届海洋法外交大会上通过,1931 年 3 月 1 日生效。该公约对统一海难救助的法律制度起到了重要的作用,得到了国际上的广泛承认。截至2009 年 12 月 31 日,加入该公约的国家和地区有 86 个。我国未加入该公约。该公约的主要内容如下。

#### (一)该公约的适用范围

该公约规定救助服务既适用于海上航行,也适用于内河航行,但不适于军用船舶或专门用于公务的政府船舶。同时规定若所有利害关系人和受理案件的法院都属于同一个国家,则应适用该国国内法,而不适用该公约。

#### (二)"无效果,无报酬"原则

该公约第 2 条规定,救助行为有效果,可以获得公平的报酬。救助没有效果,则无权要求任何报酬。在任何情况下,所支付报酬的金额都不得越过被救助财物的价值。

#### (三)救助报酬的请求权

该公约第 3 条规定,经被救助船舶明白合理地拒绝,仍参与救助工作的人,无权要求任何救助报酬。拖船对于被拖船或其货物的救助,无权要求救助报酬,但施救行为已超出拖带合同的,不在此限。属于同一船舶所有人的船舶之间的救助,也应给予救助报酬。

#### (四)救助报酬的确定

救助报酬的金额由当事人协议决定;协议不成的,由法院决定。救助人之间分配报酬的比例,也同样处理。救助船舶的船舶所有人、船长和船员之间报酬的分配,依船旗国的法律办理。

#### (五)对协议的修改

为了保证救助协议的公平性,该公约第 7 条规定,在危险威胁情况下订立的任何救助协议,经当事人一方请求,如法院认为协议的条件不公平,则可以宣告该协议无效或加以变更。

#### (六)确定救助报酬金额的因素

该公约第 8 条规定,在确定救助报酬时应考虑下列因素,并由法院依具体情况决定:①救助获得效果的程度;②救助人的努力与成绩;③被救助方面临危险的程度;④救助工作所用时间、所耗费用及所受损失;⑤救助人所冒责任上的风险和其他风险;⑥被救助财产的价值。

该公约同时还规定,人命救助者不得向获救人员索取报酬,但对于船舶、货物及其附属品的救助者所获的报酬,有权取得公平的分配份额。

#### (七)诉讼时效

该公约规定救助报酬请求权的时效为 2 年,自救助行为终止之日起计算。该时效可依受诉法院地法中止或中断。

## 二、《1989年国际救助公约》

### (一)《1989年国际救助公约》产生的背景

《1910年救助公约》生效以来,在国际海难救助实践中起到了非常重要的作用。但是随着航运业的发展,特别是海上油污问题的日趋严重,《1910年救助公约》的规定已不能更好地适应新的要求。这主要体现在下述方面:①救助标的等因素的变化使海难救助成立的条件发生了变化;②公约未明确船长签订救助合同的权力;③以油船为代表的高污染、高危险性船舶的出现对"无效果,无报酬"原则提出了挑战。因此,需要制定新的公约来解决上述问题。经过酝酿,《1989年国际救助公约》(*International Convention on Salvage*, 1989)便于1989年4月在伦敦召开的外交大会上产生了。该公约已于1996年7月14日生效,我国是该公约的缔约国。截至2014年12月9日,加入该公约的国家和地区有65个。

### (二)《1989年国际救助公约》的主要变化

《1989年国际救助公约》共分5章35条,与《1910年救助公约》相比,其主要变化有以下几点。

1. 扩大了公约的适用范围

《1910年救助公约》仅适用于当事一方为缔约国的救助,而《1989年国际救助公约》规定只要是在缔约国提起的有关救助的诉讼或仲裁均可适用该公约。因此,即使救助双方的船旗国均不是缔约国,只要其中的一方到缔约国提起诉讼或仲裁,即可适用该公约。

该公约适用范围的扩大还表现在地理范围上。根据该公约第1条的规定,救助作业"系指可航水域或其他任何水域中援救处于危险中的船舶或者任何其他财产的行为或活动"。可见这里的救助不限于海难救助,在不与海相通的内陆水域发生的救助也包括在内。我国在加入该公约时对此做了保留。

2. 扩大了救助标的范围

为了顺应海上财产多样化的形势,《1989年国际救助公约》规定的救助标的从《1910年救助公约》的"海船、船上财产和客货运费"扩大为"船舶或任何其他海上财产"。

3. 增加了特别补偿条款

特别补偿条款(Special Compensation Clause)是《1989年国际救助公约》的重要特点。该公约第14条规定,当船舶或船上货物对环境构成损害威胁时,救助人对其进行了救助作业,但救助无效果或者效果不明显,且未能防止或减轻环境污损,根据该公约第13条(评定报酬的标准)确定的救助报酬少于其救助费用时,救助人有权获得相当于该救助费用的特别补偿。如果救助人在实施救助作业的同时,防止或减轻了环境污损,特别补偿可以增加至救助费用的130%,在特别情况下,法院或仲裁庭可以将此项特别补偿增加至救助费用的200%。

其中,"环境损害"是指"由污染、沾污、火灾、爆炸或类似的重大事故,对人身健康,对沿海、内水或其毗连区域中的海洋生物、海洋资源所造成的重大的有形损害(Substantial Physical Damage)"。

另外,该公约规定,适用特别补偿条款的前提条件是,特别补偿额高于根据该公约第13条确定的救助报酬,即救助人获得的救助报酬少于其花费的救助费用,此时,特别补偿只支付该项差额。同时,该公约还规定,如果由于救助人的过失导致未能防止或减轻环境污损,则可全部或部分剥夺其获得特别补偿的权利。

4. 明确了船长在签订救助合同上的代理权

该公约第6条第2款规定,“船长有权代表船舶所有人签订救助合同。船长或船舶所有人有权代表船上财产所有人签订此种合同”。这是首次以公约的形式明确船长的这一法定代理权,对于及时救助处于急迫危险中的船舶非常有利。值得注意的是,船长的这一权利并没有剥夺船舶所有人签订救助合同的权利,同时,在时间允许的情况下,船长仍应征求船舶所有人的意见。

5. 增加了一些新条款

(1)被救助方接受获救财产的义务。

(2)获救财产所有人提供担保的义务。

(3)获救财产所有人先行给付的义务等。

此外,《1989年国际救助公约》还增加了救助作业实施一章,规定了有关救助当事人在救助作业中的义务,救助人救助海上人命的义务以及公约成员国之间的合作问题等。

# 任务四　了解海难救助合同

## 【任务分析】

自1891年英国律师威廉姆·瓦尔敦设计“劳氏救助标准合同格式(Lloyd's Open Form, LOF)”以来,该合同格式几乎每十年修订一次,但是,“无效果,无报酬”的核心原则,即救助报酬主要取决于获救船舶和货物价值的原则从未改变。各种不同的LOF合同被广泛地使用在救助作业中,取得了“准公约”的法律地位,对各国海事立法产生了重要的影响。

本任务要求同学们掌握“无效果,无报酬”合同的主要特点,了解LOF标准合同格式主要版本的特点。

## 【相关知识】

### 一、海难救助合同的概念

海难救助合同(Contract of Salvage)是指救助人与被救助人之间在海难救助开始之前或者在海难救助过程中达成的,以双方的权利和义务、各自的职责以及救助报酬或特别补偿的给付为主要内容的协议。

我国《海商法》第175条规定,救助方与被救助方就海难救助达成协议,救助合同成立。实践中,救助合同尽管以书面形式为主,但是也可以采用口头形式订立。

### 二、“无效果,无报酬”救助合同的特点

“无效果,无报酬”救助合同是以“无效果,无报酬”为原则签订的救助合同。其通常具有以下特点。

#### (一)“无效果,无报酬”救助合同是具有风险性质的双务合同

在“无效果,无报酬”的救助合同中,救助人一方的义务是提供救助服务,其权利是获得救助报酬;被救助人一方的义务是支付救助报酬,其权利是获得救助服务。但与一般双务合

同所不同的是,救助人获得救助报酬的权利和被救助人支付救助报酬的义务不是在合同成立时就存在的,救助人取得救助报酬只是一种可能性。从债权债务关系上讲,合同双方有关救助报酬债权债务关系的真正形成是在救助有了效果之后,而不是在合同订立时。

**(二)"无效果,无报酬"救助合同在很多情况下是由救助人与被救助人的代理人签订的**

"无效果,无报酬"救助合同在很多情况下是由当事船舶的船长作为代理人签订的。在被救助人一方,由遇险船的船长代表遇险船的船舶所有人以及船上所载货物的货主签订;在救助人一方,则是由救助船的船长代表救助船的船舶所有人签订。

**(三)"无效果,无报酬"救助合同并不是一种完全由当事人意思自治的合同**

由于救助合同往往是在情况危急的条件下订立的,双方一般没有充分的时间公平地对合同条款进行协商,作为救助合同重要内容的救助款项往往取决于多种因素,签订合同时的判断有可能与实际救助时的状况不一致,从而可能出现显失公平的情况。为了防止这些原因给当事人带来不利,有关法律和公约一般对此类合同进行一定的干预,通常规定,如果出现法律规定的特定情况时当事人可以通过仲裁或司法程序对救助合同的内容进行变更。例如,我国《海商法》第 176 条规定:有下列情形之一,经一方当事人起诉或者双方当事人协议仲裁的,受理争议的法院或者仲裁机构可以判决或者裁决变更救助合同:①合同在不正当的或者危险情况的影响下订立,合同条款显失公平的;②根据合同支付的救助款项明显过高或者过低于实际提供的救助服务。《1989 年国际救助公约》也做了类似的规定。

## 三、海难救助合同的标准格式

### (一)英国劳氏救助合同标准格式

海难救助一般都发生在危急时刻。为了避免救助人与被救助人在救助报酬、双方权利和义务、争议的解决等问题上争论不休而延误救助,给双方带来不应有的经济损失,主要航运机构均制定有自己的海难救助合同格式。

劳氏救助标准合同格式的主要内容包括:①由遇难船船长代表船舶、货物或运费所有人签订救助合同,船舶、货物、运费所有人有义务保证合同的执行,各负其责。②救助成功,救助方获得救助报酬;救助仅获部分成功,救助方也享有合理的报酬;因救助报酬而引起的争议,或因执行合同而发生的其他争议,应提交英国劳氏委员会仲裁。③救助方为了救助的目的,可合理地免费使用遇难船舶的某些设备,但不应使其遭受不必要的损坏。④救助工作终了后,救助方应立即或尽早通知劳氏委员会收取担保金,在收取担保金之前,救助方对获救财产享有留置权。

劳氏救助标准合同格式自问世以来多次修订,不断适应海难救助业的发展。其中最具有影响力和变化最大的修改是 1980 年、1990 年和 2000 年的修订。

1980 年的重要修改是,对"无效果,无报酬"原则做了例外规定,使救助方在救助遇险油船时,只要无过失,油船所有人就应向救助方支付救助费用和不超过该费用 15% 的附加费,即使救助不成功。

1990 年的修订则将特别补偿的适用范围由满载的油船,扩展至任何对环境构成污染威胁或损害的船舶或者货物,将补偿数额由 15% 增加到 30% 甚至 100%,并将船上任何其他财产纳入救助标的范围,要求救助方除了防止船舶漏油外,还要防止任何其他污染物质所致的环境损害,即《1989 年国际救助公约》有关特别补偿的内容已纳入了 LOF1990。

LOF2000 相比以前各版本,在内容和格式上做了很大的修改,用简明的文字替换了原先占有很大篇幅的担保条款、仲裁条款、上诉条款、付款规定等内容。LOF2000 最大的特点之一,是在条款主文中将“船东互保协会特别补偿条款(Special Compensation of P&I Clause, SCOPIC)”作为备选项供当事人选择适用。

**(二)SCOPIC 条款的并入**

由于《1989 年国际救助公约》特别补偿条款在操作层面上产生了许多问题,使得特别补偿的计算特别复杂,为此,国际救助联盟、国际船东互保协会集团、财产保险人与国际航运公会四方代表经过反复磋商,形成了 SCOPIC。该条款于 1999 年 8 月 1 日生效。

SCOPIC 条款是确定根据固定的拖船、设备和人力使用的情况计算向救助人员支付特别补偿的机制。SCOPIC 条款规定向救助人员支付的补偿不考虑救助相关财产的努力是否获得成功,因此它是关于海上救助“无效果,无报酬”基本原则的例外。SCOPIC 稍作修改就可作为补充条款并入 LOF2000,一旦并入,救助人员可在其所选择的任何时间通过向被救助船舶的船东提交书面通知而适用该条款。要求支付 SCOPIC 救助报酬时,不考虑救助是否成功,不考虑是否对环境造成威胁,也不考虑救助作业的地理位置。

**(三)中国海事仲裁委员会标准救助合同**

该合同格式是中国海事仲裁委员会于 1994 年制定的,其主要参考了《1989 年国际救助公约》及劳氏救助标准合同格式。

该格式的主要内容:①由船长代表船舶、货物和运费所有人签订合同,船舶、货物、运费所有人应各负本合同规定的责任。②救助方应以应有的谨慎救助船舶及船上货物、运费、燃料、物料和其他财产,并将它们送到商定的其他地点;如果没有上述约定或商定地点,可送往任一安全地点。③被救助方应与救助方通力合作,包括获得准许进入合同第一条规定的地点;免费提供救助方合理使用船上的机器、装置、设备、锚、锚链、物料和其他属具,但救助方不应无故损坏、抛弃或牺牲上述物件或者其他被救财产。④救助方对本合同规定的救助标的进行救助,取得效果(包括取得部分效果)的,有权获得救助报酬;未取得效果的,无权获得救助报酬。⑤因救助报酬而引起的争议,或因执行合同而发生的其他争议,应提交中国海事仲裁委员会解决等。

## 四、遇险船船长在救助作业中应注意的问题

发生海难后,遇险船的船长为保障船舶和人员安全,保护船舶所有人的利益,应注意以下事项。

**(一)船长对遇险船舶、货物以及其他财产的施救义务**

船舶遇险后,船长首先想到的应该是组织船员积极自救,这是船长应尽的义务。许多国家的海商法规定,船长违反这一义务将承担法律责任。若自救无法摆脱危险,便积极寻求外部援助。

如果船长认为船舶沉没、毁灭不可避免,可以做出弃船决定;但是,除紧急情况外,应当将弃船决定报经船舶所有人同意。弃船时,船长应采取一切措施,首先组织旅客离船,然后安排船员离船,船长最后离船。离船时,船长应指挥船员尽力将航海日志、轮机日志、无线电日志、油类记录簿、本航次使用过的海图和文件,以及贵重物品、邮件和现金等带离船。

**(二)船长有权代表遇险船舶、货物以及其他财产所有人签订救助合同**

有关国际公约和各国海商法都明确规定了船长的这一项法定代理权。被救船的船长应该非常清楚自己的这项权利,并应视情况及时签订救助合同,以免贻误最佳救助时机。为了

保护船舶所有人的利益，船长也不应轻率地签订救助合同。如果情况允许，船长在签订救助合同前应征得船舶所有人的同意。

**（三）船长有权选择救助人**

实践中，若情况不是十分紧急，多数时候由船舶所有人对救助方进行选择并签订救助合同。若情况紧急，需要船长签订救助合同时，遇险船的船长应该注意对救助方进行选择，选择救助方时应综合考虑技术水平、报酬高低、信誉情况以及友善关系等：尽量选择船舶保险公司或保赔协会推荐的救助人；当船舶所处危险较大，救助可能性较小时，应选择"无效果，无报酬"合同救助；当船舶所处危险较小，救助可能性较大，尤其是船舶出事地点离岸较近，需要的只是良好气候下的拖带时，应选择雇佣救助。我国船舶应尽量选择中国海事仲裁委员会制定的救助合同格式，以便一旦发生争议，在我国仲裁解决。

**（四）特别注意与确定救助报酬有关的因素**

在整个救助过程中，被救船船长应特别注意与确定救助报酬有关的因素，最好指定专人对各种情况做详细记录。记录的内容通常包括：双方协议的详细内容、救助方到达的时间、救助开始时间、当时的天气海况、采取的救助措施、使用的工具器材、救助的成效等等。这些记录的信息日后都将成为解决救助报酬的重要证据材料。

**（五）明确救助双方的义务**

签订救助合同后，在救助作业过程中应明确救助双方所负的义务。

我国《海商法》第177条规定，在救助作业过程中，救助方对被救助方负有下列义务：①以应有的谨慎进行救助；②以应有的谨慎防止或者减少环境污染损害；③在合理需要的情况下，寻求其他救助方援助；④当被救助方合理地要求其他救助方参与救助作业时，接受此种要求，但是要求不合理的，原救助方的救助报酬金额不受影响。

我国《海商法》第178条规定，在救助作业过程中，被救助方对救助方负有下列义务：①与救助方通力合作；②以应有的谨慎防止或者减少环境污染损害；③当获救的船舶或者其他财产已经被送至安全地点时，及时接受救助方提出的合理的移交要求。

**【测一测】**

**单项选择题**

1. 根据我国《海商法》的规定，海难救助适用于________。
   A. 在海上或与海相通可航水域内的救助
   B. 在公海上的救助
   C. 在湖泊中的救助
   D. 内水的救助
2. 我国《海商法》海难救助适用的船舶是________。①海船；②军事船艇；③政府公务船艇；④海上移动装置。
   A. ①～④　　B. ①②④　　C. ②～④　　D. ①④
3. 我国《海商法》规定的海上救助的财产是________。①船舶；②有风险的运费；③非永久和非有意依附于岸线的任何财产；④已就位的从事海底勘探开发的钻井装置。
   A. ①～④　　B. ①②④　　C. ①～③　　D. ①③④
4. 根据我国《海商法》的规定，当双方签订的救助合同________时，经一方起诉或双方协议仲裁,法院或仲裁机构可以变更合同。①合同在不正当情况的影响下订立,合同条款显失公正;②合同在危险情况的影响下订立,合同条款显失公正;③合同由救助船与被救助船的船舶所有人签订时;④合同中规定的救助款项明显过高或过低。

A. ①~④　　B. ①③④　　C. ①~③　　D. ①②④

5. 根据我国《海商法》的规定,在救助作业过程中,救助方对被救助方的义务:①以应有的谨慎进行救助;②以应有的谨慎防止或减少污染;③在合理时寻求其他救助方;④接受被救助方要求其他救助方参加的合理要求。

A. ①~④　　B. ①②④　　C. ②~④　　D. ①③④

6. 根据我国《海商法》的规定,在海上救助作业过程中,被救助方对救助方承担的义务:①与救助方全力合作;②以应有的谨慎防止或减少污染;③及时接受救助方提出的合理的财产移交要求;④先行给付一定数额的救助费用。

A. ①~④　　B. ①~③　　C. ②~④　　D. ③④

7. 在海上由于遇险方呼救,救助方到达事故现场后没与遇险方签订任何救助合同,遇险方也没有合理拒绝,则该救助人救助成功后,________。

A. 可按"无效果,无报酬"原则请求报酬

B. 可按雇佣救助合同请求救助报酬

C. 可按比一般标准救助合同更高的数额请求救助报酬

D. 救助人不能请求救助报酬

8. 根据我国《海商法》的规定,在确定救助人的救助报酬时,考虑的是________。

A. 船员物品获救的价值　　B. 船上旅客物品获救的价值

C. 船舶属具获救的价值　　D. 旅客自带行李获救的价值

9. 根据我国《海商法》的规定,救助人对构成环境污染损害危险的船或船上货物进行救助,若获得的救助报酬少于特别补偿时,还有权获得其差价。在确定救助费用时,应考虑的因素:①救助方所用时间;②救助方提供救助服务的及时性;③用于救助作业的船舶和其他设备的可用性和使用情况;④救助设备的备用状况、效能和设备的价值。

A. ①~④　　B. ②~④　　C. ①③④　　D. ①②④

10. 根据我国《海商法》的规定,当对同一次事故有若干救助人参加救助并救助成功时,各救助方救助报酬的确定标准是________。

A. 按各自在救助作业中所承担的责任风险确定

B. 按各自救助的财产价值计算

C. 按法定的确定救助报酬的因素确定

D. 按参加救助作业的先后顺序比例确定

11. 根据我国《海商法》的规定,当有X和Y两个救助人参加了同一事故的救助作业,其中X只救助了人命,而Y只获得了特别补偿,则X救助人________。

A. 不能获得任何酬金

B. 只能向Y要求合理份额的救助款项

C. 只能向被救人命的雇佣人要求一定的酬金

D. 只能向船舶所有人要求一定的酬金

12. 根据我国《海商法》的规定,在下列________情况下,应当取消或者减少救助人所得的救助款项:①由于救助人的过失增加了救助作业的难度;②由于救助人的过失致使救助作业成为必需;③救助方有欺诈或不诚实行为;④ 由于被救助人实施了禁止救助权。

A. ①~④　　B. ①~③　　C. ②~④　　D. ①③④

13. 根据《1990 年劳氏救助标准合同》,特别补偿________。

A. 仅适用于对载货油船所进行的救助

B. 适用于对海洋环境污染构成危害的任何船或货

C. 仅适用于满载的油船

D. 仅适用于半载或满载的油船

14. 《1989 年国际救助公约》与《1910 年救助公约》相比,其最根本的区别是________。

A. 完善了救助报酬的计算方法

B. 鼓励保护海洋环境

C. 完善了考虑救助报酬时应考虑的因素

D. 增加了救助人的责任限制

15. 根据我国《海商法》的规定,当救助人对具有海洋污染危险的船舶或货物进行了救助后,所得的救助报酬小于依法所得的特别补偿,则________。

A. 救助人不但可以获得全部的救助报酬,还可获得全部的特别补偿

B. 救助人只能获得救助报酬,不能获得特别补偿

C. 救助人能获得救助报酬、特别补偿和救助报酬的差额部分

D. 只能获得救助报酬或特别补偿之一

16. 目前关于海上救助的法律和国际公约,所调整的主要不是________。

A. 雇佣合同救助　　B. 纯救助

C. "无效果,无报酬"救助　　D. "无效果,无报酬"的合同救助

17. 根据海难救助的法律规定,船舶所有人所拥有船舶之间的相互救助仍需支付救助报酬,是由于________。

A. 对救助行为进行的确认

B. 对救助报酬一般不发生争议

C. 救助报酬一般并非由船舶所有人支付

D. 救助报酬一般比较低

18. 下列________可认为是海难救助:①遇难船船员缺乏,暂借船员进行操作;②警告乘船前面是危险区,并报出正确航向;③等待在遇难船旁边,当需要时立刻救助;④向遇险船提供燃料和物料。

A. ①~④　　B. ①~③　　C. ②~④　　D. ①③④

19. 雇佣救助的特点包括________。①不管救助是否取得效果,被救助方均应支付救助报酬;②救助指挥权在遇险方;③雇佣救助是现代海商法主要的适用对象;④雇佣救助体现了海上雇佣劳务的性质。

A. ①~④　　B. ②~④　　C. ①③④　　D. ①②④

20. 船舶遇难时,遇难船船长在考虑选择救助合同方面,如船舶所处危险较大,救助可能

性较小时，应选择________；如船舶所处危险较小，救助可能性较大，应选择________。

A. 都应选择“无效果，无报酬”合同

B. 都应选择雇佣救助合同

C.“无效果，无报酬”合同；雇佣救助合同

D. 雇佣救助合同；“无效果，无报酬”合同

21. 在下列中，________属于海上救助中认可的标的。

A. 预付运费　　B. 船员个人财产

C. 船舶属具　　D. 就位的灯船

22. 根据我国《海商法》的规定，救助所获得的特别补偿的数额最高为救助费用的________。

A. 100%　　B. 30%　　C. 130%　　D. 200%

23. 根据《1989 年国际救助公约》规定，每一救助船的所有人、船长及其他工作人员之间的报酬分配应根据________加以确定。

A. 法院地法律　　B. 船旗国法律

C. 该公约的规定　　D. 船长或船舶所有人的决定

# 项目七　共同海损

**【知识目标】**

●掌握共同海损的构成要件
●掌握共同海损的表现形式
●了解共同海损与过失的关系
●了解共同海损理算及共同海损事故处理

**【能力目标】**

●能区分单独海损与共同海损
●能列举出共同海损牺牲和共同海损费用的主要项目
●知道《约克—安特卫普规则》的性质和主要内容

**【项目介绍】**

共同海损事故是船舶在海上运输中发生的一种特殊的海损事故，处理这类事故的法律规定是海商法中特有的、历史悠久的法律制度。海运的高风险性决定了海损事故发生的不确定性，如果海损事故发生后由船方或货主单独承担因此造成的损失，势必影响航运业的发展。因此，根据公平原则和促进航运发展的原则，各国建立了在共同海损事故中由受益的利害关系人分摊共同海损损失的补偿制度。我国《海商法》“共同海损”一章，是根据我国共同海损理算的实践经验，参照《1974 年约克—安特卫普规则》制定的，明确了共同海损的定义、共同海损牺牲和共同海损费用的确定、共同海损请求的举证责任及共同海损的分摊等。

本项目介绍共同海损的基本知识、共同海损与过失的关系、共同海损损失表现形式及共同海损理算的基本知识。

## 任务一　掌握共同海损的基本知识

**【任务分析】**

海损(Average)是指在海上运输中，因自然灾害、意外事故或其他特殊情况引起的船舶、货物或其他海上财产的损失和支出的费用。按损失的性质划分，海损可分为单独海损和共同海损。单独海损(Particular Average，PA)是指自然灾害、意外事故或其他特殊情况所直接造成的船舶、货物或其他海上财产的损失和支出的费用。共同海损(General Average，GA)

与单独海损在损失的起因、损失承担方面有很大的区别。

本任务要求同学们掌握共同海损的基本概念、构成要件，了解共同海损与过失的关系。

## 【相关知识】

### 一、共同海损的概念

共同海损是指在同一海上航程中，船舶、货物和其他财产遭遇共同危险，为了共同安全，有意地、合理地采取措施所直接造成的特殊牺牲、支付的特殊费用。

广义的共同海损是一种海损分摊制度，由共同海损行为、共同海损损失、共同海损分摊等组成。

## 【议一议】

**共同海损与单独海损的区别**

实践中，单独海损和共同海损往往交织在一起发生，而且，共同海损在很大程度上是为了防止或减轻单独海损而发生的。两者有明显的界线，具体表现在以下方面：

(1)造成损失的原因不同。单独海损完全是由自然灾害、意外事故或其他特殊情况所直接造成的；而共同海损则是当同一海上航程中的船舶、货物和其他财产遭遇了共同危险后，为了共同安全，有意地、合理地采取某种措施所造成的。

(2)承担损失的方式不同。对于属于单独海损的损失，由受损方自行承担；对于共同海损牺牲和费用，则由该共同海损行为的各受益方共同承担。

### 二、共同海损成立的要件

根据我国《海商法》关于共同海损的规定，共同海损的成立须满足以下要件。

#### (一)海上财产遭遇了共同的危险

1. 海上财产处于同一海上航程中

海上财产中有很多不同的利益方，通常包括船舶、货物、运费等的权利人。共同海损成立的前提首先是存在两个或两个以上的利益方。如果只存在一个利益方，发生任何危险均谈不上是共同危险，也就不可能构成共同海损。例如，船舶空载状态下发生的任何危险，都不可能构成共同海损。因此，要构成共同海损，不同利益方的海上财产要处在同一海上航程(Common Maritime Adventure)中。只有海上财产处在同一海上航程中，才有可能面临共同危险。

2. 危险必须是海上财产所共同面对的

这是指该危险危及船舶、货物等共同的安全，若不及时采取措施，船舶、货物等均有灭失或损坏的风险。因此，若只有一方面临危险，便不能构成共同海损。例如，船上载运一批牛羊，途中因遭遇恶劣天气延长了航行时间，导致船上的饲料被消耗殆尽，牛羊面临饿死的危险，于是挂靠附近某一港口添加饲料并因此产生额外费用。该危险便不是共同的，因为船上缺少饲料对船舶和其他货物并无危险。由此产生的额外费用也就不能作为共同海损。

3. 危险真实存在或不可避免

同“海难救助”一章中介绍的“危险”一样，此处的“危险”也必须是真实存在的，即非主观臆断或虚拟的危险，但并不要求必须是已经发生的危险或马上要发生的危险。

**(二)共同海损措施是为了共同安全,有意、合理采取的**

1. 采取共同海损措施的目的是为了船、货共同的安全

通过采取措施以尽可能避免或减少共同危险可能造成的财产损失。因此,仅仅是为了一方的安全而采取的措施不属于共同海损措施。例如,为了避免冷藏货物损坏而修理冷冻系统设备,该行为就不属于共同海损行为。

2. 共同海损措施是有意采取的

有意的措施(Intentional Act)是指明知会造成船舶或货物的损失或者费用,但为解除共同危险,防止船货遭受更大损失,不得已主动采取的措施。例如,为了避免船、货沉没而故意搁浅;为了脱浅而抛弃部分货物。

3. 共同海损措施必须是合理的

合理的措施(Reasonable Act)是指船长在采取共同海损措施时有合理的依据认为该措施更有助于避免危险或者使船、货更安全,同时所采取的措施又不超过实际需要,即本着以最小的损失换取船、货共同安全的原则而采取措施。例如,在为脱浅而抛弃货物时,在等效的情况下抛弃廉价的货物。某一共同海损措施是否合理,通常根据当时的客观条件、措施的可行性以及获得的客观效果等做出判断。

**(三)共同海损措施必须有效果**

共同海损措施有效果(Useful Effect)是指采取的措施,使得船、货所面临的共同危险得到了解除或缓和,船舶、货物得以全部或部分获救或者保全。

共同海损制度的精髓在于受益人分摊共同海损,如果采取的措施没有效果,即没有财产获救,也就无受益人可言,从而失去了分摊共同海损的基础。共同海损措施有效果,并不是要求船舶和货物必须全部获救,部分财产获救仍然认为有效果。

**(四)共同海损损失必须是共同海损措施所直接造成的特殊损失**

1. 共同海损损失必须是共同海损措施的直接后果

共同海损事故发生后,有很多方面的损失都和共同海损事故存在一定联系,但是只有共同海损措施所直接造成的损失才能作为共同海损损失参与分摊。如何判断一项损失是否属于共同海损损失,需要根据具体情况做出判断。多数人认为,在采取共同海损措施时,所有能被合理地认为是船长可以预见到的损失均属于共同海损措施的直接损失。我国《海商法》第193条第2款规定:"无论在航程中或者在航程结束后发生的船舶或者货物因迟延所造成的损失,包括船期损失和行市损失以及其他间接损失,均不得列入共同海损。"

2. 共同海损损失是特殊的

共同海损损失是特殊的(Extraordinary),是指在正常情况下该损失不会发生,而是由于船长采取共同海损措施才发生的损失。例如,为扑灭火灾而造成的货物湿损;船舶在海上失去动力,用拖船拖带而支出的拖带费等,均属于共同海损损失。船舶因遭遇海难事故而驶入避难港修理,发生了港口使费、燃料费等损失,如果该避难港不是本航次的预定挂靠港,则该损失属于共同海损损失;反之,如果该避难港正好是本航次的预定挂靠港,则该损失就不属于共同海损损失。

## 三、共同海损与过失的关系

共同海损发生的原因有多种。按当事人有无过失,这些原因可分为当事人无过失和当事人有过失两种。如果由于当事人无过失的原因,例如恶劣天气,导致船舶和货物处于共同

的危险中，为了船、货的共同安全船长采取了共同海损措施，由此导致的共同海损特殊牺牲和额外费用应当由各受益方按各自获救财产的比例进行分摊。如果由于一方当事人过失导致的共同海损，是否还有权要求其他当事人分摊，须区分不同情况进行判断。

**（一）托运人过失所致的共同海损**

我国《海商法》第70条规定："托运人对承运人、实际承运人所遭受的损失或者船舶所遭受的损坏，不负赔偿责任；但是，此种损失或者损坏是由于托运人或托运人的受雇人、代理人的过失造成的除外。"由此可见，我国《海商法》在海上货物运输方面对托运人实行过错责任原则，即只要托运人有过失并造成了损失，托运人就应负责赔偿；反之，则不负责任。从这个意义上讲，若是托运人的过失导致了共同海损，此责任应由托运人单方承担，无权要求他人分摊，也就不存在共同海损分摊问题。

**（二）承运人过失所致的共同海损**

1. 承运人可以免责的过失所致的共同海损

承运人可以免责的过失是指虽然承运人有过失，但根据有关公约和法律的规定，承运人可以免除赔偿责任的过失。

对由于承运人可免责的过失（如船长、船员或引航员驾驶船舶或者管理船舶的过失）所引起的共同海损，应当由各受益方按各自获救财产价值的比例分摊共同海损。关于这方面的规定，大多数国家有关法律的规定是一致的。

但是，根据美国《哈特法》的规定，承运人只要在开航以前和开航当时做到了谨慎处理使船舶适航，就可以免除其因船长、船员驾驶船舶和管理船舶过失造成货物损失的赔偿责任，但这并没有赋予承运人可以进一步请求货主分摊共同海损的权利。由于美国对船员航海过失引起的共同海损的规定和判决不够明朗，为了安全起见，承运人纷纷在提单中订入一个"共同海损疏忽条款（General Average Negligence Clause）"。该条款规定："如果承运人已尽到了使船舶适航的义务，由于其雇佣人员驾驶船舶或管理船舶的过失导致的共同海损，货主应参加分摊。"由于美国属判例法国家，关于共同海损疏忽条款一直未予明确承认，直到1910年，美国最高法院在审理"杰森"号上诉案中，承认了"共同海损疏忽条款"。自此以后，"共同海损疏忽条款"又被称作"杰森条款（Jason Clause）"，美国的法律也由此开始和其他航运国家的法律趋于一致。1936年美国在制定海上货物运输法时，对"杰森条款"进行了修改和补充，并将修改后的条款称为"新杰森条款（New Jason Clause）"。相对"杰森条款"，"新杰森条款"主要做了下列两项修改和补充：①不适航与共同海损无直接关系时，不妨碍共同海损的成立；②同一公司姐妹船之间的救助，其救助费用可列入共同海损。

2. 承运人不可免责的过失所致的共同海损

承运人不可免责的过失是指有关法律规定的或海上货物运输合同约定的免责范围之外的过失。例如，承运人未能做到谨慎处理使船舶适航、货物管理不当、运输中发生不合理延误或不合理绕航等情况。对于此类过失引发的共同海损损失，承运人不仅要对全部共同海损损失负责，而且无权要求其他受益方分摊。

**（三）可能是一方过失导致的共同海损**

处理共同海损通常分为共同海损理算和共同海损分摊两个阶段。共同海损发生后，引发共同海损的原因是否是由航程中当事人一方过失造成的处于不明确状态。在这种情况下，通常是先推定航程中各方均无过失而进行共同海损理算，然后在共同海损分摊之前，再确定共同海损事故是否是由于航程中当事人一方不可免责的过失造成的。如果是,责任由过失方承担,其他非过失方无须参与共同海损分摊;如果不是,则由各受益方按有关规定或约定分摊共同海损。这期间,非过失方与过失方可以就此项过失提出索赔或进行抗辩。这样处理,旨在避免共同海损事故各当事方就共同海损事故责任而争执不休,从而有利于及时地解决共同海损理算问题。

《2004 年约克—安特卫普规则》规则 D 规定:"即使引起牺牲或费用的事故,可能是由于航程中某一方的过失所造成的,也不影响要求分摊共同海损的权利,但这不妨碍非过失方与过失方之间就此项过失可能提出的任何索赔或抗辩。"我国《海商法》第 197 条也做了类似的规定。

实践中,只要发生共同海损事故,不论是否涉及船方过失,船方都要按规定及时宣布共同海损。因为,如果该船参加了船东互保协会,则在货主拒绝分摊共同海损时,还可由保赔协会赔偿。如果船方不宣布共同海损,则视为放弃了请求共同海损分摊的权利,保赔协会也会以此为由拒赔。

## 【案例讨论】

1. 某船货舱装载松脂,运输途中松脂溶解并从船舶排气管的破洞处冒出大量白烟,船长误认为船舱起火,于是下令向舱中注入蒸汽灭火,导致货物湿损。

试分析:货物湿损损失是单独海损还是共同海损? 为什么?

2. 甲船在海上遭遇恶劣天气,逆风行驶,船速剧减,船舶在海上航行日数意外增加,船上配载的按正常情况估计足够该次航程使用的燃油消耗过多,剩余部分已经不足以驶往原目的港。于是,船长下令改变航线,驶往就近港口避难加油。

试分析:甲船因绕航加油多花费的费用能否主张共同海损?

# 任务二　掌握共同海损的表现形式

## 【任务分析】

共同海损从性质上可以分为共同海损牺牲(Sacrifices of GA)和共同海损费用(GA Expenditure)。共同海损牺牲是指因共同海损措施所直接造成的船舶或者货物或者其他财产在形态上的灭失或损坏。共同海损费用是指由于采取共同海损措施而支付的额外费用。目前,不同的理算规则和各国法律在确定共同海损牺牲和共同海损费用的范围上不尽相同。我国《海商法》"共同海损"一章对共同海损牺牲问题未做具体规定。

本任务介绍的共同海损牺牲和共同海损费用是按照《2004 年约克—安特卫普规则》中的有关规定进行重点分析,要求同学们掌握共同海损牺牲和共同海损费用的主要项目,了解共同海损牺牲与共同海损费用的区别。

【相关知识】

## 一、共同海损牺牲

### (一)抛弃货物

在船、货遭遇共同危险的情况下,为了共同的安全,船长有权决定将部分或全部货物抛入海中以减轻船舶载量,由此造成的损失可以作为共同海损。例如,为使船舶脱浅而抛弃货物(Jettison of Cargo),被抛弃的货物就属于共同海损。

如果被抛弃的货物载于甲板上,只有那些符合法律或航运习惯或双方协议载于甲板上的货物才能作为共同海损;若是船方擅自将货物置于甲板上,则不能作为共同海损,而要由船方承担此损失。另外,货物在被抛弃时,若已经被风浪或其他原因毁损,也不能作为共同海损,因为,这样的货物在被抛弃时已经没有任何经济价值。

此外,由于抛弃货物而引起的其他财产的损失,也应列为共同海损。例如,为抛弃货物而开舱,致使海水进入舱内损坏了其他货物,被海水损坏的货物同样可以列入共同海损。

抛弃货物是最早的一种共同海损形式,通常是在不能等待他船救助,其他措施也不合理的情况下采取的。在现代航海技术条件下,这种形式已不多见。

### (二)扑灭船上火灾所造成的牺牲

扑灭船上火灾(Extinguishing Fire on Shipboard)所造成的牺牲,是指在船上发生火灾并危及船、货共同安全的情况下,为灭火而采取措施,如喷射灭火剂、灌水、注入水蒸气等造成的船舶或货物的进一步损失。该灭火行为满足了共同海损的构成要件,上述损失可以作为共同海损。

船上发生火灾,火灾被扑灭后,损失的财产一般可分为三部分:部分财产被火烧坏;部分财产因灭火行为损坏;还有部分财产被烟熏或火烤损坏。通常认为,因灭火行为损坏的财产属于共同海损,而被火烧坏的财产和被烟熏或火烤损坏的财产不能作为共同海损。

### (三)有意搁浅造成的损害

有意搁浅(Voluntary Stranding)又称主动搁浅,是指为了避免船舶碰撞、沉没或为了扑灭火灾,船长有意地将船舶驶往比较安全的浅滩或将其凿沉于浅水地带。由此造成的损失,如船底损坏均属共同海损。

在理解有意搁浅时,不考虑船舶本来是否一定会搁浅,也不考虑船舶是否一定会搁浅在预定的位置,只要是为了共同的安全而有意搁浅,由此造成的损失均可列为共同海损。

### (四)切除残损物造成的损失

残损物是指因自然灾害或意外事故而被损坏或者已被拆除或实际上已被毁灭的残留物。如船桅、栏杆、锚链等。如果这些残损物继续留在原处,可能威胁航行安全。为了船、货共同安全,有必要切除这些残损部分。被切除的残损物在被切除前可能尚有一定价值,但确定其是否具有价值以及价值的大小是非常困难的,因此,根据《2004 年约克—安特卫普规则》,被切除的残损物不得列为共同海损。但是,因切除残损物所引起的费用以及对船、货的进一步损害,如因切除被折断的桅杆致使螺旋桨遭受的损失,则可以作为共同海损而得到补偿。

### (五)起浮脱浅造成机器、锅炉及船底和船壳的损害

在船舶搁浅并有危险的情况下,为了共同安全,可反复用车,强行起浮,由此造成任何机

器和锅炉的损坏,应直接列入共同海损。但船舶在浮动状态下因使用推进机器和锅炉所造成的损失,在任何情况下都不得作为共同海损。

起浮船舶导致的船底和船壳的损坏,尽管难以证明损坏是否完全是因起浮而非搁浅或风浪冲击所致的,仍可列入共同海损。

**(六)用作燃料的货物、船用材料和物料损失**

若船舶配备的燃料被耗尽,船、货处于共同危险中,以货物、船用材料或物料作为燃料,是为了共同安全,因此,被烧掉的财产损失应列为共同海损。但船用材料和物料费用受到补偿时,为完成原定航程本应消耗的燃料的估计费用,应从共同海损中扣除。但是,若上述情况是由于开航前船上配备燃料不足所致的,则船方不仅要自行承担被当作燃料的财产损失,还要承担船舶不适航的责任。

当今航海技术发达,共同海损很少以货物、船用材料和物料代替燃料的形式出现,取而代之的多是开往避难港的费用。

**(七)在避难港卸载、储存、重装或搬移货物、燃物料等造成的损失**

船舶遭遇海难事故后,为了船、货共同的安全,或是为了检修船舶以安全完成本航程,有时需要在避难港搬移、卸载船上部分货物或船舶燃物料。该行为属于共同海损行为,由此造成的船、货损失可以列为共同海损。

上述只是比较典型的共同海损牺牲,实践中共同海损牺牲的表现形式不仅限于这些,具体情况需依据有关理算规则和各国海商法的规定进行判断。同时,提出共同海损分摊请求的一方应负举证责任,以证明其损失应当列入共同海损。

## 二、共同海损费用

**(一)救助报酬**

救助报酬又称救助款项(Salvage Reward),是指与遇难船舶或货物无关的第三方根据契约或者海上法律对遇难船舶、货物或其他财产进行抢救而获取的报酬。

根据《2004 年约克—安特卫普规则》的规定,救助人进行救助作业,如果被救助方只是船舶一方或其他财产一方,则救助报酬应由被救助方独自承担,而与共同海损无关。如果被救助的对象涉及船舶的货物和其他财产等多个利益方,此时,若救助报酬已由各利益方分别承担,则救助报酬不再列为共同海损费用;但若在此种情况下,一方代其他方部分或全部垫付了救助报酬,则该救助报酬应当列为共同海损费用。

根据上述规定,可以列入共同海损的救助报酬不仅限于根据契约进行的救助,还包括根据海上法律进行的救助。例如,某船遭遇海难,船长为了船员人身安全宣布弃船,其后被一拖船发现并将其拖往安全港口,向该船索取救助报酬。对于此种救助,该船并未采取任何有意而合理的措施,并不符合共同海损定义的要求,但此项救助报酬仍可被列为共同海损而由各受益方分摊。

另外,为了鼓励对装运危害环境物质的船舶进行救助,《1989 年国际救助公约》规定,在确定救助报酬时应考虑救助方为"防止或减轻环境污损所做的技能和努力",同时还引入了"特别补偿"条款。但是,《2004 年约克—安特卫普规则》将考虑了防止或减轻环境污损所做的技能和努力这一因素而确立的救助报酬列入了共同海损,却未将"特别补偿"列入共同海损。原因在于:"特别补偿"是在救助未取得效果的情况下用以补偿救助费用的一种特殊措施,与共同海损制度所要求的"共同海损措施必须有效果"的原则不相符,因而不能要求其他方进行分摊。

**(二)避难港等地费用**

根据《2004 年约克—安特卫普规则》,当船舶因遭遇意外事故、牺牲或其他特殊情况,为了共同安全必须驶入避难港、避难地或驶回装货港、装货地时,由此产生的费用属于共同海损。该费用包括以下几方面:

(1)从出事地点驶入避难港等地和船舶在避难港期间直至驶回原出事地点期间因航程延长而发生的额外费用,如燃料、物料、淡水的消耗。

(2)船舶驶入和驶出避难港等地的引航费、拖船费及其他港口使费和在避难港等地停留期间的码头费等。

(3)为共同安全的需要,或为安全完成航程而在避难港等地对船舶进行修理所发生的货物、燃料或物料的倒载、卸载费用;被卸下货物、燃料或物料的贮存费、重装费及积载费等。

**(三)驶入避难港等地的船员工资和给养**

按照《2004 年约克—安特卫普规则》的规定,船舶驶入避难港等地引起的航程延长期间合理产生的船员工资和给养可以被作为共同海损,其前提条件是船舶驶入避难港等地属于共同海损行为。对于船舶在避难港等地停留期间的船员工资和给养,我国《海商法》第 194 条规定也属于共同海损,而《2004 年约克—安特卫普规则》已不再将其列为共同海损。

**(四)修理费用**

船舶因发生共同海损而进行修理时,所支付的修理费用(Repairing Expenses)可以列为共同海损。船舶修理有以下两种形式:

1. 永久性修理

永久性修理(Permanent Repairs)是指按照技术规范的要求对受损船舶进行恢复船舶适航能力的正规修理。如果船舶受损是由共同海损措施所致的,则此项修理费用应当列为共同海损。在永久性修理的情况下,船舶所有人从中获取了额外利益,因此要根据情况进行"以新换旧(New for Old)"(用新材料、新构件或新设备更换了船舶因共同海损措施而牺牲或受损的旧材料、旧构件或旧设备)的扣减。

《2004 年约克—安特卫普规则》规定,对于船龄达 15 年或 15 年以上的船舶进行的永久性修理,应在修理费用中扣减三分之一(但绝缘材料、救生艇及类似船艇,通信和航海仪器、设备、机器和锅炉的扣减,应按各自的使用年限确定);船龄在 15 年以下的船舶,不做"以新换旧"的扣减。另外,对船底进行刷洗、油漆或涂层产生的费用不应列入共同海损,但如果在共同海损行为发生之日前 12 个月内油漆或涂刷过,则可将油漆或涂层费用的一半列为共同海损。

2. 临时性修理

临时性修理(Temporary Repairs)是指对受损船舶进行最低限度的修理,以使其在一定期限内保持适航性。同样,如果船舶受损是由共同海损措施所致的,由此产生的临时修理费也应当列为共同海损。并且《2004 年约克—安特卫普规则》规定,临时修理费用不做"以新换旧"的扣减,但要扣除船方由此节省的费用。

**(五)代替费用**

代替费用(Substituted Expenses)是一种为了取代或节省本应列入共同海损的费用而支付的费用。代替费用本身不直接具备共同海损费用的条件,不属于共同海损的范畴,但由于支付了该项费用,可以避免或者节省一项或几项本应列入共同海损的费用。支付这样的费用实际上维护了各受益方的共同利益,因此,该项代替费用应当列入共同海损。例如,由于船舶需在避难港进行较长时间的修理,船方将货物安排转运并发生转运费,此项转运费本身不直接具备共同海损费用的条件,但它的支付却节省了货物在码头的仓储费和管理费,因此可以被列为共同海损参加分摊。需要注意的是,代替费用的数额应以被节省的本应列入共同海损的那部分费用为限,超过部分不得列为共同海损。

**(六)为筹款支付共同海损费用而变卖货物使货主遭受的资金损失及共同海损费用垫款的保险费**

为筹款而变卖货物使货主遭受的资金损失(Capital Loss),是指在海损事故发生后,在船上没有现金可以利用的情况下,变卖船上所载的货物致使货主遭受的经济损失。例如,由于急需资金而折价变卖货物损失的价款。按照《2004 年约克—安特卫普规则》的规定,这些损失可以列为共同海损。

共同海损费用垫款的保险费是指对垫付的共同海损费用进行投保时所缴纳的保险费。实践中,在载货船舶发生共同海损后,通常需要支付许多种费用,如救助费用、进入避难港费用等,由于时间紧迫,船方不可能先向各方收取款项而后再采取措施,通常是船方先行垫付部分甚至全部款项,待同一航程中的财产脱离危险后再由各受益方对垫款进行分摊。为了防止垫款费用在日后得不到补偿,船方可以对该款项进行投保,由此发生的保险费可以列入共同海损。

**(七)共同海损利息**

在共同海损理算时,对共同海损牺牲、费用等损失按照浮动的、每年确定一次的利率计算利息,计算至共同海损理算书编成之后 3 个月。该共同海损利息可列入共同海损。

**(八)共同海损理算费用**

共同海损理算费用是指由共同海损理算人或理算机构向理算申请人收取的劳务费用。虽然《约克—安特卫普规则》和《北京理算规则》均未做专门规定,但根据习惯,该项费用亦应列入共同海损。共同海损理算费用通常包括:共同海损损失和鉴定费用;共同海损分摊价值鉴定费用;理算人的报酬、差旅费和通信费等。

**【议一议】**

**共同海损牺牲与共同海损费用的区别与联系**

共同海损牺牲是共同海损措施造成的或直接后果导致的船舶或者货物等财产本身的灭失或损坏以及有关利益,例如到付运费的损失;共同海损费用则是一种需要支付的额外费用,不牵扯船舶或货物的物质损失。

实践中,共同海损牺牲往往又以共同海损费用的形式出现。例如船舶遭受共同海损牺牲,经常以支出的修理费的金额作为计算损失的补偿和分摊标准,但这项修理费只能说明是损失的货币表现形式,并不改变它属于损失的性质。

**【案例讨论】**

1. 某船在美国博蒙特港装货完毕,但因锅炉例行检修尚未结束,无法起航,船方决定驶入内海废弃航道,有意搁浅在淤泥浅滩上继续检修。但由于选择的搁浅位置不妥,船舶驶离浅滩时发生困难,最后支付了 9 000 美元的拖带费才得以脱浅起航。

试分析:9 000 美元的拖带费能否列入共同海损?为什么?

2. 某船由中国驶往国外港口的途中,因遭遇雷电船上起火,船长带领船员奋力扑灭火灾,发生的损失包括:因火灾造成的船舶损失 10 万元;烧毁的货物损失 5 万元;灭火过程中湿损的货物损失 1 万元。提单约定有关纠纷按照中国法律进行处理。

试分析:上述损失中,哪些属于共同海损?哪些属于单独海损?

# 任务三　了解共同海损理算及共同海损事故处理

## 【任务分析】

处理共同海损案件涉及海运、贸易、船舶、保险等多领域问题,是一项法律性和专业性较强的工作。共同海损发生后,船方应及时宣布共同海损,以便各有关方能及时处理事故。

本任务要求同学们了解共同海损理算的基本步骤、理算书的法律效力、理算规则的主要内容以及船长处理共同海损事故需要注意的问题。

## 【相关知识】

### 一、共同海损理算

#### (一)共同海损理算的概念

共同海损理算(Adjustment of General Average)是指由国家认可的具有一定资格的专业海损理算机构或人员,按照理算规则,对共同海损的牺牲和费用、各受益方的分摊价值及分摊金额所进行的审理、计算和编制共同海损理算书的工作。

#### (二)共同海损理算的依据

共同海损理算的依据,即理算规则,通常对共同海损的成立要件、共同海损牺牲和费用的范围以及共同海损分摊的标准等做出规定。在实务中,当事人一般通过约定选择某国家或地区相关组织制定的,或者由相关国际组织制定的共同海损理算规则来进行共同海损理算。我国《海商法》第 203 条规定,共同海损理算适用合同约定的理算规则;合同未约定的,适用该法的规定。

#### (三)共同海损理算人

共同海损理算工作通常由专门从事海损理算的机构或理算师进行,统称为海损理算人。

目前,世界上主要的海运国家都设有海损理算机构。英国的海损理算机构在国际上影响较大,而且英国在世界许多国家和地区均设有理算分支机构。

中国国际贸易促进委员会下设的海损理算处是我国的海损理算机构。凡在提单或运输合同中约定共同海损在中国理算的,均由该海损理算处进行理算。

#### (四)共同海损理算步骤

1. 共同海损的宣告

发生共同海损事故后,船长或船东应在船舶发生共同海损之后到达的第一个港口后的一段合理时间(通常为 48 小时)内宣布共同海损。根据我国《海商法》第 196 条的规定,提出共同海损分摊请求的一方应当负举证责任，证明其损失应当列入共同海损。

2. 共同海损的担保

在宣布共同海损后，船长或船东会与受益方签订共同海损协议。为了确保共同海损分摊的顺利进行，经船长或船东的请求，受益方还应当提供共同海损担保，即做出承担分摊责任的保证。在有海损理算人协助处理案件的情况下，理算人会详细地向受益方解释担保有关的问题及应提供的文件。提供担保的方式为共同海损保证金或担保函。

3. 共同海损的理算

船方在宣告共同海损后，应向海损理算人提出委托申请，由海损理算人具体进行理算工作。海损理算人进行调查研究，根据理算规则，确定哪些项目属于共同海损，哪些项目属于单独海损，然后，确定共同海损损失的项目和金额，计算出各受益方的分摊价值和应分摊的金额，确定各受益方应收取或支付的金额，最后编制出共同海损理算书。但共同海损理算书不同于法院或是仲裁的裁决，它只是一种核赔的证据，不具有法律效力。当事人对此若有异议，仍可提请仲裁或起诉。

## 二、共同海损理算规则

### (一)《约克—安特卫普规则》

目前，国际上使用最广泛的共同海损理算规则是《约克—安特卫普规则》(York-Antwerp Rules, YAR)。该规则自1877年正式定名以来，先后经历了六次修改，产生了1877年、1890年、1924年、1950年、1974年、1994年和2004年七个不同版本的规则。《约克—安特卫普规则》不是国际公约，只是一种国际惯例，各不同版本的规则独立并行，并不当然地用新规则代替旧规则。实践中，当事人可以约定选择使用其中的一个，使用最多的是1994年和2004年版本。

1.《1994年约克—安特卫普规则》

(1)解释规则

解释规则(Rules of Interpretation)规定："共同海损的理算，适用下列字母规则和数字规则，凡与这些规则相抵触的法律和惯例都不适用。除首要规则和数字规则已有规定者外，共同海损应按字母规则理算。"

由此可见，在进行共同海损的理算时，应当首先参照首要规则，再参照数字规则；当数字规则未予规定时，参照字母规则。

(2)首要规则

首要规则规定："牺牲或费用，除合理做出或支付者外，不得受到补偿。"

(3)字母规则

字母规则共7条(规则A~G)，主要规定了共同海损的定义、共同海损的范围、要求共同海损分摊的举证责任等。

(4)数字规则

数字规则共22条(规则一~二十二)，主要内容包括共同海损的牺牲和共同海损的费用的表现形式、共同海损损失金额和共同海损分摊价值的确定、共同海损的担保等。

2.《2004年约克—安特卫普规则》

《2004年约克—安特卫普规则》保持了《1994年约克—安特卫普规则》的结构，同样由解释规则、首要规则、字母规则和数字规则四组不同性质的条文组成，规则全文共32条，扩大了船方的赔偿额，减少了货主的共同海损分摊。与《1994 年约克—安特卫普规则》相比，修改内容主要有以下几个方面：

（1）将大部分救助报酬排除在共同海损之外

规定只有当一方代另一方支付了本应由另一方支付的部分或全部的救助报酬时，救助报酬才能列入共同海损。同时，救助报酬还包括相关的利息和法律费用。其中，利息是指因迟延支付救助报酬而产生的利息；法律费用是指为分摊及支付救助报酬而进行的诉讼或仲裁而产生的费用。

（2）船舶在避难港等地停留期间的船员工资和给养不再列为共同海损

《2004 年约克—安特卫普规则》不再将船舶在避难港等地停留期间的船员工资和给养认为是共同海损。这主要是因为实践中有些船舶所有人借入避难港的机会，对与共同海损行为无关的船舶损害部分也进行修理，根据《1994 年约克—安特卫普规则》的规定，在此期间产生的船员工资、给养同样应列入共同海损，这显然是不合理的。

（3）列为共同海损的临时修理费用应减除船方的节省

为了共同安全或对共同海损牺牲所造成的损坏进行临时修理，由此产生的修理费用应列入共同海损，并且此项临时修理费用不应做"以新换旧"的扣减。关于这方面的规定，两版本规则的规定一致。但《2004 年约克—安特卫普规则》增加了"临时修理费用，应以在装货港、停靠港或避难港进行临时修理的费用与最终进行永久修理的费用之和，或如在理算时未进行修理，则与航程完成时船舶的合理贬值之和超过假如在装货港、停靠港或避难港进行永久修理所需费用的数额为限"的规定，即临时修理费用应减除船方因进行临时修理而节省的部分。

（4）共同海损费用不再给予手续费

取消了《1994 年约克—安特卫普规则》关于"除船长、高级船员和一般船员的工资、给养以及不是在航程中补充的燃料、物料外，按共同海损费用 2% 计算的手续费，应列入共同海损"的规定，即按照《2004 年约克—安特卫普规则》的规定，共同海损费用不再给予手续费。

（5）采用浮动年利率计算利息

共同海损利息不再采用 7% 的固定年利率，而是采用浮动年利率。由 CMI 每年确定适用于下一年度的年利率。

（6）增加了关于共同海损分摊时效的规定

关于共同海损分摊的诉讼时效，若无特别规定或约定，为共同海损理算结束之日起一年内或者共同海上航程结束之日起六年内，以两者中早者为准。

**（二）《北京理算规则》**

《北京理算规则》全称为《中国国际贸易促进委员会共同海损理算暂行规则》，是我国的民间理算规则。该规则由中国国际贸易促进委员会制定，于 1957 年 1 月 1 日起施行，同样经过多次修改，目前施行的是《1994 年北京理算规则》。

《1994 年北京理算规则》是在《1975 年北京理算规则》的基础上，总结多年来的理算实践并参照《约克—安特卫普规则》制定的。该规则由前言和 12 条正文组成。

第 1 条：共同海损的定义。

第 2 条：共同海损的损失和费用。列举了 9 类可以作为共同海损的牺牲和费用。

第 3 条：代替费用。规定为代替原可以作为共同海损的费用而支付的特殊费用，只要不超过被代替的共同海损费用,便可以作为代替费用列入共同海损。

第 4 条:不可分离条款。规定当货物在避难港等地被提取或转运至原目的地时,共同海损的权利和义务关系不受影响,如同由原船舶继续原航程一样。

第 5 条:共同海损损失金额的计算。规定了船舶、货物、运费和其他财产的损失金额的计算方法。

第 6 条:共同海损分摊。规定了参加共同海损分摊的船舶、货物、运费和其他财产的分摊价值的计算方法。

第 7 条:利息和手续费。规定了共同海损利息和手续费的计收方法。

第 8 条:共同海损分摊的担保。规定各方提供的保证金应当交由海损理算师以保管人的名义存入银行。

第 9 条:共同海损的宣布。规定船舶发生共同海损后,船方应及时宣布共同海损,并有权向有关方收取担保。

第 10 条:举证责任。规定提出共同海损分摊请求的一方负有举证责任。

第 11 条:过失的影响。明确指出即使引起共同海损的原因可能是航程中当事人一方所致,也不影响权利人要求分摊共同海损的权利,但这不妨碍有关方之间就此项过失可能提出索赔或抗辩。

第 12 条:理算的简化。规定对于案情简单、金额较小的案件,应采取简易理算方法。

## 三、共同海损事故处理

通常,发生共同海损事故后,遇难船的船长应带领全体船员做好如下工作。

### (一)积极自救,必要时果断寻求援助,并做好记录

共同海损事故发生后,遇难船应首先积极进行自救,以保证船舶和人命安全,将损失降至最低;若仅靠自救无法摆脱危险,则应果断寻求援助,合理选择救助方并积极配合。在上述过程中,遇难船船长应亲自或指定专人负责做好记录工作。

### (二)及时向船公司汇报事故经过和船舶所处状态

若情况允许,船长应将拟采取的行动和建议一并报公司,并听从公司指示;若情况危急,船长应根据面临的实际情况,依据一名谨慎合格船长的通常做法和自己的经验,果断采取最有利于安全的合理措施。

### (三)提交海事声明和海事报告

提前拟好海事声明,撰写好海事报告,船长需在船舶抵达目的港或避难港后,按照规定及时提交海事声明、海事报告。

### (四)初步估算造成的损失和产生的费用

由于共同海损理算费用高且用时长,针对一些小额纠纷,船长需事先和船公司及船舶保险公司联系,以便决定是否宣布共同海损。根据船东的指示或委托,委请有关检验人员对船舶、货物及其他财产的损坏情况进行检验,并认真查阅其出具的检验报告。

### (五)妥善处置货物

对不同的货物,特别是受损货物,船长需做合理处置,以尽可能防止损失的进一步扩大,必要时须征得有关货主的同意。

### (六)办理共同海损担保

共同海损宣布后,为了保证日后共同海损分摊的顺利进行,船长应要求有关货主在提货

前提供共同海损担保，否则不予放货。船舶损坏严重，无法继续完成航程时，船上货物可能需要通过转船或其他运输方式运往目的地，为防止日后货主拒绝分摊共同海损，在此种情况下，船长应要求对方签署“不可分离协议”。

**（七）准备好共同海损理算相关的资料、文件和单证等**

为事后处理共同海损，船长需准备有关材料，以便海损理算师对案件的处理提供正确、及时和有效的处理意见。

**【测一测】**

**单项选择题**

1. 根据我国《海商法》，以下属于共同海损的是________。
   A. 航次中事故所造成的船体损失
   B. 航次中事故所造成的货物损失
   C. 航次中由于事故所造成的货物延迟交付的货损
   D. 航次中因灭火导致的货物湿损
2. 共同海损是指在海上同一航程中________遭遇共同危险，为了共同安全，采取的有意而合理措施所直接造成的特殊牺牲、支付的特殊费用由受益各方分摊的法律制度。
   A. 船舶　　B. 货物
   C. 船舶或货物以及其他财产　　D. 船舶和货物以及其他财产
3. 因采取共同海损措施而被抛弃的甲板货必须是________装载于甲板的货物，才可列入共同海损。
   A. 经托运人同意　　B. 在 B/L 上记载
   C. 按照公认航运习惯　　D. 经船舶所有人决定
4. 在航次租船的预备航次中，由于船舶搁浅而发生了救助费用，则该救助费用________。
   A. 属于共同海损，出租人有权要求承租人分摊
   B. 不属于共同海损，承租人不分摊
   C. 属于共同海损，但出租人无权要求承租人分摊
   D. 不属于共同海损，但承租人应分摊
5. 根据《2004 年约克—安特卫普规则》，以下正确的是________。
   A. 数字规则优先适用
   B. 字母规则优先适用
   C. 两种规则同时适用
   D. 由有关的当事人商定优先适用哪一种规则
6. 在发生共同海损后的避难港，船长为保证货主的货物尽快运达目的地，而雇佣其他船舶运货，此时船长应与货主签订________。
   A. 整段时间条款　　B. 雇佣条款
   C. 不分离协议　　D. 并入条款
7. 当发生共同海损事故后，船长________。
   A. 应立即宣布共同海损

B. 应立即与船公司联系,以决定是否宣布共同海损

C. 应立即与保赔协会联系,以决定是否宣布共同海损

D. 应立即与货主联系,以决定是否宣布共同海损

8. 根据我国《海商法》规定,当发生共同海损后,有关方当事人约定了不同于我国《海商法》的理算规则,则________。

A. 对于共同海损的理算应使用约定的理算规则

B. 对于共同海损的理算应使用我国《海商法》的规定

C. 对于共同海损的理算应使用中国海事仲裁委员会的规定

D. 对于共同海损的理算应使用《2004 年约克—安特卫普规则》的规定

9. 下列事实中,已构成共同海损的是________。

A. 载货船舶系于浮筒,因退潮时搁浅,船长请来拖船协助脱浅

B. 载货船遇台风驶往避风港而产生的额外绕航费

C. 载货船因主机故障在海上漂泊,船长请拖船拖带

D. 载货船航行中遇大风,顶风航行时船机超负荷使用受损

10. 船舶发生火灾,船、货面临危险时,为了救火,引水灌舱灭火,造成货物湿损,则由于火灾直接烧坏的货物和救火中货物湿损的损失,属于________。

A. 单独海损　　B. 共同海损

C. 既有单损又有共损　　D. 推定全损

11. 根据《2004 年约克—安特卫普规则》,下列属于共同海损损失和费用的是________。

A. 遭烟熏或火烤的货损　　B. 灭火时消防设备的损坏

C. 船舶脱浅后重装货物的费用　　D. 被切除残存物体本身的损失

12.《约克—安特卫普规则》是________。

A. 国际公约　　B. 国际惯例

C. 理算文书　　D. 一国的国内立法

13. 一船满载矿石,因驾驶员过失而搁浅,采取抛货和主机超负荷倒车脱浅,试判断下列损失中不属于共同海损的是________。

A. 搁浅造成船底的损坏　　B. 抛货物 100 吨

C. 主机损坏　　D. 脱浅时船底的进一步损坏

14. 共同海损船舶分摊价值,应以航程终止时该船舶的________。

A. 保险价值计算

B. 当地实际价值计算

C. 当地实际价值,加上共同海损补偿额计算

D. 当地完好价值计算

15. 因自然灾害或意外事故直接造成的船货损害,属于________。

A. 单独海损　　B. 共同海损

C. 既有单损又有共损　　D. 部分损失

16. 共同海损通常由________。

A. 船方宣布　　B. 货主宣布

C. 保险公司宣布　　D. 船、货双方共同宣布

17. 船上载有冷藏货及矿石,船开航后冷冻机故障,致使冷冻货有腐败的危险,船舶驶往修理港,则产生的额外费用________。
A. 属于共同海损　　B. 不属于共同海损
C. 费用的 1/2 为共损　　D. 费用的 1/3 为共损
18. 一艘 100 总吨小型机动船和一艘 40 万吨大型船都是以 12 kn 的速度行驶的,为了避免与他船相碰,均采取了抛锚减速的方式,从而发生了锚丢失的事故,则此损失________。
A. 两船均可列入共同海损
B. 大型船可列入共同海损,小型船不能
C. 小型船可列入共同海损,大型船不能
D. 两船均不能列入共同海损
19. 第一次世界大战期间,一艘法国货船由于担心遭到敌军潜艇的袭击,雇用了一艘拖船,实行全程护航,但该船在全程中并未发现一艘敌军的潜艇,则此拖船费用________。
A. 可列入共同海损　　B. 不能列入共同海损
C. 一半属共同海损　　D. 1/3 属共同海损
20. 一船遭遇海难,桅杆被打倒在甲板上,如不将桅杆割弃将会威胁到船、货的安全。割下的断桅杆作为废钢处理时,价值人民币 5 000 元。割下后的断桅杆被抛入海,结果又打坏了螺旋桨,则________。
A. 人民币 5 000 元及桨叶的损失均可列入共同海损
B. 5 000 元属共损,但桨叶的损失不属于共同海损
C. 5 000 元不属共损,但桨叶的损失属于共同海损
D. 5 000 元及桨叶的损失均不应列入共同海损
21. 根据《2004 年约克—安特卫普规则》理算后的共同海损理算书,对有关当事人________。
A. 具有法律的约束力
B. 不许对理算结果再提起仲裁或起诉
C. 不具有任何法律约束力
D. 只许提起仲裁,不许起诉
22.《约克—安特卫普规则》有 1877 年规则、1890 年规则、1924 年规则、1950 年规则和 1974 年规则,下列说法中正确的是________。
A. 目前它们都有效
B. 目前只有 1974 年和 1994 年规则有效
C. 目前只有 1994 年规则有效
D. 目前只有 2004 规则有效
23. 根据《2004 年约克—安特卫普规则》的规定,当船舶在漂浮状态时,因使用螺旋桨和锅炉所造成的损害________。
A. 在任何情况下,均可列入共同海损而受到补偿
B. 在任何情况下,其适当部分可列入共同海损而受到补偿

C. 在任何情况下,均不得作为共同海损而受到补偿

D. 在适当情况下,均可列入共同海损而受到补偿

24. 单独海损与共同海损的区别主要体现在________。①造成损失的原因不同;②损失的程度不同;③承担损失的方式不同;④损失的形态不同。

A. ①③④　　B. ②④　　C. ①②④　　D. ①③

25. 根据我国《海商法》的规定,下列有关共同海损与过失的关系陈述正确的是________。①托运人过失所致共同海损,应由托运人承担,不存在共同海损分摊问题;②承运人可免责过失所致共同海损,应由各受益方按比例分摊共同海损;③承运人不可免责过失所致共同海损,各受益方应按比例分摊共同海损;④可能由于航程中某一方的过失导致共同海损,也不影响过失方要求分摊共同海损的权利。

A. ①③④　　B. ②~④　　C. ①②④　　D. ①~③

26. 根据《2004年约克—安特卫普规则》规定,下列陈述正确的是________。①特别补偿不得列入共同海损;②船舶在避难港等地停留期间的船员工资和给养应列入共同海损;③共同海损费用不再给予手续费;④共同海损利息采用浮动年利率计算。

A. ①③④　　B. ②~④　　C. ①②④　　D. ①~③

27. ________是指为了取代或节省本应列入共同海损的费用而支付的费用。

A. 加班费　　B. 转运费　　C. 代替费用　　D. 仓储费

# 项目八　海事赔偿责任限制与船舶油污损害赔偿

【知识目标】

●掌握海事赔偿责任限制的类型及主要内容
●了解海事赔偿责任限制与单位赔偿责任限制的区别
●掌握船舶油污损害赔偿责任的特点
●了解船舶油污损害赔偿相关国际公约的规定

【能力目标】

●能区分航次制度与事故制度
●能区分限制性债权项目和非限制性债权项目
●知道船舶油污损害赔偿适用的法律

【项目介绍】

海事赔偿责任限制区别于普通民事赔偿责任,是海商法特有的法律制度。我国《海商法》对海事赔偿责任限制做了专章规定,它是法律赋予海事责任人对某些海事赔偿请求可以限制赔偿责任的一种权利,体现了法律对海事责任人的保护,具有促进航运发展的积极作用。我国《海商法》虽未对船舶油污损害赔偿制度做出规定,但我国是《1992 年油污损害民事责任公约》的缔约国,在处理相关船舶油污损害赔偿时应适用该公约。

本项目介绍海事赔偿责任限制的概念、形式及其主要内容,海事赔偿责任限制与单位赔偿责任限制的区别与联系,船舶油污损害赔偿的特点及其相关国际公约的主要内容。

## 任务一　掌握海事赔偿责任限制的基本知识

【任务分析】

我国《海商法》第 11 章“海事赔偿责任限制”的规定,是参照《1976 年海事赔偿责任限制公约》(*Convention on Limitation of Liability for Maritime Claims*,1976)(以下简称《1976 年公约》)制定的,相关条款对责任人、责任限额及责任原则等的规定与该公约完全相同,但在限制性债权项目等问题上又有差别。

本任务要求同学们掌握海事赔偿责任限制制度的类型,我国《海商法》责任主体、限制性债权、非限制性债权、责任限额、设立责任限制基金的方法,了解海事赔偿责任限制与单位赔偿责任限制的区别与联系。

【相关知识】

## 一、海事赔偿责任限制的概念

海事赔偿责任限制(Limitation of Liability for Maritime Claims)是指在发生重大海损事故时,作为责任人的船舶所有人、经营人和承租人等,可以根据法律的规定,将自己的赔偿责任限制在一定范围内的法律制度。

海事赔偿责任限制是针对一次事故所引起的各类债权的综合性限制,包括侵权之债和合同之债,因而常常被称作"综合(责任)限制"。它不同于一般民事损害赔偿制度,是海商法中所特有的,有利于促进海上运输业、救助业和保险业的稳步发展。

海事赔偿责任限制的法律最初只是为了保护船舶所有人的利益而设立的,即只有船舶所有人才可以限制其赔偿责任,因此,一直被称为"船东责任限制"或"船舶所有人责任限制"。随着航运事业的发展,除船舶所有人外,承租人、经营人、救助人、责任保险人以及船舶所有人和救助人的受雇人、代理人被纳入受保护的范围,原来的船舶所有人责任限制就演变成了今天的海事赔偿责任限制。

## 二、海事赔偿责任限制的类型

海事赔偿责任限制制度在其发展过程中,经历了执行制度、委付制度、船价制度、金额制度及选择制度、并用制度等多种形式。

### (一)执行制度

执行制度(Performance System)是指船舶所有人对因船舶产生的债务,仅以其海上财产为限承担赔偿责任的制度。海事债权人只能就船舶、运费等船舶所有人的海上财产申请法院强制执行,而对船舶所有人的其他陆上财产无请求权。

### (二)委付制度

委付制度下(Abandonment System)船舶所有人原则上对基于船舶而产生的债务负无限责任,但可以通过将船舶委付给海事债权人的方式免除其责任。所谓委付制度,是指船舶所有人将其海上财产,如船舶及其收益(包括本航次运费及其他分摊所得)委付给债权人之后,仅以海上财产作为责任限额的制度。

在上述两种制度下,船舶所有人均以船舶所有人的海上财产为限,承担赔偿责任,债权人直接得到的赔偿主要是船舶而非金钱。如果肇事船灭失和损坏,债权人将得不到赔偿或得不到充分赔偿,因此将这两种制度称为"物的有限责任制度"。

### (三)船价制度

船价制度(Ship's Cost System)是指船舶所有人对因船舶产生的债务,以船舶发生海损事故的航次终了时肇事船舶的价值和运费为限。船舶所有人也可以通过将船舶和本航次的运费委付给海事债权人的方式免除其责任。

船价制度下,如果船舶灭失或损坏,债权人便得不到赔偿或得不到足额赔偿。船价制度与委付制度的区别:委付制度下,如果船舶所有人不将船舶委付给债权人,就承担无限责任;船价制度下,船舶所有人只要将与船舶(和运费)等值的金钱支付给债权人,即可免除责任。

### (四)金额制度

金额制度(Amount System)又称吨位制度是指船舶所有人对因船舶一次事故而产生的

债务,按肇事船舶吨位计算的限额承担赔偿责任。

金额制度既减轻了船舶所有人的责任,又使债权人无论在任何情况下均可得到赔偿,避免了船价制度中复杂的船舶估价问题及债权人所获赔偿处于不稳定的状态。因此,采用金额制度是船舶所有人责任限制制度发展的趋势。目前,这一制度在国际上被广泛采用。

**(五)选择制度**

选择制度(Selection System)是指有关责任人可以在金额制度、船价制度和委付制度等几种不同的责任限制方式中,选择对自己最有利的制度以限制自己的赔偿责任。由于它过多地偏袒船方的利益,目前采用这一做法的国家很少。

**(六)并用制度**

并用制度是指责任人可以同时采用两种不同的责任限制方式的制度。实践中,通常将船价制度与金额制度并用。对某些债务,船东按船价制度限制责任;而对另一些债务,船东按金额制度限制责任。美国和苏联均采用并用制。

上述执行制度、委付制度、船价制度三种责任限制方式均以海上财产为限,并且采用的是"航次制度",即船舶在一个航次中不论发生多少个独立的事故,责任人对这些事故造成的总的赔偿责任限制在一个责任限额内;若在事故航次中船舶灭失,则债权人基本得不到赔偿。而金额制度采用的是"事故制度",即以发生事故的次数作为赔偿的基本标准,在同一航次中,如发生多次事故,则按事故次数分别计算赔偿限额。事故制度克服了航次制度中单方面保护船舶所有人利益的做法,确保债权人即使在船舶全损的情况下也可获得赔偿。

## 三、海事赔偿责任限制制度的主要内容

下面以《海商法》为基础,比较《1976 年公约》,简要介绍海事赔偿责任限制的主要内容。

**(一)适用船舶**

我国《海商法》第 11 章"海事赔偿责任限制"适用于 300 总吨及以上的船舶。对于 300 总吨以下的船舶及沿海运输、沿海作业船舶海事赔偿责任限制的限额,《海商法》授权交通主管部门另行规定。

《1976 年公约》适用于海船,对于内河船及 300 总吨以下的船舶,缔约国可在国内法中另行规定。《1976 年公约》还规定不适用于气垫船和用于勘探、开发海底自然资源或其底土的浮动平台。

**(二)责任主体**

责任主体是指对海事赔偿请求负有责任,但是根据法律规定有权限制其海事赔偿责任的人。我国《海商法》第 204 ~206 条与《1976 年公约》都明确了三类责任主体拥有此权利,即船舶所有人(包括船舶承租人和船舶经营人)和救助人、船舶所有人和救助人的雇佣人员以及责任保险人。

**(三)限制责任的条件**

海事赔偿责任人并非在任何条件下都可以适用责任限制,而是必须具备法定的条件,若不具备该条件,则导致责任限制权利的丧失。我国《海商法》第 209 条和《1976 年公约》均规定:"经证明,引起赔偿请求的损失是由于责任人的故意或者明知可能造成损失而轻率地作为或者不作为造成的,责任人无权依照规定限制赔偿责任。"

**(四)限制性债权**

限制性债权是指责任主体根据海事赔偿责任限制法律的规定,可以限制其赔偿责任的

海事赔偿请求。

我国《海商法》第207条规定，下列海事赔偿请求，除该法第208条和第209条另有规定外，无论赔偿责任的基础有何不同，责任人均可以依照该章规定限制赔偿责任：①在船上发生的或者与船舶营运、救助作业直接相关的人身伤亡或财产的灭失、损坏，包括对港口工程、港池、航道和助航设施造成的损坏，以及由此引起的相应损失的赔偿请求；②海上货物运输因延迟交付或者旅客及其行李运输因延迟到达造成损失的赔偿请求；③与船舶营运或者救助作业直接相关的，侵犯非合同权利的行为造成其他损失的赔偿请求；④责任人以外的其他人，为避免或者减少责任人依照本章规定可以限制赔偿责任的损失而采取措施的赔偿请求，以及因此项措施造成进一步损失的赔偿请求。前款所列赔偿请求，无论提出的方式有何不同，均可以限制赔偿责任。但是，第④项涉及责任人以合同约定支付的报酬，责任人的支付责任不得援用该条赔偿责任限制的规定。

《1976年公约》规定了六类限制性债权，我国《海商法》中的四类限制性债权即吸收了《1976年公约》的基本内容，排除了该公约中的“为使沉船、残骸、搁浅或被弃船舶得以起浮、清除、销毁或使其无害的索赔”和“为使船上货物得以清除、销毁或使其无害的索赔”两项限制性债权。《1976年公约》也将此两项列为可保留条款，由缔约国选择适用。

**（五）非限制性债权**

非限制性债权是指责任主体根据海事赔偿责任限制的法律规定不能限制其赔偿责任的债权。

我国《海商法》第208条规定：“本章规定不适用于下列各项：①对救助款项或者共同海损分摊的请求；②中华人民共和国参加的国际油污损害民事责任公约规定的油污损害的赔偿请求；③中华人民共和国参加的国际核能损害责任限制公约规定的核能损害的赔偿请求；④核动力船舶造成的核能损害的赔偿请求；⑤船舶所有人或者救助人的受雇人提出的赔偿请求，根据调整劳务合同的法律，船舶所有人或者救助人对该类赔偿请求无权限制赔偿责任，或者该项法律作了高于本章规定的赔偿限额的规定。”

我国《海商法》的规定与《1976年公约》的规定相同。

**（六）责任限额及基金分配**

我国《海商法》采用“超额递减金额制度”计算责任限额，并且采用“事故制度”，一次事故，一个限额。我国《海商法》第210条规定责任限额按照船舶总吨位分级计算，人身伤亡的赔偿请求分五个等级，非人身伤亡的赔偿请求分四个等级。

(1)分级表与对应的限额如表8－1所示。

**表8－1　分级表与对应的限额**

<table>
<tr><th rowspan="2">船舶总吨位</th><th colspan="2">责任限额(SDR)</th><th rowspan="2">数额性质</th></tr>
<tr><th>人身伤亡</th><th>非人身伤亡</th></tr>
<tr><td>300～500总吨</td><td>333 000</td><td>167 000</td><td>限额基数</td></tr>
<tr><td>501～3 000总吨</td><td>500</td><td rowspan="2">167</td><td rowspan="4">每吨增加数</td></tr>
<tr><td>3 001～30 000总吨</td><td>333</td></tr>
<tr><td>30 001～70 000总吨</td><td>250</td><td>125</td></tr>
<tr><td>70 000总吨以上</td><td>167</td><td>83</td></tr>
</table>

(2)依照上述方法计算所得的限额,不足以支付全部人身伤亡的赔偿请求的,其差额应当与非人身伤亡的赔偿请求并列,从非人身伤亡的赔偿数额中按照比例受偿。

(3)在不影响上述第(2)项关于人身伤亡赔偿请求的情况下,就港口工程、港池、航道和助航设施的损害提出的赔偿请求,应当较第(2)项中的其他赔偿请求优先受偿。

(4)不以船舶进行救助作业或者在被救船舶上进行救助作业的救助人,其责任限额按照总吨位为1 500吨的船舶计算。总吨位不满300吨的船舶,从事中华人民共和国港口之间的运输的船舶,以及从事沿海作业的船舶,其赔偿限额由国务院交通主管部门制定,报国务院批准后施行。

(5)海上旅客运输的旅客人身伤亡赔偿责任限制,按照46 666 SDR乘以船舶证书规定的载客定额计算赔偿限额,但是最高不超过25 000 000 SDR。中华人民共和国港口之间海上旅客运输的旅客人身伤亡,赔偿限额由国务院交通主管部门制定,报国务院批准后施行。

我国《海商法》关于责任限额的规定主要参考了《1976年公约》的规定。

**(七)适用海事赔偿责任限制的程序**

适用海事赔偿责任限制的程序是指海事责任人申请享受责任限制时必须履行的法定手续。该程序是海事责任人最终得以在实体上享受责任限制的保证。根据我国《海商法》第213、214条,其程序一般如下:

1. 海事责任人向法院提出海事赔偿责任限制的申请

责任人欲援用海事赔偿责任限制时,应当向法院提交申请。法院接受申请后,对各项内容进行审查,符合责任限制条件的,即接受其申请,不符合条件的,驳回其申请。海事责任人提出申请只是程序上的问题,并不表明其在实体上已对其责任予以承认或确认。

2. 设立责任限制基金

经法院审查符合责任限制条件的海事责任人,可以向有管辖权的法院设立责任限制基金,基金的数额为按照法律规定的赔偿限额加上责任产生之日起至基金设立之日止的利息。设立责任限制基金并不是责任人依法获得责任限制权利的前提条件。海事赔偿责任限制是海事责任人的一项权利,其对应的义务就是设立责任限制基金;如不设立,则海事责任人无权享受海事赔偿责任限制。在责任限制基金设立之后,海事责任人的赔偿责任就限于责任限制基金的范围,向责任人提出请求的任何人,不得再对责任人的任何财产行使任何权利;责任人的船舶或其他财产已经被扣押的,或者责任人已经提交抵押物的,法院应当及时下令释放或者责令退还。

3. 分配责任基金

根据法院判明的责任,按照法律规定的责任限额的原则分配责任限制基金,海事责任人在责任限额内承担责任。

除上述内容外,我国《海商法》与《1976年公约》都对相互索赔的冲抵问题做出了相同的规定,即有权享受责任限制的人,就同一事故向请求人提出反请求的,双方的请求金额应当相互抵销,上述赔偿限额的规定仅适用于两个请求金额之间的差额。这种“先冲抵,后限制”的原则,被称为“单一责任限制”原则。

## 四、海事赔偿责任限制与承运人单位责任限制的区别

海事赔偿责任限制与承运人单位责任限制,两者都属于责任人依法限制自己赔偿责任的法律制度。作为两种不同的法律制度,其主要区别体现在以下几个方面。

**（一）两者所依据的国际公约不同**

调整海事赔偿责任限制的已生效的国际公约有《1957 年船舶所有人责任限制公约》（*The International Convention Relating to the Limitation of the Liability of Owners of Seagoing Ships*,1957）（以下简称《1957 年公约》）、《1976 年公约》，有关海运承运人单位责任限制的公约主要有《海牙规则》、《维斯比规则》、《汉堡规则》、《雅典公约》等。

**（二）责任主体不同**

享有海事赔偿责任限制的主体要比单位责任限制的主体更为广泛。前者包括三类，即船舶所有人（包括承租人和经营人），他们的受雇人、救助人和保险人；后者不包括救助人和保险人。

**（三）可以限制责任的赔偿请求的种类不同**

享受海事赔偿责任限制的赔偿请求涉及货损、人身伤亡、船舶营运或救助作业中的损失，本船、他船甚至港口工程、港池、航道和助航设施损失等方面。承运人单位责任限制限于对本船所发生的货损、迟延交付，人身伤亡等赔偿请求。

**（四）限制方式不同**

海事赔偿责任限制有金额制度、船价制度等形式，与实际损失的财产或人身伤亡的数量无关；承运人单位责任限制与货损的数量或旅客伤亡的数量有关。

**（五）实现权利的程序不同**

海事赔偿责任限制中的责任人要求限制赔偿责任，须向法院提出独立的申请，经法院认可并提交责任限制基金后，才能实现其限制责任的权利。承运人享受单位责任限制不必向法院提交申请并设立基金，只要责任一经确定，就可根据运输合同或法律限制责任。

除了上述主要区别外，两种制度还存在一定的联系。如某船发生事故，除造成他船人身伤亡及财产损失外，也造成根据提单承运的船上所载货物的损害。根据提单可以确定出承运人对提单持有人的单位赔偿责任限额；同时根据海事赔偿责任限制的有关规定，还可以给作为承运人的责任主体确定一个对提单持有人的总的赔偿限额。两者不一致时，多数国家规定，若前者小于后者，则以前者为准；若前者大于后者，则以后者为准。此时，前者是“一次限制”，后者是“二次限制”。

**【计算题】**

1. 根据我国《海商法》的规定，人身伤亡的赔偿与公约吨的关系：300 ~ 500 总吨，赔偿 333 000 单位；501 ~ 3 000 总吨，每吨增加 500 单位；3 001 ~ 30 000 总吨，每吨增加 333 单位。

请计算：无船救助人对人身伤亡赔偿请求和非人身伤亡赔偿请求的责任限额分别是多少？

2. 甲、乙两船因各负 50% 过失责任发生碰撞，其中甲船受损 1 800 万计算单位，乙船受损 400 万计算单位。甲船责任限额为 100 万计算单位，乙船责任限额为 200 万计算单位。

请计算：根据我国《海商法》的规定，最终赔偿结果是什么？

# 任务二　了解船舶油污损害赔偿

## 【任务分析】

关于船舶油污损害赔偿的国际立法主要有《1969 年国际油污损害民事责任公约》(*International Convention on Civil Liability for Oil Pollution Damage*,1969)(以下简称《1969 年责任公约》)、《1971 年设立国际油污损害赔偿基金的国际公约》(*International Convention on the Establishment of an International Fund for Compensation for Oil Pollution Damage*,1971)(以下简称《1971 年基金公约》)、《2001 年船舶燃油污染损害民事责任公约》以及上述公约的议定书等,可见,船舶油污损害的归责原则已在世界范围内达成共识。

本任务要求同学们了解船舶油污损害赔偿的概念和特点、《1969 年国际油污损害民事责任公约》及其议定书的主要内容。

## 【相关知识】

### 一、船舶油污损害的概念

船舶油污损害(Oil Pollution Damage from Ships)是指船舶在正常营运中或发生事故时,逸出或排放油类货物、燃料油或者其他油类物质,如废油、油类混合物,在运油船舶以外,因污染而产生的财产损害或人身伤亡,包括事故发生后,为防止或减轻此种损害而采取合理措施的费用,以及由于采取此种措施而造成的进一步损害。

### 二、船舶油污损害赔偿的特点

#### (一)严格责任原则

装运散装持久性油类货物的船舶所有人,对船舶逸出或排放的油类所造成油污损害,除少数可以免责的情况外,不论其本人、船长、船员或其他受雇人或代理人是否有过错,均须承担赔偿责任。

#### (二)高额赔偿责任限制

根据有关国际公约和各国立法,船舶所有人在一定条件下,有享受油污损害赔偿责任限制的权利,并且其责任限额通常比一般海事赔偿责任限制的限额高得多。

#### (三)货主分摊油污损害

进口或接受海运石油超过一定数量的人须交付摊款,设立特别基金,参加油污损害的分摊,以减轻船舶所有人的压力,使油污受害方尽可能多地获得赔偿或补偿。

#### (四)赔偿责任的强制保险

有关的国际公约和各国立法,对于一些船舶所有人应承担的油污损害赔偿责任进行强制保险,同时规定油污受害方可直接起诉责任保险人。

### 三、船舶油污损害赔偿的国际立法

1969 年 11 月 29 日,原政府间海事协商组织在布鲁塞尔召开的海上污染损害法律会议上通过了《1969 年责任公约》。该公约于 1969 年 6 月 19 日生效,目前共有缔约国 100 个。

我国于 1980 年 1 月 30 日加入该公约,1980 年 4 月 29 日起对我国生效。

《1969 年责任公约》虽然将船舶所有人的赔偿责任限额较《1957 年船舶所有人责任限制公约》提高了一倍,但对油污事故中受害方的损失而言仍然偏低,受害方仍得不到充分的赔偿,并且由于该公约对船舶所有人实行严格责任原则和强制保险,所以给船舶所有人增加了额外的经济负担。为了解决油污事故中受害方充分获得赔偿和船舶所有人的承受能力之间的矛盾,弥补《1969 年责任公约》的不足,原政府间海事协商组织于 1971 年在布鲁塞尔召开的关于设立国际油污损害赔偿基金会议上,通过了《1971 年基金公约》,该公约于 1978 年 10 月 16 日生效,我国未加入该公约。该公约通过设立国际油污损害赔偿责任基金的办法,将赔偿责任转移给海上石油运输的最大受益者石油进口公司承担,既保证了受害方的充分受偿,又减轻了船舶所有人的负担,维护了整个航运业的稳定和发展。此后,随着国际海运业的不断发展,为适应海事实践活动的需要,针对《1969 年责任公约》和《1971 年基金公约》分别在 1976 年、1984 年、1992 年、2000 年及 2003 年通过了一系列的议定书和修正案,对公约的内容做出了修改和补充。

此外,在国际油污损害赔偿责任限制领域还存在一系列民间协定,由油船所有人和石油公司主动订立,自愿执行,并不具有法律约束力。但由于协定参加者所代表的利益份额在航运界占绝对优势,并且协定内容符合各当事人的整体利益,所以在协调油污赔偿责任赔偿方面起到了一定的积极作用。比较著名的国际协定有《1969 年油船所有人自愿承担油污损害责任的协定》和《1971 年油船油污责任暂行补充协定》等,这些协定体现了油污损害赔偿问题的重要性和国际社会对此的广泛关注。

## 四、国际油污损害民事责任公约的主要内容

### (一)《1969 年责任公约》

1. 适用范围

(1)适用的船舶

该公约适用于“实际载运散装油类货物的任何类型的远洋船舶和海上船艇”,不适用于军舰和政府公务船。

(2)适用的油类

该公约适用的“油类”,是指任何持久性油类,例如原油、燃料油、重柴油、润滑油以及鲸油,不论是作为货物装运于船上,还是作为这类船舶的燃料。

(3)适用的地理范围

该公约仅适用于在缔约国领土和领海上发生的污染损害和为防止或减轻这种损害而采取的预防措施。

2. 船舶所有人的赔偿责任与免责

(1)责任主体

该公约规定对油污损害负有赔偿责任的人,仅限于船舶所有人,即指登记为船舶所有人的人,如果没有这种登记,则是指拥有该船的人。但如船舶为国家所有而由在该国登记为船舶经营人的公司所经营,船舶所有人就是指这种公司。

(2)免责事项

该公约就船舶所有人对油污损害的赔偿责任实行严格责任原则。除下列情况外,船舶所有人对其船舶逸出或排放的油类造成的油污损害负赔偿责任,而不论其本人、船长、船员

或其代理人对此有无过错：

1)由于战争行为、敌对行为、内战或武装暴动，或特殊的、不可避免的和不可抗拒性质的自然现象所引起的损害；

2)完全是由于第三者有意造成损害的行为或不行为引起的损害；

3)完全是由于负责灯塔或其他助航设备的政府或者其他主管当局在执行其职责时，疏忽或其他过失行为所造成的损害；

4)如船舶所有人证明，污染损害完全或部分地由于遭受损害人有意造成损害的行为或不行为而引起，或由于该人的疏忽所造成，则该船舶所有人即可全部或部分地免除对该人所负的责任。

(3)船舶油污损害赔偿的范围

船舶油污损害赔偿的范围包括三个方面：第一，是由于船舶逸出或排放油类后，在运油船舶本身以外因污染而产生的灭失或损害；第二，油污事件发生后，为防止或减轻污染损害，由任何人所采取的任何合理措施而发生的预防费用；第三，由于采取预防措施而造成的进一步灭失或损害。

(4)赔偿责任限额

船舶所有人有权按每一船舶吨位2 000金法郎计算赔偿限额，但赔偿总额不超过2.1亿金法郎。船舶吨位是指船舶净吨加上为计算净吨而从总吨位中扣除的机舱所占的容积。对于不能按照标准的吨位丈量规则测定的船舶，该船舶的吨位应为该船所能装运油类的重量吨(每吨2 240磅)的40%。

如果污染事件是由于船舶所有人的实际过失或私谋造成的，便无权援引该公约规定的责任限制。

(5)强制保险与直接诉讼

油污损害赔偿远远高于其他海事责任赔偿限额，可能导致船舶所有人经营困难或破产，且受害方的索赔请求仍处于不确定的状态。为了避免出现这种情况，《1969年责任公约》设计了强制保险制度，要求凡在缔约国登记的载运2 000吨以上散装货油的船舶的所有人必须投保油污责任保险，或取得其他财务保证，如银行保证或国际赔偿基金出具的证书等。为了保证强制保险制度的实施，上述船舶必须持有油污损害赔偿责任保险或其他财务保证证书，否则，缔约国将不允许该船舶从事营运活动，并且，非缔约国船舶进入缔约国领海也必须具备此类证书。

船舶造成油污损害，受害方可以直接向承保船舶所有人赔偿责任险的保险人或其他财务保证人提起赔偿诉讼，以保障受害方在船舶所有人于油污事故发生后出现破产或丧失偿付能力的情况下，得以充分的赔偿。但是，油污损害赔偿责任的保险人或其他财务保证人在参加诉讼时，有权援引该公约赋予船舶所有人的免责和责任限制，且责任限制的权利不因船舶所有人存在实际过失或私谋而丧失。如证明损害是船舶所有人有意的不当行为所致，保险人或财务保证人便不负赔偿责任，他们有权要求船舶所有人参加诉讼。

(6)船舶油污损害赔偿的管辖权与诉讼时效

油污损害发生地，包括采取预防措施及因此造成进一步损害发生地的缔约国法院，具有对油污案件的管辖权。可见，该公约采用地域管辖原则。

油污损害赔偿的诉讼时效为3年，自油污损害发生之日起算，但最长不超过引起损害的事件发生之日起 6 年。

**(二)1976 年议定书**

该议定书于 1981 年生效。该议定书将《1969 年责任公约》规定的金法郎改为特别提款权(SDR),按 1 特别提款权等于 15 金法郎计算。相应地,议定书将赔偿责任限额改为每一船舶吨位 113 SDR,但总额不超过 1 400 万 SDR。

**(三)1984 年议定书**

1984 年 4 月 30 日 ~5 月 25 日,IMO 在伦敦召开关于海上某些物质运输损害赔偿责任的国际会议,通过了该公约的议定书。该议定书规定的生效条件是 10 个缔约国(其中 6 个国家各拥有 100 万总吨的油船)批准或加入后 12 个月。由于生效条件较为严格,该议定书尚未生效。

**(四)《1992 年国际油污损害民事责任公约》**

1992 年 11 月 27 日,IMO 在伦敦召开的会议上通过了《1969 年责任公约》1992 年议定书,也称《1992 年国际油污损害民事责任公约》。该公约的实质内容与 1984 年议定书相同,但规定了较宽的生效条件,即 10 个国家(其中 4 个国家各拥有 100 万总吨的油船)批准或加入后 12 个月。该公约于 1996 年 5 月 30 日生效,我国于 1999 年 1 月 5 日加入该公约,2000 年 1 月 5 日对我国生效,《1969 年责任公约》同时对我国失效。该公约对《1969 年责任公约》的修改主要表现在以下三个方面。

1. 扩大适用范围

该公约对船舶的适用范围扩大至为载运散装油类货物而建造或改造的任何船舶,不论其是否实际载运散装油类货物;该公约适用的地理界限扩大到缔约国根据国际法设立的专属经济区;该公约适用的油类中排除了鲸油。

2. 提高油污损害赔偿责任限额

该公约规定,吨位不超过 5 000 吨的船舶,责任限额为 300 万 SDR;吨位超过 5 000 吨的船舶,超过部分每吨增加 420 SDR,但最多不超过 5 970 万 SDR。船舶吨位是按照《1969 年国际船舶吨位丈量公约》附则 I 中的吨位丈量规则计算的总吨。

当油污损害是船舶所有人本人有意造成或明知可能造成损害而轻率地作为或不作为所引起的,船舶所有人丧失赔偿责任限制的权利。

3. 扩展了"预防措施"的含义

该公约规定,如果存在船舶逸出或排放油类而导致油污损害的严重而紧迫的危险,即使船舶尚未逸出或排放油类,为防止或减轻油污损害所采取的措施,也构成预防措施,其费用和因此造成的进一步损害,属于油污损害范畴。

**(五)2000 年修正案**

IMO 于 2000 年 10 月通过了对《1992 年国际油污损害民事责任公约》的修正案,该修正案已于 2003 年 11 月 1 日生效,并于该日对我国生效。

2000 年修正案提高了船舶所有人的油污损害责任限额,它规定:"1992 年民事责任公约议定书第 6 条第 1 款修改如下:提到的 3 000 000 计算单位应读做 4 510 000 计算单位;提到的 420 计算单位应读做 631 计算单位;提到的 59 700 000 计算单位应读做 89 770 000 计算单位。"即将吨位不超过 5 000 吨的船舶,责任限额提高到 451 万 SDR;吨位超过 5 000 吨的船舶,超过部分每吨增加 631 SDR,但总额最多不超过 8 977 万 SDR。2000 年修正案规定的限额比1992年议定书规定的限额提高了50.37%。

**【测一测】**

**单项选择题**

1. 根据我国《海商法》的规定，在同一事故中，当船舶所有人与其船上的货主都有过失而相互承担赔偿责任时，则以下说法正确的是________。
   A. 当货主赔偿的数额大时，其赔偿的数额与反赔偿数额冲抵，差额限制责任再赔偿
   B. 当船舶所有人赔偿的数额大时，其赔偿的数额与反赔偿数额冲抵，差额限制责任再赔偿
   C. 双方都先限制责任再相互赔偿
   D. 双方相互都承担无限制赔偿责任
2. 船舶所有人对因船舶造成的债务以其海上财产为限，并有赖于债权人对债务人的海上财产主动采取强制措施，这种船舶所有人责任限制制度是________。
   A. 执行制度　B. 委付制度　C. 船价制度　D. 金额制度
3. 船舶所有人对其因船舶所造成的债务以海上财产为限，并有赖于他的主动，否则可能承担无限制责任，该种责任限制制度是________。
   A. 执行制度　B. 委付制度　C. 金额制度　D. 超额递减制度
4. 在以下________的船舶所有人责任限制制度中，债权人一般得到的是物，并且船舶所有人的赔偿责任以海上财产为限________。
   A. 船价制度和金额制度　B. 委付制度和执行制度
   C. 并用制度和金额制度　D. 委付制度和金额制度
5. 船舶所有人对因船舶所造成的债务，一般可以在两种或两种以上的方法中选择一种作为计算其赔偿数额的方法，则该种船舶所有人责任限制制度是________。
   A. 超额递减的金额制度　B. 并用制度
   C. 选择制度　D. 执行制度
6. 在下述的船舶所有人责任限制制度中，对船舶所有人最为有利的是________。
   A. 选择制度　B. 执行制度　C. 金额制度　D. 委付制度
7. 以下船舶所有人责任限制制度中，在一个航次中不管发生多少次事故，也不管船舶所有人造成了多大的损失，均以其海上财产为其赔偿责任的是________。
   A. 金额制度、超额递减的金额制度
   B. 执行制度、委付制度和船价制度
   C. 执行制度和船价制度
   D. 委付制度、船价制度和金额制度
8. 根据我国《海商法》，凡不以任何船舶或只是在被救助的船上进行救助的救助方，其责任限制的船舶吨位为________总吨。
   A. 500　B. 1 000　C. 1 500　D. 3 000
9. 根据我国《海商法》，当船舶所有人对同时发生的人身伤亡和财产损失均可享受责任限制，而实际人身伤亡少于依法设立的赔偿基金，财产实际损失大于财产赔偿基金时，则________。

A. 可用剩余的人身伤亡基金赔偿财产损失

B. 不可用剩余的人身伤亡基金赔偿财产损失

C. 可用剩余的人身伤亡基金的1/2赔偿财产损失

D. 可用剩余的人身伤亡基金1/3赔偿财产损失

10. 根据我国《海商法》,当责任主体可依法限制责任时,对旅客人身伤亡的最高赔偿额为________。

A. 船舶的乘客定额乘以46 666 SDR所确定的数值

B. 2 500万SDR

C. 船舶的总吨乘以46 666 SDR所确定的数值

D. 船舶净吨乘以46 666 SDR确定的数值

11. 单位责任限制与海事索赔责任限制所适用的责任主体________。

A. 完全相同

B. 单位责任限制适用的主体更广

C. 海事索赔责任限制适用的主体更广

D. 无法进行比较

12. 单位责任限制适用的债权与海事索赔责任限制适用的债权相比________。

A. 单位责任限制适用的债权较广

B. 海事索赔责任限制适用的债权较广

C. 两者适用的债权一样

D. 两者适用的债权无法比较

13. 根据我国法律,若债务人有权享受单位责任限制,而计算的限额高于以海事赔偿责任限制计算的数额时,债务人________。

A. 只能以单位责任限制确定其赔偿数额

B. 可以海事赔偿责任限制确定其赔偿数额

C. 以两者确定数额的平均作为其赔偿数额

D. 应赔偿实际损失

14. 船舶所有人的责任限制以航次终了时的船舶价值和运费为限制,是________。

A. 委付制度　B. 执行制度　C. 船价制度　D. 金额制度

15. 以下关于船舶所有人责任限制的制度中,不是航次制度的是________。

A. 执行制度　B. 船价制度　C. 委付制度　D. 金额制度

16. 根据我国《海商法》,当船舶发生事故,产生债务1 000万SDR,船舶所有人有权限制其责任,且有权向债权人追偿200万SDR,此时,船舶所有人所指的限制责任是针对________。

A. 1 000万SDR　B. 200万SDR

C. 800万SDR　D. 1 200万SDR

17. 在海上货物运输中,若船舶所有人对其责任进行了保险,而作为被保险人的船舶所有人对其责任可以根据我国《海商法》限制责任,则保险人________。

A. 无权按《海商法》的规定限制其责任

B. 可以部分依据《海商法》规定限制其责任

C. 可以完全按《海商法》的规定限制其责任

D.《海商法》对此无规定

18. 通常,船舶所有人对下列赔偿不享受责任限制的是________。

A. 船上发生的人员伤亡　　B. 船上发生的财产损失

C. 打捞沉船费用　　D. 船员工资

19. 根据我国《海商法》的规定,以下不能依法享受责任限制的是________。

A. 对于救助款项的请求

B. 船舶所有人在船舶营运中,侵犯非合同权利引起的赔偿

C. 责任人之外他人造成的损失

D. 救助人在救助作业中的过失,增加了被救船面临的风险

20. 根据我国《海商法》的规定,船舶所有人可以依据海事赔偿责任限制限制责任的是________。①船舶在靠岸时碰坏码头;②运输的货物因延迟交付造成损失引起的赔偿;③因旅客行李延迟到达引起损失的赔偿;④装卸公司关于装卸费用的请求。

A. ①②④　　B. ①~③　　C. ①③④　　D. ②~④

21. 船舶油污损害赔偿对船舶所有人实行的责任原则是________。

A. 完全过失责任制　　B. 不完全过失责任制

C. 推定过失责任制　　D. 严格责任制

22. 船舶油污损害赔偿确定的是船舶所有人的________责任。

A. 民事赔偿　　B. 行政赔偿

C. 刑事赔偿　　D. 违约赔偿责任

23. 船舶油污损害赔偿的特点是________。①严格责任原则;②高额赔偿责任限制;③赔偿责任限制的强制保险;④货主分摊油污损害。

A. ①②④　　B. ②~③　　C. ①③④　　D. ①~④

24. 根据《1969 年责任公约》规定,对符合适用规定的油污染损害的赔偿责任是________。

A. 任意性的

B. 强制性的

C. 根据造成油污染方与受害方的协商确定

D. 无法体现

25. 根据《1969 年国际油污损害民事责任公约》,在油污事故后,采取预防措施的费用可获得赔偿是指________。①由于船舶溢出或排放油类后,在运油船舶本身以外因污染而产生的灭失或损害;②油污事件发生后,为防止或减轻污染损害,由任何人所采取的任何合理措施而发生的预防费用;③船舶尚未溢出或排放油类而采取的预防措施造成的灭失或损害;④油污发生后,采取预防措施而造成进一步灭失或损害。

A. ①~③　　B. ②~④　　C. ①③④　　D. ①②④

26. 根据《1969 年责任公约》规定,要求载运________吨及以上的船舶必须强制保险。

A. 1 000　　B. 1 500　　C. 2 000　　D. 10 000

27. 根据《1969 年责任公约》,当发生油污损害时,受害人________。

A. 可直接起诉油污损害责任保险人

B. 直接起诉船舶所有人

C. 必须同时起诉船舶所有人和油污损害责任保险人

D. 只能起诉油污损害责任人

28. 根据《1969 年责任公约》规定,若两艘或多艘船舶溢出或排放油类而造成油污损害时,当其不能免责时,对不能合理区分的油污损害________。

A. 船舶所有人各自承担其应承担的合理的责任

B. 所有船舶所有人负连带责任

C. 船舶所有人按过失程度大小承担油污损害责任

D. 船舶所有人均不承担责任

29. 以下有关《1992 年国际油污损害民事责任公约》对《1969 年国际油污损害民事责任公约》的修改正确的是________。①公约适用的地理界线扩大到专属经济区;②公约适用的油类中增加了鲸油;③提高油污损害赔偿责任限额;④扩展了预防措施的含义。

A. ①~④　　B. ①~③　　C. ①③④　　D. ②~④

# 项目九　海上保险合同

【知识目标】

- ●了解海上保险合同的基本法律规定
- ●了解船舶保险合同的主要条款
- ●掌握船舶保赔保险的承保范围和除外责任

【能力目标】

- ●知道被保险人的义务
- ●知道船舶保险合同的主要内容
- ●能正确理解船舶保险与保赔保险的区别

【项目介绍】

海上保险是现代保险制度的起源。海上保险以其特有的经济补偿功能,成为海上运输活动中普遍采用的风险转移工具,对降低海上运输风险、防损减灾、促进贸易和航运发展发挥着重要作用。

本项目介绍海上保险合同的基本原则、保险合同的主要内容、船舶保险合同的主要条款及船舶保赔保险的主要承保范围和除外责任。

## 任务一　了解海上保险合同的基本知识

【任务分析】

保险(insurance)是指用多数人或经济单位共同交纳的费用建立起来的基金,对该多数人或经济单位因一定自然灾害或意外事故等原因造成的经济损失给予补偿,或者在其发生人身伤亡、丧失工作能力或失去工作机会等情况时给付一定金额的制度。保险可分为财产保险(Property Insurance)和人身保险(Personal Insurance)。海上保险(Marine Insurance)属于财产保险的一种。

本任务要求同学们掌握海上保险合同的概念、性质及其主要内容,了解海上保险合同适用的原则和保险赔付的基本内容。

【相关知识】

## 一、海上保险合同相关概念

根据《中华人民共和国保险法》(以下简称《保险法》)第10条的规定,保险合同(Insurance Contract)是指投保人与保险人约定保险权利义务关系的协议。投保人是指与保险人订立保险合同,并按照合同约定负有支付保险费义务的人。保险人(Insurer)是指与投保人(Applicant)订立保险合同,并按照合同约定承担赔偿或者给付保险金责任的保险公司。被保险人(Insured)是指其财产或者人身受保险合同保障,享有保险金请求权的人。投保人可以为被保险人。

投保人提出保险要求,经保险人同意承保,保险合同成立。保险人应当及时向投保人签发保险单或者其他保险凭证,其上应当载明当事人双方约定的合同内容。当事人也可以约定采用其他书面形式载明合同内容。

我国《海商法》第216条规定,海上保险合同(Marine Insurance Contract)是指保险人按照约定,对被保险人遭受保险事故造成保险标的的损失和产生的责任负责赔偿,而由被保险人支付保险费的合同。海上保险合同属于财产保险合同的范畴。

## 二、海上保险合同的性质

### (一)海上保险合同是一种双务有偿合同

同大多数合同一样,海上保险合同是双务的和有偿的。被保险人的义务是给付保险费,保险人的义务是对约定的损失、损害或责任予以赔偿。与一般合同不同的是,就单一保险合同来讲,双方当事人的权利义务不是对等的。

### (二)海上保险合同是一种赔偿性质的合同

财产保险的根本目的在于补偿被保险人的经济损失,使被保险人恢复到未受损前的状态,即被保险人将风险转嫁给了保险人。但是,实践中,有些情况被保险人并不能通过保险完全弥补其所遭受的经济损失。这种情况主要有两种:一是保险人享有多种法定的或约定的保险除外和免赔责任;二是被保险人没有进行足额投保,导致有一部分风险没有转嫁给保险人。

### (三)海上保险合同是一种射幸合同

大多数合同具有交换性质,即当事人因合同所致的利益或损失之间具有等价关系。但海上保险合同却不同,海上保险合同当事人一方所受的利益或损失,全依赖于将来不确定事实的发生与否。因此,海上保险合同中被保险人所支付的保险费与保险人将来的保险赔偿责任之间不是一一对等的。学者将海上保险合同的这种性质叫作射幸(Speculation)。这也就意味着保险含有了一定的赌博性质。为了避免保险业沦为纯粹的赌博,保障保险业的健康发展,保险法规定了“保险利益原则(Principle of Insurable Interest)”。

### (四)海上保险合同是一种诚信合同

海上保险合同的此项性质又有人称为保险合同的“对人”性质,因为保险人主要依赖被保险人提供的情况来评估保险标的的风险,以决定是否接受承保以及保险费率的高低。因此,被保险人的诚信对海上保险合同至关重要。并且海上保险合同具有射幸性质,容易发生被保险人为了图利而故意制造损害的行为,诚信原则就显得更加重要。英美法将此称之为

“最大诚信原则(Principle of Utmost Good Faith)”。

**(五)海上保险合同是一种附合合同**

在通常情况下,投保人与保险人在签订保险合同时,都是按照保险人事先印制好的投保申请书或保险单上规定的条款为条件,投保人只能就这些条款所规定的条件表示愿意与否,而不能提出修改意见(特约保险除外)。为此,根据国家法律惯例,若保险合同中印备的保险条款含义模棱两可,则应做出对被保险人有利的解释。

## 三、海上保险合同适用的原则

海上保险合同除了要适用遵守法律、行政法规的原则,尊重社会公德原则,遵循自愿原则外,还应适用如下原则。

**(一)保险利益原则**

1. 保险利益的概念及意义

保险利益(Insurable Interest)是指投保人或者被保险人对保险标的具有的法律上承认的利益。投保人会因保险标的的灭失或损害而遭受损失,它既可以是所有利益,也可以是期待利益。我国《保险法》第12条规定:“人身保险的投保人在保险合同订立时,对被保险人应当具有保险利益。财产保险的被保险人在保险事故发生时,对保险标的应当具有保险利益。”

要求投保人和被保险人必须对保险标的具有保险利益的重要意义在于以下几方面:

(1)可以避免赌博行为

保险和赌博有着本质的不同:赌博是非生产性的,赢者以输者的损失为代价;而保险意在使受损方得到补偿,使其可以恢复生产和安定生活。赌博性的合同不受法律保护。

(2)可以防范道德危险

道德危险是一种人为的危险。如果投保人对保险标的不具备保险利益就能取得赔款,则投保人可能有意识地制造危险;而发生损失所得的赔款仅能弥补原来的财产,则可避免蓄意图谋的危险。

(3)可以控制保险金额

投保人对保险标的所具有的保险利益是保险合同应受保障的最高限额。被保险人不能因保险标的的意外损失而获得超额偿付。

2. 保险利益应具备的条件

(1)保险利益必须是合法的利益

偷窃取得的财物,因为不合法,也就不存在保险利益之说。若投保人以违禁品投保货物运输险,尽管投保人对该违禁货物具有财产利益,但由于该货物是违法的,因此不构成合法的保险利益,签订的保险合同也属无效。

(2)保险利益应该是确定的、可实现的利益

大多数保险利益都是确定的利益。保险利益也可以是期待利益,但不是所有的期待利益都能构成保险利益。只有那些可实现的合理利益才构成保险利益。

(3)保险利益必须是经济的利益

保险利益必须是可以用货币计算的经济利益,即能够用金钱来衡量的利益。保险不能赔偿被保险人遭受的非经济上的损失,如精神创伤、刑事处罚、政治上的打击等。

### (二)最大诚信原则

如前所述,海上保险合同是一种诚信合同。由于在订立保险合同时,保险人不可能对每项业务均进行彻底的调查,从这个意义上讲,保险人是受投保人或被保险人支配的,因此法律均要求投保人应将有关保险人询问的保险标的的情况据实说明,否则保险人可以解除合同。我国《保险法》第 16 条和我国《海商法》第 222 条均规定了投保人如实告知的义务。

### (三)损失补偿原则

损失补偿原则是保险合同的基本原则之一,主要体现在及时赔偿、全面赔偿和实际损失赔偿三方面。

及时赔偿是指保险人对于属于保险人承保责任范围内的损失,必须及时赔偿被保险人的损失,不能久拖不决。我国《保险法》第 23 条和我国《海商法》第 237 条均规定了保险人及时赔偿的义务。

全面赔偿是指被保险人在合同规定的承保范围内遭受的损失,有权获得全面和充分的赔偿。全面赔偿的前提是被保险人需按规定金额投保,并依法履行了出险后的通知义务和施救义务;否则,对于因此扩大的损失,保险人可以拒绝赔偿。

实际损失赔偿主要是指赔偿以实际损失为限,在任何情况下,不能使被保险人获得额外利益。通常,在不定值保险下,按保险标的的实际价值进行赔偿,而不是按照保险金额赔偿;在超额保险下,超过保险价值的部分无效,保险人对超过部分不予赔付;在保险标的部分损失下,保险人只赔付部分损失;在不足额保险下,保险人按比例赔付;在重复保险下,被保险人获得的赔偿金额总数不得超过保险标的的受损价值。另外,保险人在赔偿被保险人损失后,如果损失是由于第三人过错造成的,保险人获得代位求偿权,被保险人不能同时从保险人和第三人那里获得双重赔偿。

### (四)近因原则

所谓近因(Proximate Cause),是指导致海上损失的主要的、直接的、起支配性和决定性作用的原因。近因原则就是说损失与原因之间要有因果关系,这种因果关系必须是直接原因导致的。但近因并不一定是在时间上离损失最近的原因或者导致损失的最后原因。

在海上保险中,保险人承担赔偿责任的前提条件是,导致损失发生的原因是在保险人的承保范围之内;如果不是保险人承保范围的原因导致的损失,保险人是不予赔偿的。因此确定损失原因对于保险人是否承担保险责任是至关重要的。而导致损失发生的原因通常有很多种,但保险人一般以近因作为确定自己是否应对被保险人所受到的海上损失承担赔偿责任的依据。

## 四、海上保险合同的主要内容

海上保险合同应列名保险人和被保险人的名称,合同的内容通常因险种的不同而不同,但通常包括以下主要内容。

### (一)保险标的

保险标的(Subject Matter Insured)是指保险合同双方当事人要求或提供保险保障的目标或对象。我国《海商法》第 218 条规定,海上保险合同的保险标的包括船舶、货物、船舶营运收入(包括运费、租金、旅客票款)、货物预期利润、船员工资和其他报酬、对第三人的责任以及由于发生保险事故可能受到损失的其他财产和产生的责任、费用等。

### (二)保险价值

保险价值(Insurable Value),即保险标的的价值。投保人在投保时需说明保险标的的价值。但确定保险标的价值往往是很困难的,因此,实践中,保险价值通常是由被保险人和保险人协商约定的。我国《海商法》第219条规定,保险价值为保险责任开始时保险标的的实际价值和保险费的总和,不包括预期利润。

### (三)保险金额

保险金额(Insured Amount; Sum Insured)是指被保险人对保险标的的实际投保金额。保险金额须在保险单中载明。保险金额与保险价值相等时,称为足额保险(Full Insurance);保险金额小于保险价值时,称为不足额保险(Under Insurance);保险金额大于保险价值时,称为超额保险(Over Insurance)。我国《保险法》第40条和我国《海商法》第220条均规定,保险金额不得超过保险价值;超过保险价值的,超过部分无效。

### (四)保险责任范围

保险责任范围(Scope of Cover)又称保险人赔偿责任范围,是指保险人对约定的危险事故造成的损失所承担的赔偿责任。此处"约定的危险事故"即保险人承保的风险,主要表现为保险单上所列的风险和附加条款加保的风险。前者为主要险别承保的风险,后者为附加险别承保的风险。海上保险合同成立后,保险人只对发生在保险责任范围内的保险事故造成保险标的的损失和产生的责任负责赔偿。

### (五)除外责任

除外责任(Exclusion)是指根据法律或海上保险合同的规定,保险人不负赔偿责任的保险标的的损失、责任或费用的范围。保险承保的是一种风险,所谓风险就是危险可能发生,也可能不发生。因此,必然会发生的危险保险人不会承保。此外,被保险人的故意行为或重大过失造成的损失,保险人也不承保。

### (六)保险期间

保险期间(Duration of Insurance)是指保险合同中约定的保险人对保险标的承担保险责任的期间。海上保险合同的保险期间通常有两种约定方式:①以时间来确定,如规定保险期间为1年,自某年、某月、某日起至某年、某月、某日止,此类保险称为定期保险(Time Insurance);②以空间的方法来确定,如规定保险期间自货物离开起运地起至抵达目的港止,此类保险称为航次保险(Voyage Insurance)。

### (七)保险费

保险费(Insurance Premium)是指被保险人应支付给保险人的,作为保险人承担赔偿责任的"对价"的一定金额。保险费的数额通常用约定的保险费率乘以被保险人向保险人投保的保险金额来确定。

## 五、海上保险合同中被保险人的义务

### (一)如实告知的义务

在保险合同订立之前,被保险人应当将其知道的,或在通常业务中应当知道的,有关影响保险人据以确定保险费率,或者是否同意承保的重要情况,如实告知保险人。如前所述,这是防止被保险人将保险作为赌博的一项重要控制方法,若被保险人未履行如实告知义务,则保险人可以解除合同,并不负赔偿责任。

**【议一议】**

**如何理解影响保险人的"重要情况"？不告知的法律后果是什么？**

所谓重要情况，是指对一位谨慎的保险人，在考虑是否接受承保或保险费率高低时，有决定性影响的那些情况。如果被保险人在投保时对重要情况故意隐瞒，即构成不告知。我国《海商法》第223条明确规定，如果被保险人的不告知是故意行为，则保险人有权解除合同并且不退还保险费；合同解除前发生保险事故，造成损失的，保险人不负赔偿责任。如果被保险人的不告知不是故意所为，保险人有权解除合同或者要求相应增加保险费。保险人解除合同的，对于合同解除前发生保险事故造成的损失，保险人应当负赔偿责任；但是，未告知或错误告知的重要情况对保险事故的发生有影响者除外。

#### （二）交纳保险费的义务

在海上保险业务中，交付保险费是被保险人最主要、最基本的义务。被保险人必须按照约定的时间、地点、方法交付保险费。

#### （三）危险增加时的通知义务和出险时的通知义务

危险增加时的通知义务主要指风险发生变更，如航程变更、中途绕航使保险人原来承担的风险责任增加，作为被保险人负有通知保险人的义务。我国《保险法》规定，在合同有效期间内，保险标的危险程度增加的，被保险人应当按照合同约定及时通知保险人，保险人有权要求增加保险费或者解除合同。被保险人未履行通知义务的，因保险标的危险程度增加而发生的保险事故，保险人不承担赔偿责任。

出险时的通知义务：按照我国《海商法》的规定，一旦发生保险事故，被保险人应当立即通知保险人，否则保险人有权拒绝赔偿。

被保险人的通知义务对于保险人来说是非常重要的，因为它关系到保险人的切身利益。保险人在获悉保险标的发生事故后，可以及时采取必要措施，以防止损失的扩大并确定损失的范围和事故的性质，以便向有关责任方进行追偿。

#### （四）出险后的施救义务

出险后的施救义务是指保险事故发生后，被保险人除应立即通知保险人外，还应采取必要的措施，以防止或减少保险标的损失的进一步扩大。被保险人若收到保险人发出的有关采取防止或减少损失的合理措施的特别通知的，应按通知要求去做。

被保险人如果不履行这一义务，保险人对扩大的损失有权拒绝赔偿。如果被保险人履行了这一义务，对因此而支出的费用，保险人在保险标的损失赔偿之外另行给予补偿，但最多不超过保险金额。

被保险人的施救义务就是要求被保险人在合同期间要像没有投保时一样，谨慎地采取措施保护已经投保的财产，不能因为已经保险而采取消极的措施，放任保险标的受损。

此外被保险人的义务还有严格遵守保证的义务、防灾防损义务、提供索赔单证的义务以及协助追偿的义务等。

### 六、海上保险合同的赔付

#### （一）保险标的的损失

海上保险赔付的前提是，保险标的遭受了保险事故并产生了损失。按照损失程度的不同，保险标的的损失可分为全部损失（Total Loss）和部分损失（Partial Loss）。

1. 全部损失

(1)实际全损

实际全损(Actual Total Loss)是指保险标的发生保险事故后灭失,或者受到严重损坏完全失去原有形体、效用,或者不能再归被保险人所有。例如,被保险船舶沉入深海,或者因爆炸而成为碎片,或者战时被敌舰捕获等。

我国《海商法》第248条规定:“船舶在合理时间内未从被获知最后消息的地点抵达目的地,除合同另有约定外,满2个月后仍没有获知其消息的,为船舶失踪。船舶失踪视为实际全损。”

(2)推定全损

我国《海商法》第246条分别规定了船舶的推定全损(Constructive Total Loss)和货物的推定全损。船舶的推定全损是指船舶发生保险事故后,认为实际全损已经不可避免,或者为避免发生实际全损所需支付的费用将超过被保险船舶的保险价值。

推定全损是海上保险中特有的对被保险人有力的一项制度。例如,当被保险船舶遭受保险事故(如碰撞、搁浅等)时损坏十分严重,以至于拯救该船所需费用将超过船舶获救后船舶所有人获得的利益,在此种情况下,该船舶属推定全损。根据海上保险法中推定全损制度,此时被保险人可以向保险人发出委付通知,委付被保险船舶而要求保险人按全损赔偿。

**【议一议】**

**如何理解“实际全损不可避免”？判断推定全损的标准是什么？**

在海上保险实务中,“实际全损不可避免”主要是指被保险人丧失对保险标的的自由使用,不大可能在合理时间内重新获得该保险标的的情况。例如,船舶被封锁在战区,战争何时结束难以预料;货物在中途受损后,找不到续运船只;船舶受损后虽可以起浮拖救,但因污染威胁,没有港口允许该船进港;货物被船东改卸到其他目的地,而且卸货当局不允许转运货物等。在保险标的因保险事故遭受有形损害时,判断推定全损的标准通常是费用标准,即拯救费用是否超过保险标的的保险价值。

2. 部分损失

我国《海商法》第247条规定,不属于实际全损和推定全损的损失,为部分损失。根据产生损失的原因不同,部分损失可分为单独海损(Particular Average)和共同海损(General Average)。

单独海损由受损方自己承担,若造成单独海损的原因属于保险责任范围,则保险人应当赔付被保险人的此类单独海损。共同海损应由各受益方按各自分摊价值的比例进行分摊,保险人应当承担被保险人对共同海损分摊的部分。

**(二)委付制度**

1. 委付的概念

委付(Abandonment)是指在发生保险事故造成保险标的推定全损时,被保险人明确表示将该保险标的的一切权利和利益转移给保险人,而请求保险人按全部保险金额赔付的一种赔偿方式。它是海上保险中独特的一项法律制度。

2. 委付成立的条件

在海上保险中,委付既是被保险人处理保险标的损失的一种手段,又是保险人进行保险

赔偿的具体方式。它关系到各方当事人的经济利益,必须满足以下条件:

(1)委付以保险标的推定全损为前提

由于委付包含全额赔偿,因此只能适用于全损。而在实际全损下,被保险人向保险人委付保险标的已无实际意义,故委付实际上只适用于保险标的推定全损的情况。

(2)委付的对象必须是保险标的的整体

委付制度下,保险标的具有不可分性。也就是说,被保险人委付的必须是保险标的整体,而不能只是保险标的的一部分(受损部分)。

(3)被保险人必须向保险人提出书面的委付申请

被保险人在进行委付时,必须向保险人提出委付申请。根据我国海上保险实践,委付申请必须以书面形式,直接向保险人提出。有的国家还明确规定了提出委付申请的法定时间。

如果被保险人不提出委付申请,或者不在规定的法定时间内提出,则保险人对保险标的按部分损失进行赔付。

(4)被保险人必须将保险标的的一切权利转移给保险人

委付制度下,被保险人要想获取全部赔偿,就必须向保险人转移保险标的的一切权利,并且不得附加任何条件。

(5)委付必须经保险人承诺接受才生效

委付并不因被保险人提出委付申请而当然成立。委付的成立与否还取决于保险人是否接受委付。我国《海商法》第 249 条第 1 款规定,保险人可以接受委付,也可以不接受委付。这也体现了委付制度是建立在公平原则的基础之上的。

如果保险人接受委付,则委付成立。我国《海商法》第 249 条第 2 款规定,委付一经保险人接受,不得撤回。如果保险人不接受委付,则委付不成立,但这并不影响被保险人的其他权利。

无论保险人是否接受委付,根据我国《海商法》第 249 条第 1 款的规定,保险人都应当在合理的时间内将接受委付或者不接受委付的决定通知被保险人。

3. 委付的法律效力

委付成立后即对保险人和被保险人产生法律约束力。它主要体现在以下三方面:

(1)被保险人在委付成立后,有权要求保险人按照海上保险合同约定的保险金额向其进行全额赔付,保险人也应当全额赔付。

(2)与保险标的有关的一切权利和利益归属保险人。委付成立后,与保险标的有关的一切权利和利益将转移给保险人,如处理保险标的的残值所得、船舶应获得的运费、共同海损分摊的请求权以及向第三人追偿的权利等。权利和利益转移的时间为委付成立之日。

(3)与保险标的有关的全部义务由保险人承担,如因船舶沉没在航道而进行清除所需支出的费用。正如我国《海商法》第 250 条所规定,保险人接受委付的,被保险人对委付财产的全部权利和义务转移给保险人。

**(三)保险赔偿的支付**

海上保险赔偿的支付是海上保险理赔的重要环节,是保险人履行责任的最终表现。在此过程中,需要注意以下几个问题。

1. 被保险人按规定提供索赔单证

是否支付保险金额和支付多少保险金额,关系到保险人和被保险人各自的经济利益,保险人会进行认真审核,为此,要求被保险人在理赔时需按规定提供有关证明和资料。我国《海商法》第 251 条明确规定:“保险事故发生后,保险人向被保险人支付保险赔偿前,可以要求被保险人提供与确认保险事故性质和损失程度有关的证明和资料。”

被保险人所提供的证明和资料要能反映保险事故的性质和保险标的的损失程度,同时要求这些证明和资料必须真实可靠,否则保险人可以不予接受。例如,在我国海上保险实务中,有关船舶保险的理赔通常要求被保险人提供:船长的海事报告;航海日志、轮机日志等法定文件的摘要或影印件;有关检验报告;费用清单以及保险单等。

2. 保险人的代位权

根据规定,保险人在赔付给被保险人保险赔偿后,便取得对保险标的的代位权。海上保险中的代位权是指保险人赔偿被保险人因保险事故遭受的经济损失后,在保险人的赔偿范围内,保险标的的有关权利转让给保险人行使。代位权又可分为代位求偿权(Right of Subrogation)和物上代位权。

(1)保险人的代位求偿权

我国《海商法》第 252 条第 1 款规定:“保险标的发生保险责任范围内的损失是由第三人造成的,被保险人向第三人要求赔偿的权利,自保险人支付赔偿之日起,相应转移给保险人。”根据该规定,不论保险人赔偿的损失是全损还是部分损失,保险人都具有法定的代位求偿权。

保险人取得代位求偿权的时间是其实际赔付之日。保险人赔付之后,可以以自己的名义向第三人要求赔偿。但是,保险人的代位求偿权应严格限于被保险人原有的对第三人的权利,保险人不能因代位求偿而取得被保险人原本不具有的权利。保险人的代位求偿权也只限于第三人对保险标的应当承担的赔偿责任。

被保险人有义务向保险人提供必要的文件和其所需要知道的情况,并尽力协助保险人向第三人追偿。被保险人未经保险人同意放弃向第三人要求赔偿的权利,或者由于过失致使保险人不能行使追偿权利的,保险人可以相应扣减保险赔偿。

被保险人已经从第三人取得的赔偿,保险人有权享受该利益,在支付保险赔偿时,保险人可以从应支付的赔偿额中相应扣减被保险人已经从第三人取得的赔偿。保险人从第三人取得的赔偿,不得超过其支付的保险赔偿;如果超过,则超过部分应当退还给被保险人。

(2)保险人的物上代位权

在保险人按全损赔付了保险赔偿的情况下,保险人除取得上述对债权的代位求偿权外,还有权取得对保险标的的全部物权。保险人所取得的物上代位权不受保险人所支付的保险赔偿的限制。但是,在不足额保险的情况下,保险人只能按保险金额与保险价值的比例取得对保险标的的部分物上权利。在部分损失的情况下,保险人无权取得保险标的的任何物权。

3. 保险人的提前解约权

我国《海商法》第 255 条规定,发生保险事故后,保险人有权放弃对保险标的的权利,全额支付合同约定的保险赔偿,以解除对保险标的的义务。保险人行使该权利的限制是,保险人应当自收到被保险人有关赔偿损失的通知之日起的 7 日内通知被保险人,同时被保险人在收到通知前,为避免或者减少损失而支付的必要的合理费用,仍然应当由保险人偿还。

根据上述规定,保险人可以选择在被保险人提出全损索赔之前,主动做出全损赔付,以解除对保险标的的义务。保险人行使该权利的另一代价是必须放弃对保险标的的一切权利,也不得再主张对保险标的的代位权。

## 任务二　了解船舶保险合同的主要条款

### 【任务分析】

船舶保险是以各类船舶为保险标的的保险,是海上保险的重要组成部分。目前,国际上运作成熟的船舶保险市场较多,没有一个统一的船舶保险合同。影响最大的伦敦水险市场目前使用的是“国际船舶保险条款(International Hull Clause,IHC)”。该条款于 2002 年 11 月 1 日起正式使用。在我国,现行使用最广泛的是中国人民财产保险股份有限公司于 1986 年 1 月 1 日修订的“船舶保险条款(Hull Insurance Clause)”,该条款体现了我国船舶保险条款的特点,顺应了国际保险业发展的需要。

本任务要求同学们了解中国人民财产保险股份有限公司 1986 年“船舶保险条款”中船舶保险的险别与承保范围、除外责任、保险期限、免赔额、被保险人的义务等条款的主要内容。

### 【相关知识】

中国人民财产保险股份有限公司于 1986 年 1 月 1 日修订的“船舶保险条款”主要包括以下内容。

#### 一、保险标的

该条款首先明确了该保险条款的保险标的是船舶,包括其船壳、救生艇、机器、设备、仪器、索具、燃料和物料。

#### 二、险别与承保范围

该条款的基本险别分为全损险和一切险,并都属列明险。

**(一)全损险**

全损险(Total Loss Only)是指只有当被保险船舶因列明的承保危险遭受全损时,保险人才予以赔偿。在全损险下,船舶遭受部分损失时,保险人不予赔偿;如果船舶因列明承保危险遭受全损,保险人的赔偿数额为保险金额,但超额保险的情况除外。

该条款规定,保险人承保下列原因造成的被保险船舶的全损:

(1)地震、火山爆发、闪电或其他自然灾害;

(2)搁浅、碰撞、触碰任何固定或浮动物体或其他物体或其他海上灾害;

(3)火灾或爆炸;

(4)来自船外的暴力盗窃或海盗行为;

(5)抛弃货物;

(6)核装置或核反应堆发生的故障或意外事故;

(7)装卸或移动货物或者燃料时发生的意外事故;

(8)船舶机件或船壳的潜在缺陷;

(9)船长、船员有意损害被保险人利益的行为;

(10)船长、船员和引水员、修船人员及租船人的疏忽行为;

(11)任何政府当局,为防止或减轻因承保风险造成被保险船舶损坏而引起的污染所采取的行动。

被保险人对上述后五种原因造成的保险船舶全损获得赔偿的前提是,损失原因应不是由于被保险人、船东或管理人未恪尽职守所致的。

**(二)一切险**

一切险(All Risks)承保的风险范围要比全损险宽。在一切险下,保险人的赔偿责任范围是在上述全损险赔偿责任范围的基础上,加上相同的上述列明承保危险造成的被保险船舶的部分损失,以及碰撞责任、共同海损和救助费用及施救费用。换言之,在船舶投保一切险的情况下,保险人除负责承保船舶的全损或部分损失外,还要负责承保被保险船舶的责任和费用。这些责任和费用包括以下几方面。

1. 碰撞责任

碰撞责任是指因被保险船舶与其他船舶碰撞或触碰任何固定的、浮动的物体或者其他物体而引起的被保险人应负的法律赔偿责任。此责任应由保险人负责赔偿。对于这种责任,国外有的保险公司规定仅负责赔偿其中的3/4,差额的1/4由被保险人自己承担,故将规定此项的条款称之为"3/4碰撞责任条款"。但是,该条款规定,保险人承保的是全部的碰撞责任,即4/4碰撞责任。

该条款又规定,保险人不负责下列应由被保险人承担的责任:

(1)人身伤亡或疾病;

(2)被保险船舶所载的货物或财物或其所承诺的责任;

(3)清除障碍物、残骸、货物或任何其他物品;

(4)任何财产或物体所造成的污染或者沾污(包括预防措施或清除费用),但与被保险船舶发生碰撞的他船或其所载财产的污染或者沾污不在此限;

(5)任何固定的、浮动的物体以及其他物体的延迟或丧失使用的间接费用。

2. 共同海损和救助费用

保险人负责赔偿被保险船舶应当分摊的共同海损和救助费用。

共同海损包括共同海损牺牲和共同海损费用。该条款规定,对被保险船舶遭受的共同海损牺牲,船舶保险人应按单独海损处理,径直全部赔付给被保险人,而无须先向货主索取共同海损分摊。但对于船舶遭受的共同海损费用,船舶保险人并不直接赔付,而只承担船舶应分摊的共同海损部分,即船舶保险人承担的是被保险船舶的共同海损分摊风险。

另外,船舶保险人还负责赔偿被保险船舶应当分担的救助费用,即救助报酬。

3. 施救费用

如前所述,由于列明承保危险使被保险船舶造成损失或处于危险之中时,对于被保险人为防止或减少根据该保险可以从保险人处得到赔偿的损失而付出的合理费用(即施救费用),保险人应当予以赔付。保险人对施救费用的赔偿责任,与保险人对碰撞责任的赔偿责任一样,是在该保险其他条款规定的保险赔偿责任之外另行赔付的,但是保险人对施救费用的赔付,不超过一个单独的保险金额。

由此可见,如果保险人承保一切险,当被保险船舶遭受损失并出现上述碰撞责任和费用时,保险人的赔偿总额可能会超过一个保险金额,甚至可能达到三个保险金额,即对船舶本身损失和费用的赔付为一个保险金额,船舶碰撞责任的赔付为一个保险金额以及施救费用的赔付为一个保险金额。当然,保险人的赔偿总额可能达到三个保险金额的情况只是一种理论上的分析,在实践中出现的可能性较小。

## 三、除外责任

除外责任指保险人不负赔偿责任的保险标的的损失、责任或费用的范围。

该条款规定,对于下列原因所致的损失、责任和费用,保险人不予以赔付。

### (一)被保险船舶不适航

船舶不适航,包括人员配备不当、装备或装载不妥,但以被保险人在船舶开航时知道或应该知道此种不适航为限。也就是说,如果船舶在开航时不适航,但被保险人不知道或不能够知道此种不适航,则对因此造成的损失、责任和费用,保险人仍应予以赔付。此项规定旨在促使被保险人在船舶参加保险的情况下,仍应重视船舶的适航性。

### (二)被保险人及其代表的疏忽或故意行为

船舶保险的被保险人一般是指船东,被保险人的代表包括船舶的承租人、经营人等以及他们各自的主管部门。由于船东及其代表任何疏忽或故意行为造成船舶损失,保险人不负赔偿责任。但是,由于船长、船员及其他受雇人员的疏忽或故意行为引起的损失、责任和费用,保险人仍负责赔偿。

### (三)被保险人谨慎处理后应予以发现的正常磨损、锈蚀、腐烂或保养不周,或者材料缺陷

上述情况包括对状况不良的部件的更换或修理。由此可见,船舶自然耗损与维修保养费用,保险人不予以承保。

### (四)战争和罢工险条款承保和除外的责任范围

战争和罢工险是附加险别的一种。因此,战争和罢工险承保范围的损失,如果被保险人已投保,则应根据战争和罢工险条款向保险人索赔;如果未投保战争和罢工险,则不能索赔。战争和罢工险除外责任,即使被保险人已投保战争和罢工险,也不得索赔。

## 四、保险期限

船舶保险主要有定期保险和航次保险两种。

### (一)定期保险

定期保险的保险期限最长为1年,起止时间以保险单规定为准。但如果保险到期时,被保险船舶尚在航行中或处在危险之中,或者在避难港或中途港停靠,则经被保险人通知保险人并按日比例加付保险费后,保险期限延续至船舶抵达目的港之日为止。若保险船舶在延长时间内发生全损,通常需加交6个月保险费。

### (二)航次保险

航次保险的期限多为一个航次,起止以保险单订明的为准。若船舶未载货,则航次通常自起航港解缆或起锚时起,至目的港抛锚或系缆完毕为止;若船舶载有货物,则航次通常自起运港装货时起,至目的港卸货完毕时止,但自船舶抵达目的港当日午夜零点起,一般最长不超过30天。

## 五、免赔额

为了促使被保险人加强对船舶的管理,同时也为了避免频繁的小额损失索赔给保险人

带来不便,海上保险实务中通常规定,船舶遭受保险事故受损,保险人在赔偿时,每次事故要扣除一个保险单规定的免赔额。

免赔额分为相对免赔额和绝对免赔额。该条款采用的是绝对免赔额,即当部分损失数额未达到免赔额时,保险人不赔;当部分损失数额超过免赔额时,保险人对部分损失扣除免赔额后予以赔付。对于全损、碰撞责任、救助、共损、施救费用的索赔,保险人不扣免赔额。

## 六、保险费与退费

对于船舶定期保险,全部保险费可以在承保时一次付清。若保险人同意,保险费也可分期交付,但被保险船舶在承保期间发生全损时,未交付的保险费应立即付清。

船舶航次保险通常要求全部保险费必须在承保时一次付清。

对于船舶定期保险,保险人在下列情况下退还保险费:一是被保险人退保或保险终止时,保险费应自保险终止之日起,按净保费的日比例计算退还给被保险人,但因被保险船舶在货物、航行区域等方面违反保证而保险自动终止时除外;二是船舶在保险人同意的港口或区域停泊超过30天,不论在此期间是否在修理或装卸货,停泊期间的保险费按净保费的日比例的50%计算退还给被保险人,但船舶发生全损时除外。

而对于船舶航次保险,保险责任开始后一律不再退还保险费。

## 七、被保险人的义务

该条款规定,被保险人应负有以下义务:

(1)被保险船舶发生事故或遭受损失,被保险人应在获悉后48小时内通知保险人。如船舶在国外,还应立即通知最近的保险代理人,并采取一切合理措施,避免或减轻保险人承保的损失。

(2)被保险人与有关方确定被保险船舶应负的责任和费用时,应事先征得保险人的同意。

(3)被保险人要求保险人赔偿损失时,如涉及第三者的责任或费用,被保险人应将必要的证件移交给保险人,并协助保险人向第三者追偿。

(4)被保险船舶不得有下列行为,除非事先征得保险人同意并加付保险费:

1)从事拖带或救助服务;

2)与他船(非港口或沿海小船)在海上直接装卸货物,包括驶近、靠拢和离开;

3)为拆船意图或为拆船出售的意图航行;

4)船级变更、注销或撤回,或者所有权和船旗变更,或者被光船出租、征用或征购;

5)所运货物、航程、航行区域等与保险单规定的保证不一致。

## 八、船舶战争险和罢工险条款

船舶战争险、罢工险是船舶保险的一项附加险。因此,前述船舶保险条款的规定对此附加险同样适用,除非此附加险条款另有不同规定。

### (一)承保范围

根据该条款关于船舶战争险、罢工险的规定,保险人承保下列原因造成的被保险船舶的损失、碰撞责任、共同海损和救助或施救费用:

(1)战争、内战、革命、叛乱或由此引起的内乱或者敌对行为;

(2)捕获、扣押、扣留、羁押、没收或封锁,但自事件发生之日起满6个月后,保险人才能受理；

(3)各种战争武器，包括水雷、鱼雷、炸弹；

(4)罢工、被迫停工或其他类似事件；

(5)民变、暴动或其他类似事件；

(6)任何怀有政治动机的恶意行为。

**(二)除外责任**

对于下列原因引起的被保险船舶的损失、责任和费用，保险人不负赔偿责任：

(1)原子弹、氢弹或核武器的爆炸；

(2)由被保险船舶的船籍国或登记国的政府或者地方当局所采取的或命令的捕获、扣押、扣留、羁押或者没收；

(3)被征用或被征购；

(4)联合国安理会常任理事国之间爆发的战争(不论宣战与否)。

**【计算题】**

"顺风"号船舶价值2 000万美元，其所有人分别向A、B、C三家保险公司投保定值保险，投保的险别是一切险。保险金额分别为500万美元、500万美元、1 000万美元。在保险期限内，船舶发生保险事故，损失1 000万元。

试计算A、B、C三家保险公司各自的赔偿金额分别是多少？

# 任务三　了解船东保赔协会与保赔保险的基本知识

## 【任务分析】

随着航海贸易的迅速发展，船舶所有人要负担的损害赔偿责任也越来越大，特别是因船舶碰撞、人身伤亡和油污引起的损害赔偿责任，已使船舶所有人到了难以承受的地步。而保险人除了承保3/4的碰撞责任外，也不愿再承保其他责任险，更不愿意承保船舶所有人因油污等引起的无限赔偿责任。船舶所有人为了摆脱困境，成立了船东保赔组织，最早的船东保赔协会成立于1855年，是现在英国布列塔尼亚汽船保赔协会的前身。

本任务要求同学们了解船东保赔协会的性质和作用、保赔保险的承保范围和除外责任。

## 【相关知识】

### 一、船东保赔协会概述

船东保赔协会(Ship-owner's Protection & Indemnity Club，P&I Club)，又称船东互保协会，是船舶所有人之间互相保障性质的组织，是会员船东相互保险的非营利保险组织，不同于市场上的以营利为目的的商业保险机构。

船东保赔协会的前身是18世纪由英国船东组成的许多小型船壳保险协会。目前，国际上比较著名的船东保赔协会有联合王国船东互保协会、西英船东互保协会、SKULD国际船东保赔协会、利物浦与伦敦汽船保赔协会、(百慕大)标准汽船所有人保赔协会等。此外，上述保赔协会还成立了国际保赔集团(International Group of P&I Club,IG)。我国于1984年1月1日成立中国船东互保协会(China Ship-owner's Mutual Assurance Association,CPI),简称中船保。中远系统的船舶和各地方远洋公司所属的船舶大部分都加入了中国船东互保协会。到1994年,中船保共有71家船东会员,共有入会船586艘,其中方便旗船61艘。到2012年,中船保承保船舶总吨位超过3 200万总吨。现行的中船保保险条款是2011年修订的《中国船东互保协会保险条款(2011)》,共29条,并明确约定受中国海商法调整。

船东保赔协会的会员,按其加入协会的船舶的情况,向协会缴纳保费。通常,保费分为预付保费(Advance Call)和追加保费(Supplementary Call)。预付保费在保险年度开始时支付,费率根据船舶的登记吨位、船龄、技术状况、营运特点、保险范围以及历年保险赔付情况等因素予以确定。因此,船东的预付保费的费率常常是不同的。追加保费一般在保险年度结束时,根据协会的赔付情况,向会员船东征收,其费率对所有船东均一致。

## 二、船东保赔协会的性质和作用

### (一)性质

如前所述,海上风险多种多样,但保险人不可能对这些风险都予以承保。有一些风险属商业性风险,保险人不允许投保;有些风险造成的损失难以确定,保险人不愿承保;有些风险与被保险人的管理状况有关,为了促使被保险人加强管理,保险人只承保部分责任,其余由被保险人自己承担。因此,保险公司只承担有限的风险。

为了分散那些保险公司不保的风险,船东们才自己组织起来,成立船东保赔协会,由各入会船东分别缴纳会费,建立保险基金,共同分担上述保险公司不承保的风险。

由此可见,与海上商业保险相比,保赔保险具有以下性质:

(1)保赔保险是非营利性质的;

(2)每个入会船东既是保险人,又是被保险人;

(3)在赔偿责任上,除油污责任规定了最高赔偿限额外,其他赔偿责任无限额规定。

### (二)作用

船东保赔协会有保障(protection)和赔偿(indemnity)两方面作用。为保障船东利益,协会可向会员提供多种服务,主要包括以下几种:

(1)提供担保以避免扣船或使被扣船舶获释;

(2)协助海事处理;

(3)为会员船东培训业务和技术人员;

(4)提供港口资料、装卸和配载技术指导及其他信息;

(5)为会员船东草拟、修改各种合同及文件等。

协会通常在世界主要港口雇请通信代理人、保护代理人、律师、检验人员、航海技术专家等,随时为会员船东提供各种服务与指导。

赔偿是指协会对其承保的风险造成会员船东的损失和责任予以赔付。

## 三、保赔保险的承保范围和除外责任

保赔保险主要是指由船东保赔协会承保的船舶责任保险。

### (一)保赔保险的承保范围

如前所述,保赔保险承保的风险主要是船舶保险人通常不保的,但却是船舶在海上运输或其他活动中经常遇到的责任风险，以及超出船舶保险人承保范围的风险，如油污责任、人身伤亡、罚款等。保赔保险承保的风险范围在各船东保赔协会的章程里都有明确规定。保赔保险承保的风险范围通常包括以下几方面：

(1)会员船舶船员的人身伤亡、疾病，以及遣返费和替工的派遣费用；

(2)会员船舶船员以外的任何人(包括装卸工人)的人身伤亡、疾病；

(3)1/4 船舶碰撞责任(船舶保险人只承保 3/4 船舶碰撞责任时)，以及被碰船舶或物体上的人员伤亡、船舶保险人不承保的其他责任和费用；

(4)会员船舶引起的油污索赔与罚款；

(5)货损货差责任；

(6)清除、打捞船舶残骸的费用和责任；

(7)无法取得的本应由货主分摊的共同海损分摊费用；

(8)根据拖带合同所承担的责任；

(9)损害防止和法律诉讼费用；

(10)有关检疫费用和各种罚款等。

上述范围中，除油污损害的赔偿有最高限额外(中船保规定每船每事故不超过 10 亿美元)，船东保赔协会的赔偿没有限额，但对有些项目的赔偿，如罚款、船员生病或受伤、货物索赔，要扣除一定的免赔额。

**(二)保赔保险的除外责任**

通常，船东保赔协会对会员船东在下列情况下遭受的损失或承担的赔偿责任，不予承保：

(1)会员船东故意或轻率地违反运输合同所产生的责任和费用；

(2)在未事先通知协会并取得同意的情况下，船舶违法或违约的绕航所引起的责任和费用；

(3)因船舶承运违禁品，从事非法贸易而引起的责任和费用；

(4)战争风险、核风险；

(5)未凭正本提单交付货物、签发预借或倒签提单、未在合同规定的港口或地点卸货等原因引起的对货物的责任和费用；

(6)船东保赔协会章程中规定的协会不予以承保的其他情况。

**【测一测】**

**单项选择题**

1. 根据我国《海商法》的规定，有关船舶保险价值的陈述正确的是________。①保险价值是指保险标的的价值；②通常由保险人与被保险人约定；③保险价值是被保险人对船舶的实际投保价值；④根据我国《海商法》，船舶未约定保险价值的，按保险责任开始时船舶价值和保险费的总和计算。

   A. ②~④　　B. ①~③　　C. ①②④　　D. ①③④

2. 根据我国《海商法》的规定，以下有关船舶保险价值与保险金额的关系陈述正确的是________。①保险金额与保险价值相等是足额保险；②保险金额小于保险价值是不足额保险；③保险金额大于保险价值是超额保险；④超额保险超过部分有效。

A. ②~④　　B. ①~③　　C. ①②④　　D. ①③④

3. ________是指被保险人应支付给保险人的,作为保险人承担赔偿责任的对价的一定金额。

A. 保险金　　B. 保险金额　　C. 保险担保金　　D. 保险费

4. 保险费的数额通常是用约定的保险费率乘以被保险人向保险人投保的________来确定。

A. 保险金　　B. 保险金额　　C. 保险担保金　　D. 保险价值

5. 根据我国《海商法》,在船舶保险合同订立前,被保险人应________。

A. 以无限告知的方式,把其知道的或在通常业务中应当知道的告诉保险人

B. 把影响确定保险费率或确定是否同意承保的重要情况告知保险人

C. 以询问告知方式,把其知道的或在通常业务中应当知道的告诉保险人

D. 以询问告知方式,把影响确定保险费率或确定是否同意承保的重要情况告知保险人

6. 根据我国《海商法》的规定,若船舶所有人故意未将影响保险费率的重要情况告诉船舶保险人,在合同解除前发生保险事故并造成损失时________。

A. 保险人应承担赔偿责任

B. 保险人不承担赔偿责任

C. 根据被保险人故意不告诉的程度确定保险人的赔偿责任

D. 保险人只承担一半赔偿责任

7. 根据我国《海商法》,船舶发生保险事故后,属于船舶实际全损的是:①灭失;②失去效用;③不再归保险人所有;④船舶失踪。

A. ①~③　　B. ②~④　　C. ①②④　　D. ①③④

8. ________是指被保险人对保险标的的实际投保金额。

A. 保险价值　　B. 保险金额　　C. 保险费　　D. 保险赔偿

9. 在海上保险业务中,不足额保险是指保险合同中________的情况。

A. 保险价值低于保险金额　　B. 保险金额低于保险价值

C. 保险金额低于保险费　　D. 保险费低于保险金额

10. 根据我国《海商法》的规定,被保险人的义务包括:①缴纳保险费的义务;②危险增加时的通知义务;③出险时的通知义务和施救义务;④如实告知的义务。

A. ①~④　　B. ②③　　C. ①③④　　D. ①②④

11. 根据我国《海商法》,当保险金额低于保险价值,而保险标的发生部分损失时保险人________赔偿责任。

A. 按保险金额与保险价值的比例负　　B. 对全部损失负

C. 负一半　　D. 不负

12. 根据我国《海商法》的规定,被保险人为防止或者减少根据保险合同可得到赔偿的损失而支出的必要的合理费用,保险人________。

A. 在保险标的损失赔偿之外另行支付

B. 不承担赔偿责任

C. 只承担该费用的赔偿,对于保险标的的损失不负责

D. 承担该费用的一半

13. 根据我国《海商法》,船舶发生保险事故后,以下损失属于推定全损的是________。①船舶失踪;②船舶实际全损已不可避免;③为避免船舶实际全损所需的修理费超过保险价值;④船舶灭失。

A. ①④　　B. ①③　　C. ①~③　　D. ②③

14. 根据我国《海商法》,船舶在合理时间内未从获知最后消息的地点抵达目的地,除合同另有约定外,满________个月后仍无消息的为失踪。

A. 6　　B. 12　　C. 3　　D. 2

15. 根据我国《海商法》,当投保全损险的船舶发生推定全损,而被保险人要求全部损失赔偿时________。

A. 应向保险人发出赔偿通知

B. 应向保险人委付船舶

C. 应处理船舶的残骸并将所得交付保险人

D. 应通过司法程序起诉责任保险人

16. 根据我国《海商法》,当投保全损险的船舶发生推定全损而被保险人要求全部损失赔偿向保险人委付船舶,则________。

A. 只有保险人接受委付,才赔偿全部损失

B. 不管保险人是否接受委付,均应赔偿全部损失

C. 应以适当的方式发出委付,保险人才赔偿全部损失

D. 保险人必须接受委付,赔偿视情况

17. 船舶由于保险事故造成推定全损,被保险人要求保险人按实际全损赔偿而委付船舶时,要求保险人将船舶残骸的所得偿还,根据我国《海商法》,则下列说法正确的是________。

A. 由于该委付无效,因此被保险人无权要求保险人按实际全损赔偿

B. 该委付是正当的,保险人应按实际全损赔偿,并将残骸所得偿还被保险人

C. 由于被保险人的要求是不合法的,因此保险人可解除合同

D. 该委付是合法的,但被保险人无权要求保险人按实际全损赔偿

18. 根据我国《海商法》,保险标的发生保险责任内的损失是由第三人造成的,则________。

A. 从标的损失开始,保险人享有对第三方的追偿权

B. 保险人在任何时候均无对第三方的追偿权

C. 在保险人赔偿被保险人后享有对第三方的追偿权

D. 保险人在任何时候均有对第三方的追偿权

19. 根据我国《海商法》,若保险标的发生保险责任范围内的损失是由第三方造成的,被保险人在向保险人索赔前已获得第三方的赔偿,则________。

A. 被保险人无权要求保险人再赔偿

B. 保险人在赔偿时可扣减被保险人已从第三方取得的赔偿

C. 保险人仍须承担全部损失的赔偿责任

D. 保险人应免除赔偿责任

20. 以下关于船东保赔协会，表述有误的是________。

A. 船东保赔协会又称船东互保协会，是船舶所有人之间互相保障性质的组织

B. 参加船东保赔协会的会员船东既是保险人，又是被保险人

C. 协会以会员船东缴纳的会费作为保险赔偿基金，不以营利为目的

D. 成立船东保赔协会目的就是要逐步取代商业保险机构

21. 船舶所有人保赔保险的保险赔偿基金是由________。

A. 船舶所有人所属各国根据其所拥有的船舶数量分摊的

B. 船舶所有人共同出资建立的

C. 是由船舶保险人共同出资建立的

D. 船上所有船员共同出资建立的

22. 与商业保险相比，船舶保赔保险具有以下________性质。①保赔保险是非营利性的；②承保的风险是保险公司不保的所有风险；③通常在赔偿责任上除油污有限额外，其他赔偿责任无限额；④会员船东既是保险人，又是被保险人。

A. ①~④　　B. ①~③　　C. ②④　　D. ①③④

23. 根据我国1986年船舶保险条款，以下陈述正确的是________。①一切险的承保风险范围大于全损险的承保风险范围；②全损险下，只有当船舶因列明风险导致全损时，保险人才予以赔偿；③一切险下的碰撞责任，仅限于海商法意义上船舶间碰撞所造成的被保险人应负的法律赔偿责任；④保险人承保的是4/4碰撞责任。

A. ①②④　　B. ①③④　　C. ①~③　　D. ②~④

24. 根据我国1986年船舶保险条款，有关免赔额陈述正确的是________。①采用绝对免赔额；②部分损失数额低于免赔额时，保险人不赔；③部分损失高于免赔额时，保险人全赔；④对于全损、碰撞责任、救助、共损、施救费用的索赔，保险人不扣免赔额。

A. ①②④　　B. ①③④　　C. ①~③　　D. ②~④

# 项目十　海事争议的处理

【知识目标】

●掌握和解与调解的区别
●掌握调解书的法律效力
●了解海事诉讼的基本知识
●了解海事仲裁的基本知识

【能力目标】

●知道解决海事争议的途径
●知道海事诉讼管辖的分类
●知道海事仲裁与海事诉讼的主要区别

【项目介绍】

海事争议(Maritime Dispute)是指当事人之间因海上运输关系和与船舶有关的关系而发生的纠纷。海事的发生可能是由单方责任造成的,也可能是由双方或第三方的责任造成的,或是由意外事故或不可抗力原因所致的。

本项目介绍解决海事争议的主要途径,包括和解、调解、海事诉讼和海事仲裁。这四种解决方式的性质、特点及其效力各不相同,但是在解决海事争议中的作用都是不可忽视的,各种途径可并行不悖。除诉讼和仲裁不可以同时并行外,有的海事争议是通过多种途径才得以解决的。海事争议或纠纷究竟采取何种途径处理,要视具体情况而定。

## 任务一　掌握和解与调解

【任务分析】

在海事争议的解决方式中,由当事人协商和解是一种最佳方式,实践中大量的海事争议案件是通过此途径来解决的。是否有第三方参与,是和解与调解的主要区别。

本任务要求同学们掌握和解与调解的主要特点及其法律效力。

## 【相关知识】

### 一、和解

和解(reconciliation)又称自行和解,是指在无第三方参与的情况下,双方当事人本着互谅、互让的精神,通过双方协商、切磋解决其间所发生的纠纷的方式。

实践中,许多海事争议由双方当事人通过和解方式解决。有时双方或一方通过自己聘请的代理人(包括律师)参与和解。达成和解时,双方应将和解的内容制成和解协议书。

和解的优点:双方不伤和气,有利于今后的进一步合作;不足:这种和解协议(包括庭外和解协议)不具有法院强制执行的约束力,任何一方的反悔都会使协议无法履行。因此,不具备和解条件的争议应及时采取其他途径解决,以免争议久拖不决。

### 二、调解

调解(mediation)是指在第三方的主持或参与下解决双方海事争议的方式。调解的首要原则是自愿原则,在此原则下,在查明事实的基础上,依照法律规定进行调解。双方达成的调解协议,除当事人双方须在协议书上盖章外,调解人也要签字盖章。需要注意的是,不同调解人进行的调解所产生的法律效力不同。

对海事争议进行调解的主要机构有行政机构、海事法院、仲裁机构、其他单位或个人。

1. 行政机构调解

在我国主要是指由海事行政主管机关对海事争议的调解。调解协议达成后,一方反悔的,另一方不能据此调解协议请求海事法院强制执行,只能通过诉讼或其他方式解决海事争议。也就是说,在行政机关主持下达成的调解协议不具有法院强制执行力。

2. 海事法院调解

海事法院的调解书在双方签收后,便发生法律效力。调解书具有与判决书类似的法律效力,但不等同于判决书。两者的区别:当事人对一审法院不服的判决,可以在法定期限内向上一级法院上诉;而法院的调解书一旦经双方签收,便发生法律效力,当事人不得上诉,如果认为调解书明显错误,也只能通过申诉以及审判监督程序来解决。

3. 海事仲裁机构调解

海事仲裁机构对海事争议调解成立后,根据《中华人民共和国仲裁法》(以下简称《仲裁法》)的规定,仲裁调解书与裁决书具有同等的法律效力。当事人不服仲裁调解的,不可以向法院或其他部门要求改变仲裁调解书的内容。

## 【议一议】

1. 甲、乙两公司航次租船合同滞期费纠纷一案,经上海海事法院主持调解,双方达成调解协议,甲公司应当在调解书生效后7日内向乙公司支付滞期费210万元,其余责任互相不再追究。该调解书经双方签收后,产生以下哪些法律效力?①甲、乙两公司滞期费争议消灭;②任何一方当事人不得反悔;③任何一方当事人可以提起上诉;④甲公司拒绝支付210万元时,乙公司有权申请法院强制执行。

2. 甲、乙两公司船舶碰撞纠纷一案,经天津海事局主持调解,双方达成调解协议,甲公司向乙公司支付损害赔偿500万元。该调解书经双方签收后,产生以下哪些法律效力?①甲、乙两公司碰撞赔偿争议消灭;②任何一方都可以反悔;③可以通过诉讼或其他方式解决海事争议;④天津海事局的调解书与法院判决书具有相同的法律约束力。

## 任务二　了解海事诉讼制度的基本知识

### 【任务分析】

海事诉讼是当事人以起诉的方式,由海事法院依照法定程序行使审判权解决海事争议。海事诉讼作为处理海事争议的途径,与和解、调解及海事仲裁相比,有更大的权威性、强制性。

本任务要求同学们了解海事诉讼制度中的基本知识,主要包括海事诉讼的概念、海事诉讼适用的程序法、海事诉讼管辖、海事请求保全与海事强制令等内容。

### 【相关知识】

#### 一、海事诉讼的概念

海事诉讼(Maritime Litigation)是指海事法院在海事争议当事人和其他诉讼参与人的参加下,依法审理或判决海事争议案件的全部活动过程。

在海事诉讼中,海事法院、海事诉讼参加人和其他海事诉讼参与人构成海事诉讼法律关系的主体。其中,海事诉讼参加人包括当事人(即原告、被告)、第三人、共同诉讼人、诉讼代表人以及诉讼代理人,但其他关系方,如翻译、鉴定人则不能成为诉讼主体。诉讼参与人有广义和狭义之分,广义的诉讼参与人是指除了法院以外的全部参加诉讼的人,包括诉讼参加人、翻译、鉴定人、证人等;狭义的诉讼参与人仅指翻译、鉴定人、证人等,又称为其他诉讼参与人。

在我国诉讼法律关系的主体只能是自然人、法人或其他组织,物不能成为诉讼主体。

#### 二、海事诉讼适用的程序法

海事法院审判案件应依法进行。这里的“法”既包括实体法(Substantive Law),又包括程序法(Procedure Law)。法院适用的实体法会因案件性质的不同而不同;而对于海事法院审理案件所适用的程序法,则均为本国程序法。这也是各国法院的普遍做法,尤其是对涉外案件,“程序问题适用法院地法”是国际私法的一项基本原则。

目前,我国海事法院审理海事案件所适用的程序法主要包括《中华人民共和国海事诉讼特别程序法》(以下简称《海事诉讼特别程序法》)及其司法解释、《民事诉讼法》、《最高人民法院关于民事诉讼证据的若干规定》、《关于海事法院受理案件范围的若干规定》以及最高人民法院有关海事诉讼方面的规定等。

#### 三、海事法院及其收案范围

##### (一)海事法院

海事法院(Maritime Court)是我国受理第一审国内外海事诉讼案件的专门法院,是国家审判机关的重要组成部分。海事法院与中级人民法院同级,不受理刑事案件和其他民事案件,目前也不受理海事行政诉讼案件。对海事法院判决或裁决不服的,可向海事法院所在地的高级人民法院上诉。

通常,海事法院内设告申庭、执行庭(有的海事法院将两者合二为一为告申执行庭)、海商审判庭、海事审判庭、研究室和办公室等。海事法院的最高权力机构是海事审判委员会,该委员会通常由海事法院的院长、庭长、研究室主任组成,它有权对海事法院受理的重大疑难案件或合议庭成员对案件意见分歧较大的案件进行集体讨论并做出决定。并且,海事审判委员会对案件的决定,合议庭必须服从。

### (二)海事法院的收案范围

根据2001年9月18日施行的《关于海事法院受理案件范围的若干规定》和2003年8月11日下发的《最高人民法院办公厅关于海事行政案件管辖问题的通知》,海事法院受理我国法人、公民之间,我国法人、公民同外国或地区法人、公民之间,外国或地区法人、公民之间的下列四大类、61项案件。

(1)海事侵权纠纷案件。它包括船舶碰撞损害赔偿案件在内的10种案件。

(2)海商合同纠纷案件。它包括海上货物运输合同纠纷案件在内的22种案件。

(3)其他海事海商纠纷案件。它包括共同海损纠纷案件在内的24种案件。

(4)海事执行案件。它包括申请执行海事法院就海事请求做出的生效法律文书的案件在内的5种案件。

## 四、海事诉讼管辖

### (一)海事诉讼管辖的基本概念

海事法院依照法律规定或约定对海事案件具有管辖的权力称为管辖权(Jurisdiction)。海事诉讼管辖和海事法院的收案范围是两个不同的概念。海事诉讼管辖是说明某一海事、海商案件具体应由哪一海事法院审理,是各级法院或同级法院之间受理第一审海事、海商案件的分工和权限;而海事法院的收案范围是说明哪些案件属于海事法院的审理范围,是海事法院和其他组织之间解决海事争议的分工和权限。各海事法院只有在自己的分工和权限内,才能对海事案件进行管辖,行使管辖权。

### (二)海事诉讼管辖的分类

根据不同的划分方式,海事诉讼管辖可分为以下种类。

1. 法定管辖和裁定管辖

(1)法定管辖

法定管辖是指法律明确规定哪些案件由哪一级法院中的哪一个法院行使管辖权。依据法院对案件的纵横管辖关系的不同,法定管辖可分为级别管辖和地域管辖。

1)级别管辖是指不同级法院之间关于审理第一审案件的分工和权限。划分级别管辖权限主要依据案件的性质及案件的影响力大小。对于海事案件,我国实行海事法院和其所在地的高级人民法院两审制。

2)地域管辖是指同级法院之间审理第一审案件的分工和权限。在我国,民事纠纷案件的地域管辖依据行政区域划分,而海事法院对海事案件的地域管辖是按水域划分的。

(2)裁定管辖

裁定管辖是指由享有相应权限的法院做出裁定或决定,以确定具体的管辖法院。依据决定管辖的方式不同,裁定管辖又可以分为指定管辖、移送管辖和管辖权的转移。

1)指定管辖是指法院之间对案件的管辖发生争议或者有管辖权的法院因特殊情况不能行使管辖权,由上一级法院指定某一下级法院管辖。

2)移送管辖是指当法院发现已经受理的案件不属于本院管辖的范围,而将案件移送给有管辖权的法院。

3)管辖权的转移是指根据上级法院的决定和同意,将案件的管辖权由下级法院转移给上级法院或由上级法院转移给下级法院管辖。

2. 专属管辖和协议管辖

(1)专属管辖

专属管辖是指法律规定某类案件只能由特定的法院管辖,其他法院无管辖权,当事人也不得以协议方式变更管辖。

(2)协议管辖

协议管辖是指尽管法律已经对管辖做出了规定,但同时法律又允许当事人以书面协议方式选择其他管辖法院,法院在确定案件纠纷的管辖权时,以当事人的约定为先。

3. 共同管辖和合并管辖

(1)共同管辖

共同管辖是指两个以上的法院对同一案件都有管辖权。对于共同管辖的诉讼案件,法律要求只能做单一的选择。在民事诉讼法和行政诉讼法中,这个选择权在原告一方,由原告方在有管辖权的人民法院范围内自由选择;但在刑事诉讼法中,这个选择权已由法律做了决定,即由最先受理案件的人民法院审判。

(2)合并管辖

合并管辖亦称牵连管辖,是指对某一案件有管辖权的法院,因为另一案件与该案件存在着牵连关系,而对两个案件一并管辖和审理。

合并管辖的实质是对某案件有管辖权的法院基于牵连关系而对另一原本无管辖权的案件并归自己管辖。如果法院对另一诉讼案件原本就有管辖权的,则不发生合并管辖问题。

## 五、海事请求保全与海事强制令

### (一)海事请求保全

1. 海事请求保全

根据我国《海事诉讼特别程序法》第 12 条的规定,海事请求保全(Security of Maritime Claims)是指海事法院根据海事请求人的申请,为保障其海事请求的实现,对被请求人的财产所采取的强制措施。海事请求保全是海事诉讼中一项重要的制度。

海事请求保全多发生在诉讼之前,故又称之为"诉前保全(Security Prelitigation)"。海事请求保全可申请扣押的财产一般包括船舶、货物及其他有关海上财产,但大多数是船舶。海事请求人申请海事请求保全的直接目的是通过扣船或其他财产,迫使被申请人提供担保,以保全其请求权的实现,并非一定要进行诉讼。此外,海事请求保全措施只能由海事法院以裁定的形式做出并执行。因此,在海事仲裁案件中,如果当事人申请海事请求保全,则应由仲裁委员会将当事人的申请提交海事法院裁定,而不能自行做出保全决定。

2. 船舶的扣押

海事请求保全大多表现为扣押船舶;但海事请求权人向法院申请扣船时,并非一切船舶都可以扣押。根据有关扣船公约和一些国家法律的规定,可以被扣押的船舶主要有两类:发生海事请求的当事船舶和与海事请求相关的其他船舶。

(1)扣押当事船舶

根据我国《海事诉讼特别程序法》第 23 条第 1 款的规定,有下列情形之一的,海事法院可以扣押当事船舶:

1)船舶所有人对海事请求负有责任,并且在实施扣押时是该船的所有人;

2)船舶的光船承租人对海事请求负有责任,并且在实施扣押时是该船的光船承租人或者所有人;

3)具有船舶抵押权或者同样性质的权利的海事请求;

4)有关船舶所有权或者占有的海事请求;

5)具有船舶优先权的海事请求。

(2)扣押其他船舶

我国《海事诉讼特别程序法》第 23 条第 2 款规定:"海事法院可以扣押对海事请求负有责任的船舶所有人、光船承租人、定期租船人或者航次租船人在实施扣押时所有的其他船舶,但与船舶所有权或者占有有关的请求除外。"

第 3 款又规定:"从事军事、政府公务的船舶不得被扣押。"

3. 船舶的拍卖

我国《海事诉讼特别程序法》第 29 条规定,船舶扣押期间届满,被请求人不提供担保,而且船舶不宜继续扣押的,海事请求人可以在提起诉讼或者申请仲裁后,向扣押船舶的海事法院申请拍卖船舶。

拍卖船舶必须由扣船申请人依法向扣押船舶的海事法院提出,由扣押船舶的海事法院依照法定程序对扣押的船舶进行拍卖。

### (二)海事强制令

海事强制令是指在诉前或诉中,海事法院根据海事请求人的申请,为使其合法权益免受侵害,责令被申请人依据法律规定或合同约定作为或不作为的强制措施。

根据我国《海事诉讼特别程序法》第 56 条的规定,海事强制令必须具备下列条件:

(1)请求人有具体的海事请求;

(2)需要纠正被请求人违反法律规定或者合同约定的行为;

(3)情况紧急,不立即做出海事强制令将造成损害或者使损害扩大。

海事强制令既可以在诉前向海事纠纷发生地的海事法院提出,也可以在已经进入实体诉讼后,向受诉的海事法院提出。若是前者,申请和执行海事强制令可以作为一个独立的司法程序而存在,一旦被申请人执行了海事法院做出的海事强制令,当事人之间的争议有可能就解决了,而无须再进入下一步的司法程序;若是后者,则海事强制令可以作为诉讼的一个中间程序,法院仅以裁定的形式做出,它并不影响法院对实体争议的审理和判决。

## 六、海事诉讼时效

### (一)海事诉讼时效的概念

海事诉讼时效(Time Bar;Limitation of Time)是指海事请求人于一定期间内通过诉讼程序请求海事法院保护其合法权利的法律制度。如果海事请求人未在诉讼时效届满前行使自己的权利,即丧失请求海事法院依法强制义务人履行义务的权利。

实行海事诉讼时效制度可以促使权利人及时行使其权利,保证海事法院正确、合理、及时的审判各种海事纠纷,避免因时过境迁难以取证给审判工作带来困难,同时也有利于国际海上运输秩序的稳定。

**(二)海事诉讼时效期间**

我国《海商法》第十三章中对不同性质的海事请求,分别规定了不同的海事诉讼时效:

(1)就海上货物运输向承运人索赔的诉讼时效期间为1年,自承运人交付或者应当交付货物之日起计算;在时效期间内或者时效期间届满后,被认定为负有责任的人向第三人提起追偿请求的,时效期间为90日,自追偿请求人解决原赔偿请求之日起或者收到受理对其本人提起诉讼的法院的起诉状副本之日起计算。

(2)有关航次租船合同、船舶租用合同的诉讼时效期间为2年,自知道或者应当知道权利被侵害之日起计算。

(3)就海上旅客运输向承运人索赔的诉讼时效期间为2年。有关旅客人身伤害的请求权,自旅客离船或者应当离船之日起计算;有关旅客死亡的请求权,发生在运送期间的,自旅客应当离船之日起计算;因运送期间内的伤害而导致旅客离船后死亡的,自旅客死亡之日起计算,但是此期限自离船之日起不得超过3年;有关行李灭失或者损坏的请求权,自旅客离船或者应当离船之日起计算。

(4)有关海上拖航合同的请求权,诉讼时效期间为1年,自知道或者应当知道权利被侵害之日起计算。

(5)有关船舶碰撞的请求权,诉讼时效期间为2年,自碰撞事故发生之日起计算;对第三人的人身伤亡承担连带责任的赔偿额超过自己应当承担的责任比例的,其追偿请求的诉讼时效期间为1年,自当事人连带支付损害赔偿之日起计算。

(6)有关海难救助的请求权,诉讼时效期间为2年,自救助作业终止之日起计算。

(7)有关共同海损分摊的请求权,诉讼时效期间为1年,自理算结束之日起计算。

(8)根据海上保险合同向保险人要求保险赔偿的请求权,诉讼时效期间为2年,自保险事故发生之日起计算。

(9)有关船舶发生油污损害的请求权,诉讼时效期间为3年,自损害发生之日起计算;但是,在任何情况下时效期间不得超过从造成损害的事故发生之日起6年。

**(三)海事诉讼时效的中止、中断**

海事诉讼时效的中止是指在时效期间的最后6个月内,因不可抗力或者其他障碍不能行使请求权的,我国《海商法》规定暂时停止诉讼时效的进行,待阻碍事由消灭后,诉讼时效又继续计算。因此,诉讼时效期间中止必须具备两个条件:一是中止的原因发生在时效期间的最后6个月;二是中止原因须是不可抗力或其他足以妨碍权利人行使请求权的客观事实。诉讼时效中止的特点是,中止原因消除后,时效期间继续计算。

海事诉讼时效的中断是指在诉讼时效期间内,因法定事由的出现使得已经进行的时效期间全部归于无效,待法定事由消除后,时效期间重新开始计算。根据我国《海商法》第267条的规定,时效期间因请求人提起诉讼、提交仲裁或者被请求人同意履行义务而中断。但是,请求人撤回起诉、撤回仲裁或者起诉被裁定驳回的,时效不中断。另外,若请求人申请扣船,则诉讼时效自申请扣船之日起中断。

# 任务三　了解海事仲裁制度的基本知识

## 【任务分析】

海事仲裁作为处理海事争议的途径和一种法律制度，具有许多与和解、调解、诉讼不同的特点和优越性。

本任务要求同学们了解海事仲裁的特点、海事仲裁协议的表现形式及仲裁裁决的执行等基本知识。

## 【相关知识】

### 一、海事仲裁的基本概念

海事仲裁(Maritime Arbitration)是指海事仲裁机构或仲裁员，根据当事人在争议发生之前或之后达成的仲裁协议及书面申请，按照一定的程序规则，对其海事争议进行审理，并做出终局裁决的一种解决争议的方式。

海事仲裁机构(Maritime Arbitration Institution)是为解决海事方面的争议而设立的专门性组织。中国海事仲裁委员会(China Maritime Arbitration Commission，CMAC)是我国常设的海事仲裁机构。

仲裁规则(Rules of Arbitration)是当事人和仲裁庭在整个仲裁过程中所应遵循的程序规则，包括仲裁申请的提出、仲裁员的选定、仲裁庭的组成、仲裁的审理、仲裁的裁决以及裁决的效力等内容。目前，中国海事仲裁委员会适用的最新的仲裁规则是2004年10月1日起实施的《中国海事仲裁委员会仲裁规则》。

### 二、海事仲裁的特点

海事仲裁是解决海事争议的重要途径之一。与海事诉讼相比，海事仲裁有以下不同点。

#### (一)组织机构的性质不同

法院作为诉讼机构，是国家的权力机构，法院法官的任职有着严格的条件(特别是国籍)；而海事仲裁机构多是民间机构，隶属于国际商会，仲裁员多为仲裁机构聘任，且多为兼职人员，其国籍一般不受限制。

#### (二)当事人的权利不同

对于案件的管辖法院，当事人只能在法律允许的范围内进行选择，且不能违反专属管辖的规定，在诉讼时也只能适用法院地的程序法；而在海事仲裁方面，当事人可以协议选择仲裁机构、指定仲裁员、选择仲裁适用的程序法及实体法等。而且，有效的仲裁协议有时可以排除法院的管辖权。

#### (三)裁判制度不同

法院诉讼普遍采用两审终审或三审终审制；而海事仲裁普遍采用一裁终局制。因此，仲裁案件结案的速度通常比较快。

#### (四)裁判的执行范围不同

法院的判决通常只能在法院地国与其他存在有关司法协助条约时，才能在他国得以承认和执行；而对于仲裁裁决，由于世界多数国家都参加了1958年《承认与执行外国仲裁裁决公约》（又称《纽约公约》），使得某一缔约国仲裁裁决在其他缔约国普遍得以承认与执行。

总之，相对海事诉讼，海事仲裁具有专业性、快捷性、灵活性和裁决易于执行的特点。

## 三、海事仲裁协议

### （一）仲裁协议的概念及其表现形式

仲裁协议（Arbitration Agreement）是指当事人在争议之前或者在争议发生之后达成的将争议提交仲裁机构或仲裁员，依照法律和仲裁规则解决争议的一种书面协议。

仲裁协议应当采用书面形式。实践中，仲裁协议的具体表现形式有以下几种。

1. 合同中订明的仲裁条款

合同中订明的仲裁条款（Arbitration Clause）是指在争议发生之前，当事人在合同中以合同条款的形式表现出来的一种约定形式。在海商法领域中，存在着大量的标准合同格式，如各种租船合同、船舶买卖合同、救助合同等，这些合同中大多订有比较完善的仲裁条款。

2. 仲裁协议书

仲裁协议书（Submission to Arbitration）是指双方当事人在争议发生前后为将其争议交付仲裁而专门订立的一种单独协议。

仲裁协议书多在争议发生之后签订，它不仅适用于合同方面的争议，也适用于侵权及其他方面的纠纷。另外，双方当事人在业务往来的书信、电传、电报或其他电信手段中有关仲裁事项的特别规定，也构成书面仲裁协议的证明。

### （二）仲裁协议的内容

从各国仲裁法及联合国国际商事仲裁示范法的规定来看，仲裁协议应当具有的内容不尽相同，但一般都要求仲裁协议应当具备：提交仲裁的事项、仲裁地点、仲裁机构、仲裁所适用的法律以及仲裁员的指定、裁决的效力等。实践中，当事人可根据具体情况，参照相关示范条款签订仲裁协议。

### （三）仲裁协议的效力

仲裁协议的效力是指它的法律约束力。一份有效的仲裁协议对当事人、法院和仲裁机构均有一定约束力。对当事人来讲，仲裁协议一旦签订，任何一方不得随意变更或撤销，也不得将争议再向法院起诉；而法院不得受理双方存在有效仲裁协议的海事争议案件，一旦受理，另一方当事人有权请求法院停止诉讼而将案件移交仲裁解决。但是，根据我国《仲裁法》第26条的规定，当事人达成仲裁协议，一方向法院起诉未声明有仲裁协议，法院受理后，另一方在首次开庭前未对法院受理该案提出异议的，视为放弃仲裁协议，法院应当继续审理。对于仲裁机构来讲，有效的仲裁协议是其受理和审理案件的前提和基础。

仲裁协议虽然常存在于合同条款中，属于合同一部分，但它却又分立于合同，具有独立性。合同的变更、解除、终止或者无效，均不影响仲裁协议的效力。如果当事人对仲裁协议的效力存有异议，应当在仲裁庭首次开庭以前提出，既可以直接请求仲裁委员会做出决定，也可以请求法院做出裁定。

## 四、仲裁裁决的执行

仲裁裁决属于终局裁决。当事人应当在仲裁裁决书写明的期限内自动履行裁决；若未写明履行期限，则应立即履行；若一方当事人不履行，另一方当事人可以根据我国《民事诉讼法》的有关规定,向被申请人住所地或者财产所在地的海事法院申请执行。如果需要执行的当事人的财产在国外,需根据1958年《承认与执行外国仲裁裁决公约》或我国缔结或者参加的其他司法协助条约,向有管辖权的外国法院申请执行。

**【测一测】**

**单项选择题**

1. 在解决海事争议的途径中,以双方当事人共同申请,第三方参与争议解决的方式是________。

A. 调解　　B. 和解　　C. 诉讼　　D. 自行和解

2. 在我国对于海事仲裁庭做出的终局仲裁,若一方当事人逾期不执行时,另一方当事人________。

A. 向仲裁机构申请执行　　B. 可自行强制执行

C. 向有管辖权的法院申请执行　　D. 以上三者均可

3. 根据我国法律规定,涉外仲裁机构对涉外海事案件做出的裁决一般是________。

A. 终局裁决　　B. 非终局裁决

C. 部分终局裁决,部分非终局裁决　　D. 无规定

4. 根据我国的实际情况,在发生海事争议后,主要的解决方法是:①仲裁;②诉讼;③调解;④和解。

A. ①~④　　B. ②~④　　C. ①②④　　D. ①③④

5. 根据海事争议一方当事人的申请,第三方即可对争议进行处理的方式是________。

A. 海事仲裁　　B. 海事诉讼　　C. 海事调解　　D. 海事和解

6. 在发生海事争议后,一方当事人为解决争议而提出海事诉讼时,________法院提起海事诉讼。

A. 可以向任何　　B. 可以向任何具有管辖权的

C. 只能向指定的　　D. 只能向经被告同意的

7. 根据我国的有关规定,有关海事请求的诉讼所使用的程序是________。

A. 我国《行政诉讼法》中所规定的程序

B. 我国《海事诉讼特别程序法》和《民事诉讼法》中的程序

C. 根据国际通用的程序

D. 我国《海商法》中的程序

8. 我国海事法院专属管辖的案件是________。

A. 因保险合同纠纷提起的诉讼

B. 因海上货物运输纠纷提起的诉讼

C. 因海上救助作业纠纷提起的诉讼

D. 因港口作业纠纷提起的诉讼

9. 根据我国《海商法》的规定,就海上货物运输向承运人要求赔偿的请求权,时效期为________。

A. 90天　　B. 2年　　C. 1年　　D. 180天

10. 根据我国《海商法》的规定,有关航次租船合同的请求权,诉讼时效期间为

________年。

A. 90 天　　B. 1 年　　C. 2 年　　D. 3 年

11. 根据我国《海商法》的规定，有关船舶租用合同的请求权，诉讼时效期间为________。

A. 90 天　　B. 1 年　　C. 2 年　　D. 3 年

12. 根据我国《海商法》的规定，有关共同海损分摊的请求权，诉讼时效期间为________。

A. 90 天　　B. 1 年　　C. 2 年　　D. 3 年

13. 我国《海商法》规定的有关共同海损分摊请求权的诉讼时效起算时间为________。

A. 船舶产生共同海损后第一到港之日　　B. 共同海损开始理算之日

C. 共同海损理算结束之日　　D. 产生共同海损之日

14. 对于海事案件，我国实行________、________和最高人民法院的三级两审制。

A. 基层人民法院/中级人民法院

B. 海事法院/海事法院所在地的中级人民法院

C. 中级人民法院/高级人民法院

D. 海事法院/海事法院所在地的高级人民法院

15. 根据法定管辖的方式不同，裁定管辖包括________。①指定管辖；②移送管辖；③协议管辖；④管辖权的转移。

A. ②～④　　B. ①～③　　C. ①②④　　D. ①③④

16. ________是指海事法院海事请求人的申请，为保障其海事请求的实现，对被请求人的财产所采取的强制措施。

A. 海事强制令　　B. 马瑞瓦禁令

C. 海事诉讼时效　　D. 海事请求保全

17. ________是指在诉前或诉中，海事法院根据海事请求人的申请，为使其合法权益免受侵害，责令被申请人依据法律规定或合同约定作为或不作为的强制措施。

A. 海事强制令　　B. 诉讼保全

C. 诉前保全或诉中保全　　D. 海事请求保全

18. 根据我国相关法律规定，有下列________情形时，海事法院可以扣押当事船舶。①具有船舶抵押权或同样性质权利的海事请求；②具有船舶优先权的海事请求；③有关船舶所有权或占有的海事请求；④定期租船中的承租人对海事请求负有责任。

A. ②～④　　B. ①～③　　C. ①②④　　D. ①③④